名家大讲堂

MINGJIA DA
JIANGTANG

第一辑

中国政法大学　主办

知识产权出版社
全国百佳图书出版单位

编者说明

中国政法大学主办的"名家论坛"是中国政法大学"学术立校"的一个缩影。自2005年创办至今，已经邀请了130余位国内外的知名学者做客"名家论坛"，不仅有人文社会科学领域的专家，也有自然科学领域的专家，他们以渊博的学识和对社会生活的洞察力，在论坛讲演中展示了其学术成就，开阔了人们的视野，为我们提供了丰富的精神营养。

学术名家是社会稀缺资源，为使更多的人分享他们的学术思想，领略他们的学术风采，我们将"名家论坛"演讲整理后，取名《名家大讲堂》公开出版发行。需要说明的是，收入本书的内容均已征得讲演者同意并经其勘校确定。

序

陈寅恪先生有言："独立之精神，自由之思想"。我以为，大学之讲堂，唯有秉承这"独立之精神，自由之思想"，包容百家，弘扬学术，方可称之为"大学"，方可称之为"大讲堂"。我所在的中国政法大学举办"名家论坛"已有多年，来自国内外各个领域的知名专家学者，在这里展示了他们的学术成就、学术智慧和学术风采，不仅给听众提供了丰富的知识营养，而且开拓了人们的社会视野，实现了论坛"集四海名家深邃思想，哺法大学子茁壮成长"的宗旨，为我们的大学营造了一个包容百家、弘扬学术的精神殿堂，可称之为"大学之大讲堂"。

目　录

社会主义发展阶段与时代主题

演讲人：顾海良

武汉大学党委书记

教授

博士生导师

顾海良，武汉大学党委书记、教授、博士生导师，曾任国务院学位委员会办公室和教育部研究生工作办公室副主任、教育部社会科学研究与思想政治工作司司长。他的主要学术兼职有：中国人民大学经济学博士生导师、国务院学位委员会学科评议组理论经济学小组成员、全国马克思主义经济学说史学会会长、中国《资本论》研究会副会长、全国科学社会主义学会常务理事。

　　顾海良教授是中国著名的经济学家、教育思想家，其在学术上的着力点和主要贡献是对马克思经济思想史和马克思主义史的研究，同时对中国特色社会主义经济理论和社会主义市场经济理论也有较深入的研究，被誉为中国"第四代经济学人"的杰出代表。他主编的《世界市场全书》（获中国图书奖）被誉为展示世界市场的"清明上河图"，发表有关马克思主义历史与理论、社会主义经济理论与实践等问题的论文两百余篇。

今天，我将要讲的问题，关键词就是"社会主义"。当代世界对社会主义的看法，主要有三种观点，这些观点都是从 20 世纪 80 年代末 90 年代初世界社会主义运动受到严重挫折以后产生的。

第一个观点比较早，20 世纪 90 年代初，苏东剧变以后，有一种乐观派认为，世界社会主义运动的挫折是暂时的，过一段时间社会主义运动就会复兴。当时，我还在人民大学当教授，曾经接待过俄罗斯的一批专家，当时苏共已经下台，这些专家是苏联时期的科学院院士。这时院士也不被承认了，他们就到中国来访问。我曾经问过其中有些院士："你认为苏共下台，苏东社会主义运动受到严重挫折，这个过程会持续多长时间？"他当时说了一句他们共同想说的话，那就是："隧道的尽头是光明。"这就是说，国际社会主义运动受到的挫折，就像走过一条漫长的公路时经历的一段很短的隧道；过了隧道，苏联社会主义运动就将得到复兴。因此，他们认为，国际社会主义运动的挫折是暂时的。我当时就认为，这是一种"速胜论"的看法。现在 15 年过去了，原苏联社会主义的"复兴"还没有任何信号。由此可见，"速胜论"或者说"隧道论"，并没有被历史所验证。

第二种观点就是认为社会主义运动"完全失败论"的"悲观派"。"完全失败论"的产生有一个时间差。20 世纪 80 年代末 90 年代初，社会主义运动遭受严重挫折后，有些社会主义者认为苏东的失败是"教条社会主义"或者说是"原教旨主义"的失败，而不是科学社会主义的失败，他们相信社会主义还将在世界得到"复兴"。20 世纪 90 年代这十年，可以说是新自由主义在世界流行的十年，也是经济全球化迅猛发展的十年。经过这十年的发展，有些社会主义者的观点开始改变了，认为社会主义再也不可能得到"复兴"。所以，在

2000 年,《新左派评论》的主编安德森突然"倒戈",安德森撰文宣称:"资本主义已经全面击退了所有对其制度威胁的力量";在经济全球化的现实中,"没有一个集体力量能同资本的强大力量相抗衡";"人类社会进行变革的动力将来自于资本主义本身的新陈代谢"。安德森以《新左派评论》的观念"更新"为旗号,把该刊几十年来宣扬的理论一笔勾销。长期以来,《新左派评论》是西方最有影响的激进主义和社会主义的理论刊物,自 20 世纪 60 年代初以来发表了大量的批判资本主义和宣扬社会主义思潮和理论的文章。即使在苏东剧变后,《新左派评论》也没有改变原先的基本观点。但是,经过 20 世纪 90 年代的十年,在安德森看来,在经济全球化背景下,社会主义是不可能取得胜利的,发展资本主义和靠近资本主义似乎成为社会主义国家的唯一出路;在他看来,在现代高科技发展的背景下,资本主义国家对自身的安全保障和对各种反资本主义的力量遏制已达到"完美无缺"的程度,西方发达资本主义似乎没有给社会主义留下任何意识形态和现实经济斗争的缝隙。安德森等人的观点显然是偏颇的。特别是进入新世纪以来,像"9·11"这样突发事件的出现,国际形势发生的新变化,更证明这些所谓"更新"的观点是站不住脚的。

第三种观点可以称作"取代论",本世纪初在南美和北美的一些新兴工业国的共产党,提出"替代"、"取代"社会主义运动的理论,他们认为用社会主义的旗号去复兴社会主义运动是不可行的,但可以用替代的方法替代社会主义运动。这里主要有两种看法:一种是反经济全球化,南美、北美的共产党把反经济全球化作为他们理论纲领的重要组成部分;另一种就是所谓生态社会主义,提出"绿色运动"。反经济全球化和绿色运动可以替代社会主义的理想,成为号召人们反对当今国际垄断资本主义并把他们组织起来的有效手段,所以出现了替代社会主义的反全球化运动或绿色运动,以及其他的"新社会观",或如他们所讲的"新社会运动"。

这三种观点中,"速胜论"被证明是不存在的;15 年过去了,"悲观论"认为社会主义运动就此失败了,这也不是事实;"替代论"认为可以逐渐恢复或"复兴"社会主义运动,形成现代的反对资本主义的"统一战线",还占有一定的市场。在当代中国,建设中国特色社会主义的实践和理论在积极推进，这引起了世界社会主义理论研究者的极大震动。最近，武汉大学和中共中央编译局召开了一次有关国际社会主义的研讨会，会议是以纪念恩格斯逝世110周年为主题的。在这次国际研讨会上，我们接触了原苏联共产党的一些著名的理论家，像巴伐图利亚等，我们在20世纪80年代读大学时，他们的书就是我们研究马克思主义思想的入门书。我们也接触了日本和西欧的一些理论家，共同研究和探讨中国特色社会主义对世界社会主义现在与将来的意义和影响。中国现在所搞的中国特色社会主义，将给世界社会主义运动什么样的启发。他们谈得很有感情。听了他们的许多论点，我认为基本上是积极的。他们认为，中国所选择的具有中国特色的社会主义，可能会成为21世纪社会主义运动在世界复兴的旗帜和号角。现在对社会主义运动的理解在理论和实践上还是一个艰巨的任务。事实证明，在中国这样一个经济、文化相对落后的国家，走具有自身特色的社会主义道路是可行的。

今天我想讲的是，我们面临的社会主义的时代课题是什么。我打算通过历史回顾，来谈一下社会主义的发展历程。

我首先从"社会主义"和"资本主义"这两个名词的词义学的角度探讨这两种社会制度的关系。据西欧学者考证，"社会主义"和"资本主义"这两个词从词义学的角度可以反映出两种社会制度发生和发展的特点。英国学者托姆·博托莫尔在一本关于现代资本主义比较理论研究的小册子中，有一个注解，说明现代英语中"资本主义"一词收入《牛津大词典》是在1854年的修订版中。那么，"资本主义"这个词的出现，可上溯二三十年，大概在19世纪20年代、30年代或40年代，但不会早于20年代。相对于"资本主义"这个词的出现，资本主义作为一种社会制度的形成要早得多。在马克思看来，十四五世纪在地中海沿岸已经有了资本主义萌芽。而现在西方史学界占统治地位的观点，认为在十六七世纪就已经有了资本主义制度的萌芽。但是，"资本主义"这个词，直到19世纪二三十年代才出现。那么，这一历史时期，人们把这一新产生的社会制度叫什么呢？有人叫做"现代社会"，有人叫做"市民社会"、"工业社会"等等。直到19世纪20年代人们回过来将这个已经发展比较成熟的社会制度定义为"capitalism"，很准确地用"资本"这个社会的核心内容来命名这个社会。给这个社会制度命名的时候，这个社会制度已经相当成熟。大家知道，19世纪上半叶，英国经历了资本主义发展的鼎盛时代，后来马克思、恩格斯在1848年《共产党宣言》中讲，由此上溯不到100年的历史中，资产阶级起到非常革命的作用，这100年创造的生产力比人类几千年创造的生产力总和还要多。就是这个工业革命期间，整个世界的物质生产力有了极大的提高。经过这个"非常革命"的阶段，"资本主义"才准确地成为定义这个社会特点的名词。因此，到1854年《牛津大辞典》修订时才首次收录了这个词。马克思在《资本论》中很少使用"资本主义"这个词，比较多的还是在《资本论》第一卷讲到资本积累的时候使用这个词。在其他的文献中，马克思也很少使用这个词，英语中流行开了，但在德语中还没有流行。据西方学者考证，最早使用"资本主义"作书名的还是到19世纪八九十年代才出现的，像马克斯·韦伯《新教伦理与资本主义精神》这样的著作。

"社会主义"这个词第一次出现在书面语言上，据有的学者考证，大约是1827年，和上面所说"资本主义"一词几乎是在同一时期出现的。"社会主义"一词，是以对当时存在的社会的批判意义上来使用的。当时社会已经经历了漫长的发展阶段，社会的矛盾已经出现，这个社会给人类文明带来了福音，但给人类发展带来的祸害也已经显现。特别是1825年英国经历了第一次生产过剩的经济危机，经济危机的现实已经出现。有一批学者，我们后来把他们称为空想社会主义者，开始批判资本主义，这时候批判使用的词渐渐确定在取代资本主义的是社会主义，用社会主义的理想和制度来批判当时的社会。但是"社会主义"一词，在空想社会主义者那里也很少使用。我们讲他们之所以是"空想社会主义"，是因为后来马克思、恩格斯认为他们是"空想社会主义"，而"社会主义"一词在当时才刚刚使用开来。这就说明，"社会主义"是以对当时存在的资本主义社会的批判用语产生的。这些在空想社会主义者中使用，并作为一种理想社会而提出"社会主义"一词是在1827年。

大家可能记得大卫·李嘉图留下的最后一本书《赋税论》，是在1817年发表的，他在1823年去世。在这本书中，他预言资本主义不可能出现经济危机，他去世后的第二年就出现了经济危机。现实已经打破了他所谓的资本主义不可能出现危机的说法。19世纪30年代风起云涌的工人运动在欧洲开始流行起来，德国、法国、英国都有工人运动的兴起。到了40年代，就有了马克思主义的产生，马克思开始把空想社会主义转变为科学社会主义，到了60年代给科学社会主义奠定了唯物史观的基础，奠定了剩余价值的基础，直到70年代恩格斯完成了社会主义从空想到科学的发展，全面地阐述了科学社会主义的内涵。在写这本书以前，马克思、恩格斯很少在正面意义上使用"社会主义"一词，《共产党宣言》中所有"社会主义"都是贬义的。他们认为他们是共产主义者而不是社会主义者，一直到1874年以后，马克思、恩格斯才在正面意义上使用这个词。他们自称是"科学社会主义"者。大家看马克思、恩格斯的文献，19世纪70年代以前，他们经常讲的"社会主义者"，指的都是非科学社会主义者；70年代以后，他们把社会主义由空想转变为科学。到了19世纪末，开始出现了马克思主义的东方化，东方化的同时出现了经济文化落后国家的社会主义运动，这些国家用马克思、恩格斯创造的科学社会主义理论推翻本国的资本主义，开始建立以马克思、恩格斯理论为基础的社会主义，将理论变为现实，首先建立的是俄国的社会主义。这个社会主义建立在科学社会主义的基础上，由科学社会主义指导该国的社会革命，或建立一种新的社会制度。第二次世界大战后有很多国家都按照科学社会主义建立了本国的社会主义制度。

从人类历史来讲，资本主义有了几百年的发展，人们才把这个社会叫做"资本主义"。这其中包括了许多自发的社会实践，包括资本原始积累，是一个坎坎坷坷、风风雨雨的历程。但是社会主义的建立与资本主义不一样，它是在一种理论的指导下，人们是在理性地构建一种社会制度。从社会发展史上来讲，社会主义社会的建立是人类社会花费成本最低的一种新的社会制度的建立过程。不管是封建制度还是资本主义制度，人们建立和维持这个社会的成本是极大极大的。我们回顾一下1648年到1760年这一百多年的历程，资产阶级为了占据政治上的统治地位付出了巨大的牺牲，引起了社会极大的动荡，整整花费了120年，然后才有了工业革命，才有了经济大踏步的发展。

社会主义制度是按照科学理论的指导建立起来的一种新的社会制度，所以是人类历史上所有社会制度建立中花费成本最低的社会制度，我想这就是社会主义制度优越性的突出表现。所以就有了 19 世纪末落后的俄国成了 20 世纪七八十年代的超级大国，这是它优越性的一面。但另外一个潜在的威胁是，社会主义运动是按照一种科学的理论做指导，但是，假如将这种科学理论教条化，就可能窒息甚至葬送社会主义制度。因为理论在先，人们假如对这种理论作出错误的理解，进而构建社会，那么这个新社会的生命力就将被窒息，这个新社会将可能在教条化理论的指导下走向失败，甚至走向反面。所以这种社会制度有在科学理论指导下的优越性，也有在这种理论指导下的教条化，会给这种新制度带来致命的打击。20 世纪 80 年代末 90 年代初我们看到，有的社会主义国家对现存的社会主义制度作了许多教条式的解释，把生机勃勃的社会主义变成僵化的社会主义。

从词义学的角度，我们看到"资本主义"和"社会主义"两个词出现在同一时期。至于出现的背景，前者是一种社会制度有了很大的发展以后的定义，后者是作为旧社会的批判用语，从空想社会主义到科学社会主义，然后按照科学社会主义的理论建立一种新的社会制度。这也就是造成这二者区别以及社会制度发展中各自特点的原因。所以我们今天理解社会主义制度从理论上说有很大的必要性，一方面是以马克思、恩格斯创立的科学社会主义作指导，另一方面又要根据当代社会的现实丰富和发展社会主义内涵。用一种发展的马克思主义、发展的社会主义来指导现实，而不是用已经有的理论原封不动地指导现实。这就是我们反复强调的马克思主义、社会主义要与时俱进。

就社会主义发展历史来讲，我们假如以 1848 年《共产党宣言》的发表作为科学社会主义的起点，到现在大概有 150 年的历史，我认为如果以 50 年到 60 年为一个时段，从 1848 年到 1895 年是科学社会主义发展的第一个阶段，从 1895 年到 20 世纪 50 年代中期是科学社会主义发展的第二个阶段，从 20 世纪 50 年代中期到 20 世纪末是第三个阶段，这就是社会主义运动发展的不同阶段。大家知道，经济学中有"长波"理论，他们把经济波动分为三种，"短波"、"中波"和"长波"。"长波"就是指50到60年之间的世界经济运动的过程。政治上的"长波"的变动有其周期性,我认为政治上50到60年"长波"的运动和经济上的"长波"有耦合之处,这需要我们进一步探讨。也有西方学者研究这个问题,即所谓大国兴衰的政治"长波"。

我们看到,1848年《共产党宣言》的发表到1895年恩格斯的去世是社会主义发展的第一个阶段,这个阶段的主题就是马克思、恩格斯所论证的资本主义必然被社会主义所取代,马克思、恩格斯在理论上作出了巨大的贡献,作了科学的研究,发表了很多的著作,奠定了科学社会主义的基础。

1895年到第二次世界大战后,随着众多社会主义国家的出现,这个阶段的主题由社会主义必然取代资本主义变为社会主义如何取代资本主义。1945年经过战争的考验,人们看到社会主义如何取代资本主义,有俄国的实践,还有东欧其他国家的实践。如何取代的方式是多样的,但是如何取代的问题是主题。1895年之前有俄国的民粹主义者、俄国合法的马克思主义者都探讨过社会主义如何取代资本主义。民粹主义者作为早期的社会主义者,他们认为俄国的村社就是公有制的健全机制,在村社的基础上就可以直接走向社会主义。民粹主义者认为俄国可以跨过资本主义直接走向社会主义,而俄国其他的马克思主义者认为这是不可能的。当时争论得很激烈,那时列宁还未成为列宁主义者,也对民粹主义者进行了批判。普列汉诺夫说,我们不需要讨论这个问题,俄国的资本主义已经发展了,所以对于民粹主义讨论的"过渡"问题也就不存在了。后来俄国又产生了"合法马克思主义",这种理论认为俄国搞资本主义要让资本主义有了充分的发展以后才能过渡到社会主义。俄国现在提出社会主义革命过早了。列宁后来批判"合法马克思主义",认为在俄国这样经济、文化极度落后的国家有可能直接过渡到社会主义。所以十月革命后他取消了商品,取消了货币,实行了战时共产主义,但到1920年他发现这个政策行不通。在1921年,列宁讲"我对社会主义的看法完全改变"。他开始认为社会主义要经历一个间接过渡的阶段,就是由资本主义过渡到国家资本主义,由国家资本主义的发展最后过渡到社会主义,他把这个过渡阶段定义为"新经济政策"阶段,要有一种新的经济政策完成这种过渡。现在理论界很多人没搞清楚新经济政策并不是社会主义政策，而是向社会主义过渡的政策阶段。所以列宁讲新经济政策可以有货币，可以有商品等，并不等于列宁承认社会主义可以有商品和货币，而只是过渡时期要有商品和货币。俄国必须要经历这个过渡时期，即间接过渡，也就是新经济政策阶段。列宁的贡献在于根据俄国的实际找到了如何使社会主义取代资本主义的答案，即必须间接过渡而不能直接过渡。这是相对于经济、文化落后的国家而言的。

列宁的贡献不仅在于将科学社会主义的主题，即社会主义为什么必然取代资本主义，进一步发展为社会主义如何取代资本主义，把科学社会主义主题推向前进，他的贡献还在于如何取代的问题上，他由直接取代、直接过渡转变为间接取代、间接过渡。我觉得这是他在如何取代问题上的两大贡献。在1945年以前直到1950年也有中国共产党的实践，我们完成了新民主主义革命，然后由新民主主义间接过渡到社会主义。东欧一些国家也完成了这个阶段。

到20世纪50年代中期，开始进入社会主义发展的第三个阶段，一直到20世纪末。这50年社会主义的主题发生了很大的变化。"二战"结束后斯大林提出世界上将存在两种并行的市场，所谓两种市场体系论。一种是以美国为首的资本主义市场体系，另一种是以苏联为首的社会主义市场体系。因而出现了两个阵营的说法。这两个并行的市场意味着，当时的社会主义者认为世界上可以同时存在两种世界经济体系，认为资本主义和社会主义可以长期处于对立状态而没有交流与合作。但是"二战"后历史急剧变化。1953年斯大林去世，1956年苏共召开二十大和中国社会主义改造的完成，后来出现了一系列的变化。以苏共二十大为标志，开始出现了人们后来所说的"解冻"，即社会主义和资本主义不可作为两种完全对立的世界经济体系，不发生交流，不发生合作，而是相反，由于两大阵营的出现，这种交融也将是一种必然的历史趋势。

"二战"后首先是资本主义的经济发生很大的变化，我们可以追溯得早一点，在1929年至1933年世界经济危机的时候，西方很多有作为的政治学家和经济学家看到苏联当时实行计划经济，社会主义经济在发展着。当时的计划经济是有利于经济活动的。而西方社会运行几百年的自由的市场经济却遇到了严重的经济危机，这才有了 1933 年的罗斯福"新政"。"新政"实际上改变了政府不干预经济的传统，开始出现了政府对经济的宏观调控。这个调控一下子使美国摆脱了经济危机，第一个摆脱危机走向经济的复苏和繁荣。只是由于"二战"的爆发，这次实验没有进行下去。到了 1936 年，凯恩斯发表了《就业、利息与货币通论》，此书被称为"凯恩斯革命"，改变了新古典经济学的市场万能论，改变了市场可以自动解决总供给和总需求平衡的教条主义。凯恩斯认为，仅仅依靠市场总供给和总需求不可能平衡。凯恩斯提出必须有政府的干预，必须有宏观经济调控。由此人们认为凯恩斯创立了宏观经济学，也就预示着"凯恩斯革命"革了传统自由市场经济的命，革了马歇尔的新古典经济学的命。罗斯福的"新政"和凯恩斯的"革命"改变了传统自由的市场经济的理念，开始了现代市场经济。

现代市场经济的突出之处就是把政府对经济的宏观调控列入市场经济的内在因素。"二战"后苏联继续推行计划经济，西方国家开始实施有国家宏观调控的，甚至有国家计划的现代市场经济，这是西方发达国家借鉴和学习社会主义经济运行模式的第一步。1920 年，新奥地利学派米塞斯发表了一篇文章《关于社会主义核算问题》，第一个提出资本主义等于市场经济，社会主义等于计划经济的"信条"。有人提到，他的这篇文章是 20 世纪被引证最多的经济学文章。他认为没有经济核算的工具，这种经济是无效率的，而核算工具就是商品、价值和市场。"二战"后，米塞斯的设想，西方发达国家并没有采用，开始使用计划和宏观调控。1948 年，法国提出了"现代化装备计划"，这个计划就是以制订 7 到 11 年的指导性经济计划为基础的。除美国之外，各国都制订了相应的经济计划。这可以看做资本主义经济运行向东方社会主义经济运行学习的第一步。第二步就是"二战"后西方社会为了抵制社会主义的影响，大规模地开展社会保障制度。社会保障制度和第二次世界大战后民主力量的兴起有关，也和西方一些激进主义党派的执政有关。如英国的工党执政后就推行他们所讲的社会主义原则和社会保障制度。这两项东西是社会主义经济运行的基本的东西。但是"二战"后直到 20 世纪 50 年代中期，社会主义拒绝借鉴和利用资本主义经济运行中任何有价值的东西。后来政治上的"解冻"引起了经济上的交往。

所以 20 世纪 50 年代到 60 年代,社会主义和资本主义在经济上的交往越来越多。人们开始认识到资本主义和社会主义有对立的一面,但是也存在交流与合作的巨大空间。到 20 世纪 60 年代,我们在搞"文化大革命"的时候,西方国家和东方的社会主义经济运行有了广泛的交流与合作。我们 20 世纪 70 年代末开始的改革开放,实际上在世界上已经存在着我们和西方社会经济运行在机制和体制上交流与合作现实的可能性。因此有了引进外资,引进国外先进的技术和管理经验。

这样,我们可以认为,在"二战"后的社会主义运动中,既有社会主义与资本主义对抗的一面,又有二者合作与交流的一面。人们不再相信在同一个世界可以同时存在两种世界经济体系。1970 年,美国社会学家、历史学家、经济学家,有人把他称为新马克思主义者的沃伦斯坦,提出了"世界体系论",断言世界经济只能存在一种体系,即当时现存的以资本主义为核心的世界经济体系。当时资本主义与社会主义的合作还没有现在这么广泛。所以 1969 年和 1971 年多卷本的《世界体系论》发表时还是人们争论的问题。但 10 年以后,中国的改革开放已经证明世界上不可能同时并存两种世界经济体系。20 世纪 80 年代末 90 年代初苏东剧变和 90 年代经济全球化的发展更证明了这种观点。

按沃伦斯坦的观点,在世界体系论的结构层次中把世界各国按经济实力和在世界经济中的地位分为三个层次,一是核心国家,二是半边缘半外围国家,三是外围国家。有处于核心的发达国家,有处于半边缘半外围的中间地带的其他发达国家和新兴的工业国,还有处于边缘的第三世界国家和欠发达国家。沃伦斯坦把整个世界勾画成这样一个体系结构,认为外围服从于半外围和核心,核心对外围和半外围是一种剥削与被剥削的关系。他认为,这种世界体系从 17 世纪开始逐渐形成了,在短期内是不可能被改变的。社会主义的国家只能加入和参与这个世界经济体系。

到 20 世纪 70 年代和 80 年代,社会主义发展中出现了主题的转变。这种转变就是由第一个阶段"社会主义为什么必然取代资本主义",转到第二个阶段"社会主义如何取代资本主义",现在转到第三个阶段"社会主义如何在与资本主义矛盾、对抗和合作交流的局面下发展自身"的问题。从这个主题的转变,使得社会主义现时代的课题变得比马克思主义时代和列宁时代更为复杂了。他们所思考和研究的是一种社会"为什么取代"和"如何取代"的问题。我们现在所面临的不仅是取代的问题,还有并存的问题,在合作和交流中推进自己的发展。假如我们把第一阶段和第二阶段看做社会主义主要把握时间维度的社会主义主题,就是新社会对旧社会的取代,为什么取代和如何取代。这是从时间维度考察一种社会制度与另外一种社会制度的关系。进入第三个阶段,不仅有时间维度,又提出了社会主义空间维度的问题。这不仅有社会主义为什么取代和如何取代资本主义的问题,还存在二者并存条件下的新的课题,这就是空间维度的问题。时间的维度我们只考虑时间上的连续性,空间的维度要考虑空间上的并存性,即两种并存制度的交往、交流与合作,以及矛盾、对抗与危机。这使得社会主义主题在 20 世纪 70 年代以后发生了极大的变化。

现在对这个主题的理解就出现了分歧。有人只坚持时间维度的社会主义观,认为社会主义的问题就是一个社会主义为什么必然取代和如何取代的问题。把我们现在任何与资本主义的合作与交流都看做违背和背弃马克思主义和科学社会主义的思想。把社会主义所有的问题都归结为时间的维度。我觉得这是我们在社会主义观中要破除和摆脱的观点,要把它拓展到空间维度的思考。但另外一方面,又由于空间维度的客观性,很多人看到两种不同制度的合作和交流,而否定它们的矛盾和对抗。由这种合作与交流推演到两种制度的趋同,又否认了马克思、恩格斯所讲的时间的继起和时间维度的结论。由此得出结论,社会主义没必要也不可能取代资本主义,由空间的维度而否定时间维度,进而得出放弃科学社会主义原理、放弃社会主义的结论。

今天我的学术演讲十分强调的就是:要把握当今社会主义的时代课题,不仅在于认识社会主义主题的时间维度,我们现在教科书中大量讲的是社会主义为什么必然取代资本主义、如何取代资本主义,还要把握现实中的空间维度的新课题，要研究和探讨社会主义如何在与资本主义合作、交流与矛盾、对抗中不断发展和完善自己，使得社会主义的时代主题由时间维度上升到空间维度。而空间维度的确定并不否认时间维度结论的科学性，而是把空间和时间二者看作统一的科学社会主义的结论。所以在当今社会主义主题中对后一个即空间维度的研究是不足的。有的人只看见空间的合作并存而否定了矛盾和对抗，这种矛盾和对抗是存在的。但是我们怎样利用合作与交流，又清醒地看到矛盾与对抗，作出我们当今社会主义发展的正确选择，这就是我们所面临的科学社会主义新的时代课题，也是我们探讨社会主义复杂性的根本所在。我们在改革开放中出现的一些言论，认为和资本主义的交流就是背弃了马克思的科学社会主义理论，这些人的思想还是停留在社会主义发展的第一阶段和第二阶段的主题，没有看到当今社会主义已经进入第三个阶段，提出了新的时代主题。

这种空间并存中提出的许多问题我们还在探讨，还有许多未知的理论空间需要我们去探索、去研究。这种并存就人类社会发展历史来讲经过了两个世纪的发展。1640 年开始有了英国资产阶级革命，1760 年才有了工业革命，到 1880 年才有了自由资本主义向垄断资本主义的过渡，1880 年至今才有了以垄断为主题的资本主义的新发展。由私人垄断到国家垄断，再到国际垄断，这个社会发展的漫长时期决定了社会主义和资本主义会在一个漫长的历史时期中并存。如何处理好合作、交流以及矛盾和对抗这样一个历史课题，就成为当今社会主义研究的极其复杂但又极其重要的课题。我想这些就是我今天演讲的主要内容。我很乐意与大家共同探讨涉及的理论问题与现实问题。

【问题与回答】

1. 社会福利是资本主义向社会主义学习的一个方面。我想请问：在中国社会，福利已经发展五十多年了，为什么还停留在一个比较初级的阶段？

我刚才说了，资本主义迫于社会主义的压力，开始推进它们的社会保障制度。但社会保障制度作为一种社会政策，在 19 世纪末的德国就已经开始出现了。德国的《济贫法》可能是第一个社会保障制度的法律。"二战"以后更多的国家开始接受资本主义历史上已经存在的《济贫法》，迫于社会主义的巨大压力，为了缓和国内的矛盾，开始推行社会保障制度。

社会保障制度的推行，也和现代市场经济制度的建立有关系。现代市场经济制度建立中出现了经济上政府的宏观调控以及市场经济"看不见的手"的作用。与此相适应，为了能够为市场经济的运行提供良好的运行环境，政府也推行了社会保障制度，这是作为缓解市场经济运行中因周期波动而出现的劳动力过剩等问题，以及劳动力自身发展问题而建立的制度。大家可以看到，实际上对于社会保障制度的变革，从撒切尔政府就已经开始了，大概在20世纪80年代末90年代初的时候。换句话讲，社会主义在世界力量开始发展的时候，资本主义的社会保障制度比较健全，而且福利面也是比较大的。但是随着世界上社会主义运动的减弱，西方也在大力度地减低本国的社会保障面和保障力度，因为外界政治压力消失了。我们对社会保障制度的理解有两点：第一点，是我们把社会保障制度建立在原有的计划经济体制上，当我们实行从计划经济向市场经济转变的过程中，原来寄予平均主义的社会保障的办法要相应改变；第二点，由于我们对于西方现代市场经济体制缺乏全面的理解，所以在改革中把原有的社会保障制度中好的东西过多地取消了，使得我们出现了社会保障严重的不健全。我们现在提出的"和谐社会"，很大程度上就是对于如今社会保障不力而出现的矛盾和问题的补救。

刚刚公布的"十一五"规划中有很大部分来阐述和谐社会，和谐社会中的核心就是解决社会问题，而解决社会问题就是重新构建有中国特色的社会保障制度。所以我赞成刚才那个同学所讲的，我们在对原有的建立在计划经济体制基础上的社会保障制度改革的同时，也把我们一些好的社会保障制度的因素改掉了。所以提到医疗卫生制度基本失败能够引起社会这么强烈的共鸣，就在于把医疗卫生保障中原本好的东西取消了。而这些东西即使在西方发达国家也在推行中。我们把市场经济无限延伸，延伸到市场经济可以解决社会中的所有问题，把医疗和教育也推向市场，引起社会上许多不和谐现象。我认为在对原有的社会保障制度的改革中出现了一些失误，这个失误集中在人们对医疗卫生制度改革的严厉批评之中。对社会保障我们应该有一个重新认识的过程。西方建立社会保障制度的原因是复杂的，为了抵御社会主义的政治影响是其中的重要因素。我们对于社会保障制度不加鉴别地改正，已经造成了经济上的不和谐现象。当然还有其他的社会保障制度，比如说现在的农村社会保障制度，"十一五"期间我们承诺，城市居民的95%能够享受到社会保障制度，但是没有承诺农村的农民到底有多大比例能够享受社会保障制度。这是我们对市场经济的不全面的理解，包括更广泛地对"三农"问题的理解，我们还在寄希望依靠市场来解决农业、农村、农民问题。可以坦率地说，世界上没有哪个国家是依靠市场解决农业、农村、农民问题的，涉及农村和农民的问题都是由国家统揽。什么时候我们觉得政府是解决农民问题第一责任人的时候，"三农"问题才能够得到有效解决。

2. 您能否分析一下社会主义制度和我国几千年的文化传统之间的契合点和衔接点。这种制度真的能够帮助中国实现近代化乃至现代化吗？如果能，您能解释一下吗？

这个问题问得非常好。社会主义不管是空想社会主义还是科学社会主义，还是更广泛意义上的马克思主义，都是在西方文化背景下产生的一种理论。我刚才讲了一句话，就是在19世纪末20世纪初有一个马克思主义东方化的过程。关于中国选择社会主义，我认为是三条路径。

一条是马克思主义与中国具体实践相结合，产生了马克思主义的中国化，使我们选择了社会主义道路。进入20世纪以后，中国社会是世界的一部分。

我们思考中国社会的发展，总会把中国的发展和整个社会的发展联系起来，包括我们研究和探讨了世界落后国家有没有可能在资本主义由不发达变为发达的时候，再选择社会主义道路解决本国问题。20世纪初列宁作了否定的回答。他认为，当时世界政治经济格局已经确定，发达国家不可能允许不发达国家由不发达变为发达。所以对所有国家来讲，要求得本国经济的发展，必须选择一条非资本主义的道路。列宁的预言被20世纪的历史所证实。

20世纪初的发达国家到了20世纪末只有减少没有增加。换句话说，20世纪所有选择资本主义道路的国家并没有由不发达变为发达。

我们原来推崇的亚洲"四小龙"，1997年的一场金融危机给他们以致命的打击。他们不再认为选择西方的社会制度能够解决中国问题。这不是我的判断。我在1999年访问泰国，当时的一位商务部长对我说："泰国这样一个东方国家不可能选择一个适合于西方的金融资本主义来求得本国的发展"。所以他认为包括泰国、马来西亚、印度尼西亚、韩国等，1997年的金融危机迟早会给他们致命的打击。我的观点就是：20世纪初的历史证明，后进国家要求得本国经济的跨越式发展，再选择资本主义道路是毫无指望的。

按照地缘政治学的观点，世界上任何一个发达国家绝对不允许在它的周边甚至在远方出现另外一些发达的国家。苏东剧变证明了这一点。波兰共产党垮台后的第一位总统兴致勃勃地跑到美国，要求美国给予波兰新政府以经济资助。他说已经按美国的要求推翻了共产党。美国的回答很干脆，确实给了波兰当时的反对党大量的经费支持，这笔经费在美国国会中有开支，开支的栏目就叫反共产党政权的特项支出。现在共产党已经垮台，在美国的经费支出栏目中没有支持别国经济发展这一项。因为波兰已不再是共产党国家，所以不能在国会经费中支出。至今，东欧还是靠自己的力量在慢慢地求得自身的发展。发达国家不是考虑东欧经济是否发展，而是希望这种变革让世界上不再可能出现超过它们自身经济实力的其他国家。这是地缘政治学给我们的毫不留情的结论。包括美国对俄罗斯和东欧剧变前的支持后来都成了泡影，而对俄罗斯持不同政见者在推翻共产党前给予了大量美元的支持。它有推翻别国政权的经费，但是没有支持别国发展经济的经费。有美籍华人跟我说，在他看来有些人不了解美国政府支持持不同政见者的目的是什么，并不是为了别国的发展，这是一个严酷的事实。这样一段历史已经过去了，我们看到一些选择社会主义的国家也遭受到了失败，但是不能反过来证明苏联选择资本主义就能够比现在更发展。只能证明没有哪个国家由于选择了资本主义由20世纪初的不发达国家变为世纪末的发达国家。只有日本的"明治维新"赶上了资本主义发达的最后一班车。相反，我们可以看到的是许多国家在世纪初是发达国家，但在世纪末却成为经济实力很弱的国家，像西班牙、葡萄牙、意大利等，同学们有机会到欧盟一些国家去，可以感受到那些国家经济力量的积蓄并不是靠最近几十年，而是靠"二战"后的二三十年，他们现在遇到的问题可能相当艰难。我们看资本主义国家往往都是几个发达国家，这些国家在 2000 年以后同时遇到了经济萧条的危机，至今没有摆脱这种危机的影响。我们现在到欧洲、美国访问，可以感到中国人的地位极大地提高了，这是因为我们的经济实力有了极大的提升。所以我觉得这条道路的选择是我们运用马克思主义理论与中国实际相结合，特别是把中国放到 20 世纪初的世界格局中所得出的社会主义道路的结论。这是一条路径。

另外一条路径，马克思主义观点和社会主义观点也是马克思主义与中国传统文化中优秀成分结合的结果。马克思主义中国化的过程也是把中国传统文化现代化的过程。我们看到不仅是毛泽东同志，包括邓小平同志，他们在阐述马克思主义的时候，用了很多中国传统文化中人们所能接受的语言和表达方式来阐述在西方背景下产生的中国化的马克思主义。大家看到《毛泽东选集》，其中阐述的马克思主义包含了浓厚的中国传统文化中的优秀成分，包括《邓小平文选》中也使用了许多中国传统文化中的理念和观念对马克思主义进行现代诠释。我们讲的当代中国的马克思主义，实际上已经包含了中国传统文化中的优秀成分。马克思主义中国化的过程，也是中国传统文化现代化的过程。所以我们讲到的东方化的马克思主义就是第二条路径的选择。

第三条路径就是中国化的马克思主义还包含了许多中国共产党人独特的创造。这些在马克思和恩格斯那里都没有，而是根据中国共产党自身的实践所得出的新的理论结论。这种结论只有在中国存在，在国外是没有的，我们现在和国外学者进行马克思主义交流的时候，他们部分地听懂了我们马克思主义基本原理，部分地又听不懂。因为这些原理是中国共产党的独创，或者包含了中国传统文化的马克思主义道路。所以我认为我们所选择的社会主义，不仅是马克思、恩格斯所讲的社会主义的理念和特点，而且包含着浓厚的中华民族几千年所追求的理想社会理论中的合理成分。我们现在提的和谐社会，实际上也包含了这种思想。它还包含了中国共产党带领中华民族在百年历史中进行独创性探索的理论和实践的东西。所以我们把它叫做中国化的马克思主义，并不纯粹把科学社会主义简单搬到中国实践。这就证明，我们现在所讲的社会主义观和社会主义道路是把马克思主义基本原理和中国自身的实际，和中国自己的文化，和中国自己的独创性的实践道路结合起来的一种社会主义观。

至于刚才提到我们的社会主义能不能发展中国的问题，我想这是个有待于历史证明的问题。但至少我们对现在走的社会主义道路问题，我觉得中国共产党人是越来越理智了，越来越清晰地看到我们所走的社会主义道路的特点。1978年至今进行的改革实践给中国带来巨大变化，国人感受得比较深，对社会主义道路的认识越来越接近中国的实际，推进中国的发展。而世界看中国是多方面的。他们看待中国的重要指标就是中国20年经济的发展创造了中国近现代史的奇迹，这种奇迹只有在英国的维多利亚女王时代才有过经济20年到30年长久不衰的进步。而中国现在正在实现着新世纪新的奇迹。中国假如再有5~10年经济的持续发展，足以向世界人民证明中国选择社会主义道路是正确的，中国共产党带领中国人民走的有中国特色的社会主义道路是中国社会发展的唯一正确选择。这中间也包括我们所讲的中国共产党在建设社会主义的过程中提高自身的执政能力。我们前20年的发展体现了中国共产党的执政能力，但是21世纪的发展要求我们党更加关注国内外形势，更加从世界发展的全局看中国，更加要有战略思维、世界眼光来推进中国社会的发展。这种执政能力的提高符合时代的发展，符合中国社会的发展，符合当今世界潮流的发展。

我相信我们选择的道路历史将证明是正确的。25年的历史已经证明了这一点。我20世纪90年代以来，几乎每年都会去欧洲，这几年走得更多的是知识阶层，确实感受到中国经济社会的发展使得在国外访问的中国学者的地位得到极大的提高。中国和世界的关系不是中国在乞求世界，而是世界的发展没有中国的参与已经变得不可思议了。我想这就是一种国家地位的变化。作为中国人，深深地感到我们的祖国是伟大的！

3. 您刚才提到近十年来，新自由主义经济学在全球日益泛滥，也正是在这种大背景下，以张五常为代表的一系列经济学家还以他们的产权理论、休克疗法以及对马克思主义的全盘否定来到祖国大陆。然而在这种情况下，一大批人对他们盲目推崇。我想请问如何解释在我们这个共产党执政的、极力推崇马克思主义的社会主义国家会出现"张五常热"这种现象。

这个问题我觉得应该这么看：第一是中国 20 世纪 90 年代的改革并没有按照新自由主义理论推行，却和新自由主义走了许多相反的路径。新自由主义提倡的休克疗法我们是坚决不采用的。在 1988 年价格改革中有人提出过这个观点，但很快受到中央的批评。因为中国的改革是渐进式的改革，这种改革和新自由主义倡导的休克疗法是完全不一样的。

新自由主义实际上是一个矛盾体。在世界经济的发展过程中，在发达国家内新自由主义从来没有成为他们经济发展或改革的旗号，而它却成为发展中国家改革的理论指导，实际上是一种意识形态。所以我认为，新自由主义对中国改革的影响是微乎其微的，根本没有成为中国经济改革占统治地位的指导思想。我们的指导思想还是具有中国特色的理论观点。所以我一开始就讲香港有一位学者否认中国有经济学家，我认为未免言过其实。中国有很多经济学家在改革的关键时刻提出了许多很重要的理论观点，而这种观点是中国土生土长的、有中国特色的理论观点，也解决了中国改革中很多重要的问题，否则就不会有像斯蒂格里茨这样的学者，能够赞赏中国政府和中国很多学者，在中国改革艰难时期提出极好的理论观点和理论政策。为什么这样一些学者的贡献我们看不见，这是我们现在体制上的问题，学者的理论观点得不到政府的重视，原因在于我们的很多政策只有变为党的领导人的言论才能够真正得到大家的认可。这就使我们许多理论家的贡献被湮没，这是我们今后要加以改革的方面。比如讲我们现在讨论谁最先提出了中国的经济体制的目标模式应该是社会主义市场经济体制，人们会认为是邓小平在 1979 年提出的，但是据我了解，1978 年就已经有人在国内的一次学术讨论会上提出来了。当然我们也不会认为是邓小平听了那位学者的话才提出了社会主义市场经济，我们更不会否认邓小平作为伟大的政治家、中国改革开放的总设计师提出这个问题的重大意义。但假如追溯最早提出这个观点的人，那么应该是那个学者，可是我们所有的教科书都讲是小平同志第一次提出了社会主义市场经济的概念。这可能是我们理论研究规范上的不足。

至于张五常现象的出现，我认为有两个方面：一方面确实有人欣赏他的理论和言论，另一方面国内也有一些人在迎合所谓新思潮。现在有人对学术上的创新认为自己没听说过的就是创新，所以很多人认为张五常的说法就是创新，只要流行起来得到人们的赞赏，就认为有"卖点"。张五常对于自己在中国的言论产生的影响估价过高，对于决策层根本没产生直接的影响，但是在学界还是有一定的影响。但我认为流行的东西不一定是创新的东西和积极的东西。

我们现在有些受尊敬的学者，对这十多年来经济学理论发展的估价过于悲观，我认为这也有失偏颇。我认为，对于一些倾向性的东西应该指出来，但过于悲观也没必要，不管如何我们的世界在发展，理论在推进，包括我现在在这儿和大家坦率地说这些话，本身就表明我们的社会在进步，表明我们学术自由探讨的空气有了很大的发展。我们会在高校中营造一种宽容、宽松、宽和的学习环境。我们会用自己的学术自由充分地使所有的知识分子表达自己的思想，但这种思想必须符合国家利益，符合民族利益，符合人民利益，在它的建设上必须符合宪法，是知识分子都会赞成的一种学术自由，而不是胡言乱语。

4. 现在在西方世界流行一种保守主义思潮，保守主义有一个核心的观点，主张社会的发展是一个渐进的工程，您对这个问题是怎么看的？

保守主义又有人称为"第三条道路"。20 世纪 60 年代中期是美国社会急剧变动的时期，越战引起美国在国际社会地位的变化，欧洲许多国家反对越战使美国陷入孤立。经济上，美国走完了战后 20 年的黄金时期，国内的种族矛盾、阶级矛盾等交织在一起，构成了美国复杂的社会现实。发展到现在，这种思潮能否成为西方主流的或者准主流的思潮，我认为可能性不大。因为现在西方社会所遇到的矛盾，用新保守主义的办法是解决不了的。

对这些问题的解决，我推荐大家看一下布热津斯基早先写的《大混乱》，开篇就提出了美国社会的矛盾以及今后解决矛盾的办法。当然这是非保守主义的办法。他说了两句话我认为非常中肯。第一，他认为社会主义失败并不证明资本主义的胜利，资本主义的矛盾并不由此解决，这些矛盾都是资本主义自身产生的。20 世纪 90 年代的新经济已经被证明是一种泡沫经济。1997 年东南亚金融危机，2000 年美国、日本、欧洲同时出现的经济萧条也证明了这一点。第二，他点出了美国当今社会存在的诸多矛盾，核心问题是极端的个人主义，这是损害美国的最大问题。而这些问题的解决，新保守主义是无能为力的。针对这些矛盾，我认为新保守主义观点可以流行，但不会成为解决西方社会矛盾、维持西方社会统治的指导思想。我是持这样一个看法。所以新保守主义在西方也是几起几落，始终没有成为指导内政和外交政策的指导思想，但作为一种社会思潮，我认为它会长期流传在人们中间，成为多种社会思潮中的一种，时强时弱地存在下去。

审美是人生的节日

演讲人：童庆炳

北京师范大学教授

博士生导师

童庆炳，北京师范大学教授、博士生导师，教育部人文社会科学研究基地、北京师范大学文艺学中心主任，北京社科联常委，中国海洋大学文学院客座教授，中国文艺理论学会顾问，中国作家协会理论批评委员会委员，中科院兼职研究员，《文学评论》、《文艺理论研究》编委。

　　童庆炳教授长期从事文学理论、中国古代诗学、美学、文学文体学、文艺心理学等方面的研究，主要著有：《文学概论》、《文学活动的美学阐释》、《艺术创作与审美心理》、《中国古代诗学与美学》、《文体与文体创作》、《文学审美特征论》、《童庆炳文学五说》、《中国古代文论的现代意义》、《创作美学》等20多部著作，发表论文数百篇。

北京的冬天大风呼啸，寒气逼人，四处光秃秃的，抬头望去，四处灰蒙蒙的，看不到美丽的景色。但我今天所讲的题目却如此灿烂：

审美是人生的节日。在这个题目下我准备讲三个问题：第一，人的审美活动是怎样形成的？第二，实现人的审美活动需要什么条件？第三，为什么又说审美是人生的节日？

一、人的审美活动是怎样形成的

有一种说法，美是客观的，因此只要有客观事物存在，美就自然形成了。这种说法对不对呢？我认为是不对的。20 世纪 50 年代中国发生过一次美学大讨论，集中讨论的是"美"的本质问题。形成了好几派，其中有一派就认为美是客观的，说"美是不随人的意志的客观存在"。这在今天看来简直无法理解。美怎么是纯客观的呢？难道离开了人和人的情感会有美吗？难道在人类还没有产生之前，在荒山野岭中就存在什么美吗？谁认为它美呢？难道是恐龙认为它美吗？猴子认为它美吗？飞鸟认为它美吗？美永远是对人来说的。离开人，离开了人的情感，事物就无所谓美与不美。今天我们已经认识到所谓美是人类的一种精神活动——审美活动。

审美是人类的一种独特的必不可少的精神活动。就它的范围来说，是很宽阔的。就它的形态来说是很丰富的。生活中处处都存在审美。衣食住行中都有审美（举例，连厕所也要讲究美的设计）。审美可以说是我们每日每时都要发生的事情。然而就实质来看，就高级形态的审美看，审美活动是怎样形成的呢？

我们的回答是，人的审美活动是人性觉醒后在人的实践活动中形成的。

第一，美与人性的觉醒密切相关。没有人和人性的觉醒，也就不可能有什么审美活动。人从千万年的劳动实践活动中，使自身成为人，成为具有人性心理的人。例如人类最早的祖先——原始人——本来只有性的欲望和活动，如同一般动物一样。但是经过长期的社会实践活动，人一点一点地改造自己，最终人的本能的性欲变成了具有精神品格的爱情，具有审美品格的爱情。人与动物就这样区别开来。感觉成为人的感觉。人性心理终于成熟，人的意识终于觉醒。人具有了人的一切肉体的和精神的力量。在这种条件下，自然，包括外部的自然和人的自然，在人的意识、人性心理的主动作用下，终于可以成为人的对象。这样审美就是人的一种对象性的精神活动，因为人在审美活动中体现了人的意识、心理和一切肉体的和精神的力量，把自然当作人的对象，从而建立起了审美活动的机制。例如陆机《文赋》云：悲落叶于劲秋，喜柔条于芳春。这不是简单的动物性的刺激—反应的关系。在这里对秋的萧条和春的生机的描写本身，把春秋景物作为对象，是主体的意识活动的结果。而"悲"与"喜"则更是诗人的一种心理状态的表露。这里包含了对自然对象的体验、同情、理解、联想和想象等。这短短的两个句子，就是人的整体精神活动表征。可见人的本质力量与自然对象之间，在人性心理的作用下，建立起了一种关系，这种关系的建立之日，也就是人的对象性精神活动展开之时。我们说审美是人的一种精神活动，就在于在审美活动中，人把外部自然和人的自然作为自己本质力量的确证，从这个意义上我们可以说审美是人的"本质力量的确证"（马克思语），这意思是说在对象中人的肉体的和精神的力量得到了证明。如在对春秋景色的欣赏中证明了我们的力量。在这里我们必须严格区别客观存在与审美对象，当客观存在只是一种纯然的存在时，并不能为我的感觉所掌握，那就还不能成为我的对象，既然存在还不能成为我的对象，我与存在的关系也就还不能建立，那么审美活动也就还不能形成。中国古语说：视而不见，听而不闻。就是存在与人没有建立起联系。马克思在《1844 年经济学—哲学手稿》中说：从主体方面来看：只有音乐才能激起人的音乐感；对于不辨音律的耳朵说来，最美的音乐也毫无意义，音乐对它说来不是对象，因为我的对象只能是我的本质力量的确证。

这里马克思就音乐的欣赏，对欣赏中的"存在"和"对象"作了有意义的区分。马克思的意思是，音乐演奏当然是存在，但这存在就必然是审美对象吗？马克思认为，这还不能肯定。按马克思的说法，一支乐曲（任何审美客体都如此）虽然是客观存在，但它不被人们所欣赏，或由于主体缺少音乐的耳朵而实际上没有欣赏，这时候，它是毫无意义的，对这个主体来说，它不是对象，审美活动无法形成。因为，"我的对象只能是我的本质力量的确证"，活动有待于主体与对象关系的建立。同样的道理，春天的景色是客观存在，但是如果"我"因为暂时无欣赏春天景色的愿望或我的欣赏能力有限，"我"不能把握它的美，因此春天的景色还不能成为我的对象，"我"与"春天的景色"没有建立起诗意的联系，那么"我"不能欣赏它，更不能用语言描写它，于是审美活动也就无法形成。我常去北京的香山，香山春天的桃花、夏天的绿树、秋天的红叶、冬天的松柏，还有那朝霞、落日、月亮、泉水、碧云寺、卧佛寺、黄叶村、琉璃塔等能不能成为我的审美对象，都有待于我与这些事物所建立起来的诗意联系。没有这种诗意联系，也就没有"人的本质力量的对象化"，当然也就没有美，没有审美活动。常有这样的情形，我来到了香山，或因心事重重，或因身体不好，这时候，我视而不见、听而不闻，香山成为陌生的事物，我与香山没有构成诗意的联系，它不是我的审美对象。

第二，这里还要强调的是，审美活动的形成与人的实践活动的密切关系。人的实践是审美的源泉。没有实践活动，人的肉体的、精神的力量就不能得到确证，审美活动也就不能产生。一个小孩走在湖边，捡起一块石子，向水面投去，他期望出现他的作品，果然湖面漾起一圈圈涟漪，他看到自己的杰作，笑了起来，这就是审美。因为他的本质力量通过这次实践活动得到了确证，得到了对象化。

多年前我有一次学割麦子的经验。学习过程是掌握"真"的过程，运用这学到的"真"的本领用到多割麦是"善"，而我终于在割麦中产生了审美的感受，这就是美了。一个住在海边的果农欣赏自己果树上累累的果实，而不去欣赏大海，原因是果实是他劳动实践的作品。一个红军在经历长征的艰难困苦的时候，他不会想到美，但在几十年后他回忆起那段经历，他一定会感到那就是他最重要的作品，从而产生审美活动。上甘岭战役是中国人民志愿军的作品，在他们战斗的时候，并不存在什么美，但日后深沉地回忆这场战斗就是审美活动，因为他们的勇敢、坚强、忍耐在这次实践活动中得到了确证。

二、实现人的审美活动需要什么条件

那么，人的审美活动的实现需要什么条件呢？要回答这个问题不是简单的事情。总的来说，审美活动对人而言是瞬间的事情，但如果加以解析，那么我们要说，审美是人与物等各种结成诗意整体关系的产物。这整体关系由最起码的四个层面构成。

第一，审美要有主体层。审美的"审"，即观照—感悟—判断，是主体动作、信息的接受、储存与加工，即以我们心理器官去审察、感悟、领悟、判断周围现实的事物或文学艺术所呈现的事物。在这观照—感悟—判断过程中，人作为主体的一切心理机制，包括注意、感知、回忆、表象、联想、情感、想象、理解等一切心理机制都处在极端的活跃状态。这样被"审"的对象，包括人、事、景、物以及表达它们的形式，才能作为一个整体的结构，化为主体的可体验的对象。主体的动作是审美的动力。如果作为主体的人没有"审"的愿望、要求和必要的能力以及主体心理功能的活跃，审美是不能实现。从这个意义上说，审美活动的第一层是主体心理层。例如，我们欣赏毛泽东的诗歌《卜算子·咏梅》："风雨送春归，风雪迎春到。已是悬崖百丈冰，犹有花枝俏。俏也不争春，只把春来报。待到山花烂漫时，她在丛中笑。"我们先要有欣赏它的愿望、要求，进一步要全身心投入，把我们的情感、想象、理解等都调动起来，专注于这首诗歌所提供的画面和诗意，我们才能进入《卜算子·咏梅》所吟咏的诗的世界。没有要求、愿望，即使有审美能力，也是无济于事的。当然，在有了审美的愿望后，主体还必须有起码的审美能力，若是连起码的审美能力和知识准备也没有，那么审美活动还是不能开展。这里我给你们讲一讲我母亲的一个故事……这里是由于透视知识的缺乏阻碍了审美活动的展开，但也不一定对，因为她认为她的画像放在列祖列宗的旁边，要构成和谐的关系。这里有一个审美差异的问题。又如，欧洲人往往不能欣赏《卜算子·咏梅》，因为他们那里不生长梅，没有梅的知识。

第二，要有审美客体层。现实事物或文艺中所呈现的事物，这是"审美"的客体。对于审美活动来说，客体层最重要的特征不是通常人们所说的和谐、对称、均衡、韵律、节奏、黄金分割、错落有致等这些形式方面的因素，而是客体的整体关系。对象的整体结构关系极为重要。格式塔质心理学的先驱者奥地利人爱伦费斯率先提出"格式塔质"概念。审美的对象与格式塔质的概念密切相关。"格式塔质"这个概念是怎么回事？奥地利的爱伦费斯举例说：我演奏一支由六个乐音组成的熟悉曲子，但使用六个乐音作这样或那样的变化（如改音调，从 C 调变成 B 调，或改用别的乐器演奏，或把节奏大大加快，或大大放慢等），尽管有了这种改变，你还是认识这支曲子。在这里一定有比六个乐音的总和更多的东西，也就是原来六个乐音的格式塔质。正是这格式塔质使我们认识已经变了调子的曲子。[①] 格式塔质不是作为一个因素而存在的。它是六个音的整体性结构关系，或者说它是作为经过整合完形的结构关系而存在的。如"56 5. 3 | 56 5-"在"大海，故乡"这首歌中，它不是单个音符的相加，它是整体结构所传达出的一种"弦外之音"、"韵外之致"。审美对象应该具有格式塔性质。有没有格式塔质，在很大程度上取决于审美活动能不能启动。

格式塔质的实质就是各种关系的组合。审美在关系中，事物的实质也在关系中。记得年轻的时候，有一次因为有事要步行去一个陌生的村子，它有一个好听的名字，叫做桃花村。村子在一个山坳里，不走到跟前是看不到的。我走了很久，走累了，喘着气在路旁坐下来休息。这时，从村子的方向来了一位驼背的老者，黝黑的脸上布满皱纹，皱纹像一页一页翻开的历史书，充满了生活的风霜雨雪。我连忙站起来，向他鞠了一躬，并问道："老大爷，从这里到桃花村还要走多长时间？"老大爷似乎没有听到一样，继续走自己的路，那脸上一点反应都没有。难道他是一个聋子或哑巴？我又重复了我的问题。老者还是慢慢地走自己的路，根本不理睬我提的问题。我有些生气了，但想到他可能是一个聋子或哑巴，也就消了气。甩开步子向陌生的村子

---

① 参见杜·舒尔茨：《现代心理学史》，第 297 页。

走去。当我走出大概有几十步路的时候，老者突然从我的背后用铜钟一般响亮的声音喊了起来："小伙子，到桃花村还要走 30 分钟。嘿嘿！半小时。"我回过身来，看见他微笑着，然后不等我感谢的话，继续弯着背慢吞吞地走自己的路。多年后，我明白了，我提的问题是："从这里到桃花村还要走多长时间？"这个问题老者当时确实是无法回答的，因为他不知道我走路的速度，要是我像蜗牛那样爬呢，那岂不几天也走不到；要是我像兔子或羚羊那样飞跑呢，那恐怕连 5 分钟不到也就到达目的地了。到达桃花村的时间在于路程的长度和我的步子速度的关系上面。他一定要知道我步子的速度之后，才能估计我到桃花村所需的时间。在我甩开步子走时，老者肯定在仔细观察我步履的速度，然后才有那一喊。我这样想的时候，似乎看见了那老者额头上皱纹之间流动的是"智慧"之光了：到达目的地桃花村的时间，在于步子的速度与路程长度的关系。重要的不是关系项，而是关系，或者说关系重于关系项。我那时还不能用如此明晰的学术语言表达。

实际上，对审美的客观层面而言，也必须要看对象的整体结构关系。离开整体关系这一点，也是无法谈审美活动的。其实，这个问题我们的古人早就有过思考。

早在公元前 369～前 286 年庄周的《庄子·天运》中就有这种思想的萌芽。这就是"西施矉美"的故事："西施病心而矉（皱眉头）其里。其里之丑人见之而美之，归亦捧心而矉其里。其里之富人见之，坚闭门而不出，贫人见之，挈妻子而去走。彼之矉美而不知矉之所以美。"所谓矉美，就是以西施皱眉为美态。西施是春秋时期越国的美人，她皱眉也是好看的。丑人不知道这是一种特殊的关系组合，也去学西施皱眉，结果丑上加丑，把邻居都吓跑了。这里就包含了整体结构关系的思想。

公元前一百多年，汉代淮南王刘安所主持编写的《淮南子》一书中说：靥在颊则好，在颡则丑。绣以为裳则宜，以为冠则讥。意思是说，酒窝长在面颊上是美的，要是长在额头上那可就不美了。五彩的绣花绣在裙子上是美的，如果要是绣在帽子上那可就不美了。这里存在一种整体关系组合。

同样的道理，作为审美重要对象的文学的艺术特点，不存在于文学的个别因素中，而存在于文学作品的整体结构中。有了这种整体结构关系，作为艺术的文学才成为文学，离了它，文学就变成了一些人、事、景、物的堆砌。我的看法是文学整体结构关系与我们古代诗论中"言外之意"、"韵外之致"、"景外之景"、"像外之像"这些词语是很相似的。所不同的是西方人到18～19世纪才明确提出这个思想，而我们的古人在7～8世纪的唐代就提出了这种理论。举一个诗歌方面的例子来说，温庭筠的《商山早行》中有"鸡声茅店月，人迹板桥霜"这样两句诗，这是真正的诗，历来脍炙人口。这两个诗句共写了"鸡声"、"茅店"、"月"、"人迹"、"板桥"、"霜"等六个景物。妙的是诗句仅由此六个景物构成，连衔接的动词都没有。如果把这六个景物孤立起来看，虽说也有言、有像、有意，但都毫无意味。但当这六个景物，经过诗人的"整合完形"，并被纳入这首诗的整体组织结构关系中时，在我们的感受中就创造了一种不属于这六个个别景物，而属于整体结构关系的意味，这就是那种溢于言表的"羁愁野况"的韵致，它已是"大于部分之和"的整体性的东西，一种"新质"，即"格式塔质"。任何真正的诗，真正的小说、散文、剧本，都存在着这种"格式塔质"，正是它表现了文学的艺术特质，把艺术与非艺术区别开来，把文学与非文学区别开来。再举一句诗歌来说一说。大家看一看"群鸡正乱叫"，你觉得这句诗怎么样？大家一定会说这算什么诗。告诉你，这是杜甫的名篇《羌村三首》第三首的头一句，是写他在经历了安史之乱之后，在经历了炮火连天的战争之后，在回到了家乡，见到了分离多年的妻子儿女之后，对和平生活的温馨感受和由衷赞美。在这里杜甫的诗是作为一个整体关系存在的，而不是作为一个孤立的句子存在的。美在整体关系中，个别句子的华丽、奇巧和圆润，并不一定就是美。《红楼梦》第三回写王熙凤迎接林黛玉进荣国府时的那句话——"我来迟了，不曾迎接远客"历来为人称道。人们分析说，未见其人，先闻其声，写尽凤姐的放肆圆滑和泼辣，道出凤姐在荣府中的特殊地位，令人咀嚼、回味。其实，如果把这句话从《红楼梦》的整体中抽出来看，不过是一句极普通的家常话，既无深意，也无诗意。原来，这句话的深意与诗意并非来自这句话本身，而是来自这句话与《红楼梦》整体的格式塔质关系，来自这句话与当时那特殊情景、氛围的关系，来自这句话与王熙凤其他言行的关系。所以，美的意味在整体关系中。

第三，要有审美时空心境层。审美时空心境层又可以叫做审美"场"。"场"是指审美活动展开所必须有的特定的时空组合和人的心境的关系。"场"本来是从物理学中引进的一个概念。格式塔质心理学家认为，像电场、磁场、引力场一样，人类的心理活动也有一个场。审美场是由人与现实环境、主体与客体、情与景相契合而形成的"具有一定疆界的心理生活空间"。当然完整地说这个"心理生活空间"，应包括特定的时间、空间和心境及三者构成的关系。如果有人问，暴风雨美不美？那是无法回答的。你还必须问：这对谁？在怎样的时空中？我小时候常上山挑柴，每当暴风雨来临，不论我正在山上砍柴，还是正挑着柴走在山路上，这对我都是灾难，我从未在这个时候认为暴风雨是美的。但是我也经历过这样的时刻，安全，悠闲，但缺少刺激，这时我在高楼上，突然听见雷电的轰鸣，随后是那排山倒海般的风雨，我觉得那风、那雨像刘邦的《大风歌》一样的壮阔雄伟。暴风雨只有与审美主体建立起一定的关系，才可能是美的，孤立地作为"关系项"的暴风雨无所谓美不美。

月季花美不美？这也要看谁、在怎样的心境中、在怎样的时间和空间中。我小时候，从未觉得月季花是美的。月季花只有在适当的时间与空间的"语境"关系中，在与审美主体建立起某种关系时，才可能是美的。

第四，要有历史文化积淀层。审美的实现还必须有历史文化的条件。因为审美场不是孤立的存在，它的每一次实现都必然渗透人类的、民族的历史文化传统，同时历史文化传统又渗透、积淀到每一次审美的实现中。人们总是感觉到审美活动让我们想起了过去的什么，似乎是文化传统凝结的成果。例如中国人特别欣赏松、竹、梅，这与我们民族的历史文化有关。我们欣赏《卜算子·咏梅》，就会联想起我们民族通过"梅花"比喻人的高洁、顽强，联想到我们祖先的坚强意志和克服一切困难的勇气，联想到我们中华民族的聪明才智……一个欧洲人，一般而言，就不可能有这些联想。从这个意义上说，审美活动的第四层是历史文化层。中国文学艺术有它特定的文化语境，不了解这个语境的人很难欣赏中国的文学艺术作品。

当以上四个层面构成一种完整协调的关系时，那就是人的审美和审美活动的实现，四个层面缺一不可。缺少其中一个层面，人的审美活动就不能实现。而且四个层面必须具有完整关系，审美活动才能实现。

概言之，审美是心理处于活跃状态的主体，在特定的心境、时空条件下，在有历史文化渗透的条件下，对于客体的美的观照、感悟、判断。审美实现的过程是创造的过程，是多层面的整体过程。

三、为什么审美是人生的节日

现在来谈谈第三个问题，为什么说审美是人生的节日。节日是什么概念？节日意味着与非节日的区别，意味着从凡庸的世界进入一个新奇的世界，意味着从一个受束缚的世界进入一个自由的世界。节日起码有几个特征：

第一，节日是人所不能缺少的。人不能没有节日，没有一个民族是没有节日的。节日是民俗，民俗是民族的精神遗产。人是民俗的动物，是文化的动物。因此节日对于人而言是不可或缺的，像空气与水那样是不可缺少的东西。没有节日，人是受不了的。所以人们要制造各种节日。在这个意义上，审美像节日一样，也是不可缺少的东西。人有一种欲望叫做美欲，这种欲望必须得到满足。人是会发生审美的饥渴的。想一想，八亿人八个样板戏的时代，一个《卖花姑娘》是如何的轰动，又是如何的凄惨。

第二，节日的另一个特征是氛围感，是一个无功利的世界。人处在节日中，就进入一种兴奋的欢乐氛围中，甚至处于心醉神迷的境界，这是另一个世界，一个超越功利的世界。审美中的人，也如同置身于节日的氛围中，恰好也有种兴奋的、忘我的、全身心投入的状态。这与人的审美在瞬间无功利是一样。

第三，节日的第三个特征，或者说最重要的特征，就是它的精神自由和它对现成世界的正规性、压抑性、永恒性、不可改变性的消解，对于变动性、未完成性的肯定。如果说非节日是由现成的条文统治的话，那么节日属于另一个世界，属于平民的狂欢，自由精神统治一切，可以犯规，可以出格，可以反常，可以颠三倒四，可以不顾等级的规定，可以摆脱一切刻板的条文。

这是一种乌托邦思维，一种超越时空的想象。如同在节日里一样，在审美活动中，人的精神获得了最大的自由。所谓"故寂然凝虑，思接千载，悄焉动容，视通万里；吟咏之间，吐纳珠玉之声，眉睫之前，卷舒风云之色，其思理之致乎？故思理为妙，神与物游"，这是刘勰《文心雕龙》中论神思的话。这里我想给大家朗读前苏联诗人叶夫图申科的一首题为"我想……"的诗，其中有这样的诗句："我想成为世界上各条大街上/所有的狗，成为所有海洋里所有的鱼。""我想潜入/深邃的贝加尔湖，/憋着气/钻出/密西西比。""我想爱/世界上所有的女人，/也愿意成为一个女性，/哪怕只有一次……"看看在文学的审美创造中人可以获得多大的自由。

最后，我想说的是，我们需要四个现代化，但如果可能的话，我们还需要第五个现代化，那就是赋予人的审美现代化。只有在审美中"人才成为人"，人才真正获得自由，这样我们才是真正意义上的全面发展的人。所以，我可以说，审美对人来说绝不是小事。

公共管理中的公共性问题探讨

演讲人：王浦劬

北京大学政府管理学院常务副院长

教授

博士生导师

王浦劬，法学博士、教授、博士生导师，现任北京大学政府管理学院常务副院长，兼任中国政治学会副会长、中国行政管理学会副会长、国家教育部政治学全国教学指导委员会副主任、国家哲学社会科学规划项目政治学科评议组副组长、全国公共管理硕士专业学位（MPA）教育指导委员会委员、北京市政治与行政学会会长等职。

王浦劬教授是我国政治学理论与方法研究方面的著名专家。先后主持国家级、省部级科研项目十多项，出版《政治学基础》、《政治学原理》、《政治社会的系统分析》等作品多部，其中《政治学基础》在国内产生广泛影响。他曾多次赴美国、日本、德国、澳大利亚等国访问、讲学。

我所探讨的主题是公共管理中的公共性问题，这个问题属于政治哲学、法哲学和公共管理哲学理论，属于政治学科、公共管理学科的基本核心问题。但是，这一问题又具有强烈的现实性和实践指导性，在某种程度上可以毫不夸张地说，如果谁能够进一步深化和推进公共性问题的研究，就应该可以成为名家。

围绕这一问题，我的讲演包括五个方面：第一，为什么要讨论公共性问题；第二，什么是公共性？进一步说，什么是公共管理中的公共性，或者什么是社会和政治生活中的公共性；第三，在社会和政治生活中是否存在着不同人理解的不同的公共性；第四，如果存在公共性，这样的公共性存在着哪些可以把握的特性？最后，简要探讨一下在政治发展和社会运行过程中实现公共性的途径问题。

一

首先需要说明的是，为什么要谈公共性问题，或者说讲这个问题有什么必要和意义？概括地说，这种必要性大体有三个方面。

第一，明确政治学与公共管理学科主题的需要。在此，我想特别强调的是，对于政治学、公共行政学和公共管理学来讲，公共性本身也是它们特有的学科主题。任何一个学科只有具备特定的研究对象和研究主题，才具有其存在的必要性和存在价值。政治学科和公共管理学科之所以存在，有它特定的研究对象和研究主题。我们知道法学的研究对象是关于权利和义务问题，经济学的研究主题是社会资源的分配问题，政治学、公共管理学特有的研究主题的基本要素之一是公共性，另外一个要素是权威性，所以，公共权威现象，构成政治学学科的基本研究对象，而公共权威对于社会的管理，则构成了公共管理学科的研究对象。公共管理从字面上解释至少有两层含义，一个是公共，另一个是管理。公共管理从管理角度来讲与其他类型的管理在技术方面差别不大，但是，由于其具有的"公共"两个字，就使得它区别于其他管理。因此，政治学和公共管理这两个学科的基本研究主题是围绕着公共权威现象进行的，而明确了公共性的含义，也就明确了政治学和公共管理学。

第二，回应社会、政治和公共管理现实生活的需要。研究公共性的必要，还体现在社会现实层面。在社会集体生活中，公共性一直是社会集体生活及其制度设计和运行的核心问题，也是一个由来已久的问题。所谓由来已久，就是说两千多年前，中西方思想家关注或研究政治现象时，就关注到公共现象的存在。不仅如此，在实际的政治制度设计和公共管理职能确定方面，公共性又是研究中西方不同政治思想和公共管理思想，研究按照这些思想设计的不同政府和公共管理模式的基本中心环节，对此，可以用如下图所示的谱系加以说明：

$$0 \longrightarrow | \longrightarrow | \longrightarrow | \longrightarrow | \longrightarrow | \longrightarrow \infty$$

在该谱系中，左边一极设置为零，右边一极设置为无穷大。左边一极表示社会的公共性为零，即社会中不存在公共性，右边一极表示社会的公共性为无穷大，大到覆盖到整个社会。我们可以把公共性作一个这样的谱系分析。从这样一个谱系上可以看到，相关的政治制度设计、政治哲学和政治思潮的主张以公共性的大小为核心标准分布在这个谱系上，用这样一个简单的曲线，可以把几乎所有的政府管理模式和相关政治思潮标示出来。当公共性状况在最左边即为零时，相关的政治主张典型是无政府主义。在社会集体生活和公共性方面，无政府主义有一个前提性预设，即社会成员之间没有公共性，所以不需要以公共契约作为形式和制度。但是，当我们考虑到另一种极端情况，即公共性状况在最右边为无穷大时，公共性涵盖了所有的社会成员的所有利益要求，在这一公共性理解基础上形成的政治思想、政治哲学主张及其政府管理模式，往往就是所谓的"全能主义政治"。就其表现形式来看，它意味着政府和公共权力对社会生活的全面覆盖和涵盖。从公共性的角度来解释，就是在这种状态下，社会公共性为无穷大，一直扩展到所有社会成员生活的所有方面。这是两种极端的情况和政治模式、政体设置和相关的政治哲学主张，而其他的政治模式、政体设置和政治哲学主张按照公共性作为基本的要素可以分布在这个谱系上。比如说，所谓的自由主义，就是只承认社会生活中存在一点公共性，但是认为公共性并不多的政治主张。按照自由主义的经典说法，在集体生活中，大体上只有三件事有公共性：第一是报时，让大家同时知道准确的时间；第二是防火；第三是失火失窃后报警。这就是自由主义所说的守夜人的基本职能，实际上是自由主义对于社会生活中公共性内容的认可。虽然有些学者把古典自由主义和新自由主义的主张说得很复杂，其实自由主义说的不过就是这点事，它所说的政府最低限度，其实就是公共性的最低限度。由此可见，从这个谱系来看，对于公共性的不同认知，是构建不同政治思想和政治主张，进而构建不同的政治体制和政府管理模式的政治思维出发点。

第三，回应学术探讨的进展，给出正确的学术方向和深入的研究结果的需要。公共性问题近来得到中国学术界的广泛关注，目前，它是政治学、公共管理学、公共行政学和法学都十分关注的问题。在西方学术界，对于公共性的探讨已有时日，并且形成了相关的理论和说法。在西方学者中，20 世纪以来研究公共性具有代表性的学者，一位是美国犹太学者汉娜·阿伦特，另一位是德国的社会思想家 J. 哈贝马斯。这两位学者的作品传入我国，在学界和学生中产生了一定影响。我国学界，尤其是政治学、法学、哲学的学者，应该在正确思想指导下，通过自己深入认真严谨的研究，回应这一具有重要理论和实践意义的问题。

二

第二个问题是什么是公共性，所谓公共性讲的是什么？公共性既然那么重要，甚至是一个学科的研究主题，是理解相关政体、各种政府管理模式和政治哲学主张的核心要素，那么，我们首先需要讨论什么是公共性。

应该说，公共性是什么这一问题事实上是哲学问题，但是，它又并不纯粹是世界观和方法论，而是很现实的政治问题。围绕这个问题的探讨也需要关照现实政治。但是，由于不同学者观察问题的角度不一样，因此，对于什么是公共性的看法迄今并没有一致和权威的结论。

鉴于这种情况，我们对有关公共性含义的主要理论和确定作一些介绍。

第一种解释认为公共性本身就是公共利益，而公共利益是所有社会成员的所有利益之和。这种利益要求就是公共性。按照这种看法，我们讲到中国国家利益时，就是 13 亿中国人的利益之和。个人利益之和形成了公共利益，公共利益本身的要求和体现就是公共性，由此可见，公共性就是按照这样的逻辑构成的。

从政治思想的角度观察这一解释，可以发现，关于公共性的这种解释，竟然秉持的是两种极端相反的政治哲学：一种是自由主义的主张，近代自由主义的始祖亚当·斯密在其《国富论》中就是按照个人利益之和理解公共利益的，他认为每个人的利益得到实现和发展，就是公共利益得到实现和发展。因此，自由主义一般认为人类社会生活中并不存在所谓共同性和一致性因素，社会只是以原子化的个人形式存在的。按照这样的理解，单个人的利益得到了发展和实现，也就意味着公共利益得到了发展和实现。另一种是全能主义的主张，这种主张虽然形式上处于与自由主义相反的另一极，但是，它对公共性和公共利益的理解也是按照个人利益之和进行的，即认为所谓公共性和公共利益，就是构成社会的每个人的利益之总和。

对于这一解释的进一步分析可以发现，虽然两种政治哲学都秉持有关公共性的这一解释，但是，实际上两者强调的重点是不一样的：自由主义强调的是每个人的个人利益，公共利益是这些个人利益的加总，因此，每个人的利益状况，决定着公共利益状况。而全能主义强调的每个人利益之和的总体状况，这种总体状况决定着公共利益状况，进而决定着每个人的利益状况。

需要指出的是，这种把公共性等同于所有社会成员所有利益之和的看法，其实基本等于把卢梭的"众意"等同于"公意"。

第二种解释并不认为公共性是社会所有成员的所有利益加总形成的，而认为所谓公共性实际是社会成员利益中的相同部分。按照这种看法，公共性把社会生活中个人的利益要求分为两块，一块是个别的、特殊的，另一块是共同的。而所谓的公共性是公共利益的特性，公共利益就是社会成员在社会生活中的共同部分，即一个人的总体利益减去与别人不一样的部分，剩下的与别人同样的部分，因此，公共利益的实质是共同利益。就单个人的利益来看，它是单个人的总体利益减去与他人相同的利益部分而得到的利益之差，而非单个人所有利益的加总即利益之和。在其现实生活的体现中，比如说在特定社会中，几乎所有社会成员都有安全的要求，这种安全要求就是大家共同的要求，也就构成了公共性。显然，社会成员对于共同安全的要求通常表现在两个方面：对外，表现为国防安全；对内，表现为治安安全。而在现实生活中，社会成员之间又有与他人不同的利益要求。

显然，这种对于公共性的解释，实际是按照共同的内容来加以解释的。但是，我们很快就会发现，公共性并不是上述那么简单，它还有其他的表现，这涉及其他的对公共性的理解。

第三种解释是，公共性本身未必表现为社会成员之间利益内容的共同性，比如刚才所说到的社会成员对于社会公共安全的共同要求，就是内容的共同要求。但是，在社会生活中，除了社会成员利益要求的共同内容之外，还有规则的共同性，因此，公共性也可以仅仅是规则和程序意义上的共同性。这就是说，在社会生活中，社会成员之间广泛认可的共同性仅仅是规则的共同，除了认同共同规则之外，社会成员可能在社会生活的利益内容上并没有共同性。这种关于规则相同或者对于规则的认可即为公共性的看法，大大扩展了公共性的范围，使得公共性不仅简单地存在于公共领域，而且存在于表面看起来属于私人领域的地方。我们可以从刚才第二种解释来看，公共性讲的是利益要求内容上的共同性。但是，我们发现，内容的共同并不仅仅存在于公共领域，而且也存在于私人领域，即个人与别人利益要求的内容不同的地方，比如到市场上买东西，怎么买，什么时候买，都是个人自己的选择和要求。但是，这里实际也存在着公共性，就是市场规则的公共性。第三种解释认为人在社会生活中内容本身没有公共性，但在规则及其认可上是共同的。

马克思主义对于公共性的解释，是运用阶级分析方法，按照内容与形式的两分法进行的。马克思主义认为，社会存在着不可调和的阶级关系，阶级之间以及社会群体包括阶层、集团之间的公共性，并非内容上的共同性，也不是规则上的共同性或者共同认可性，而是内容上的阶级对立、冲突和斗争，形式上由国家或者公共权力以中立形式表现的公共性。在这里，所谓社会共同性，仅仅表现在不同的社会阶级力量及其隶属于这些阶级的不同个人在相互的冲突与对峙之中形成的形式上的妥协性。同时，在本阶级内部，这种解释表现出强烈的阶级共同性。当然，这种形式上的共同性应该如何认识，是目前需要深入研究的问题。在社会共同体中，阶级或者阶层、集团之间的对抗和形式的妥协，是理解为它们共同存在于同一共同体中，还是理解为社会集体生活规则共同性的一种变异形式？社会生活中的妥协，无论是内容意义上、权利意义上还是规则或形式意义上的妥协，其实际功能是形成一种自然的或人为的边界，形成社会成员行为的边界，而这种边界实际就会变为规则，它包含很多具体形式，包括法律、规矩、制度等。

公共性由于其复杂性和多样性，还存在其他一些解释，比如还有人把公共性理解为长远利益和根本利益，其实长远利益只是共同利益在时间跨度上实现的一种显示，根本利益只是说明公共利益在整个社会利益结构中的基础性和重要性，所以，这种解释实际上是对于公共利益某些特性的解释，而并非对于公共性为何物的解释。除此之外，西方学者对于公共性的研究都努力阐述什么是公共性，但实际上并没有深刻阐述和严格明确界定它，比如汉娜·阿伦特所认为的公共性首先是社会成员生活的特定空间和领域，即公共空间或公共领域，以相对于私人空间或私人领域，社会成员在这个空间中的生活及其共同认知，形成了公共性；又如 J. 哈贝马斯认为的公共性空间，其实就是市民社会的代名词。对公共性的这些众多解释，使我们看到公共性的解释是多角度、多方位和多样性的，它们体现着不同学者对公共性的不同理解，也体现着这些学者的不同社会主张、政治理念和制度设计。

在这众多的解释中，在给定条件下，即除了对抗阶级和敌对势力之外，就特定阶级和合法社会成员内部来看，把公共性作为共同性来理解，应该相应简单明确一些。这就是说，公共性是社会成员在社会生活中与别人相同的部分，而不同的部分则不构成公共性。这里的关键不过是，社会成员在社会生活中相互之间相同和不同的是什么。从这个意义上来讲，什么构成了中国政法大学的学校利益，其实它并不是所有教师和学生的所有利益之和，而是所有师生员工相同的利益。由此推而广之，中华人民共和国的国家利益，实际上是 13 亿人的共同利益。

三

第三个问题是，由于对公共性的理解各有不同，就引发了在社会生活中是否存在公共性的疑问，这方面质疑是各种各样的，但是，大体上可分为两类。

（1）公共性本身是不存在的。这类看法认为，在社会生活中，无论在内容意义、规则意义和形式意义还是在其他意义上都不存在公共性。

对公共性不存在的论证主要有两种：

一种是绝对冲突论的论证。绝对冲突论对于公共性的否定，是从社会和人际关系的性质分析着手进行的。这种看法观察社会政治现象的基本出发点和着眼点在于，认为人际关系本质上处于紧张和冲突状态，人与人之间处于一种绝对冲突状态。这种绝对冲突使得人与人之间不存在共同性、合作性甚至妥协性，所以，社会关系中不存在任何意义上的公共性。

另一种论证是公共选择理论。公共选择理论对于公共性的否定，典型表现在"阿罗不可能定理"上，阿罗不可能定理来源于孔多塞的投票悖论。孔多塞是 18 世纪的法国思想家，他提出的"孔多塞投票悖论"，通过对一人一票投票制度的分析，阐明了西方民主在民意表达方面的虚伪性。20 世纪美国的思想家肯尼斯·阿罗在此基础上，运用数学工具，对于选民偏好和投票方式进行细致分析，得到结论是不仅西方选举制度不能显示真实民意和个人偏好，而且甚至不可能达成民意的共同性，即不可能达成公意意义上的公共性。这种理论实质上是自由主义理论，它以个人为分析本位，以个人偏好作为基本单元来分析社会和政治现象。在公共选择理论中，进一步研究了个人理性条件下的合作型公共性问题，或者从个人理性出发，如何才能达成公共理性，按照这种理论，每个人偏好是不同的，因而两个以上的人在集体生活和共同行动中，按照个人理性的逻辑，是达不成一致和共同性的。该理论的进一步分析显示，由于个人偏好存在序列和层次，所以，人际合作的集体行动更难达成一致，他们在社会生活和集体行动的一个层次上可能达成一致和合作，但很快就会发现，在另外一个层次上却会产生分歧而达不成一致和合作。所以，人与人之间不存在基本的合作和公共性，这也就意味着社会生活和集体行动中不存在公共性。

（2）社会生活中存在公共性。这类看法认为，在社会生活和集体行动中，公共性作为一种现实存在而存在，而关于公共性不存在的理论，包括人际关系绝对冲突论和个人充分理性论，几乎都是未经充分证实的。在社会生活的经验层面上，人们可以发现公共性确实存在。实际上，如果确实不存在任何的公共性，我们也很难设想今天可以有这样多的人有序地坐在这个教室里听课，更难设想人会与他人在一起组成社会生活和集体生活。因此，社会生活的经验与前面否认公共性的理论前提预设所得到的结论恰恰相反。

对社会生活中存在着公共性的论证大体包含以下几个方面：

第一种论证认为，人在社会中生活有共性，通常称为社会的共性或利益相同的一面，至少存在着最低限度的同一性，所以，在共同性的不同意义和不同含义上，都可以理解为是共同性或者公共性。

第二种论证认为，虽然按照公共选择理论解释，不存在两个完全一致的偏好，但是，公共选择理论的分析是一种设置绝对理性经济人的分析。而人在社会中生活，其在集体限度中的个人行动虽然与个人偏好有关，但不可能如同公共选择理论所设置、推论和分析得那样充分理性，而且不可能按照理性的那样多序列和层次去进行行为选择，从这个意义上来讲，人对于偏好的追求和实现，在理论上，尤其是在经济学理性逻辑分析意义上，可以使得人与人之间的个人理性高于公共理性，个人偏好的价值高于人际合作价值，因此，人与人之间的不一致性在这个意义上是可以成立的。但是，这种纯粹的理论和理性逻辑在现实生活中其实是不成立的。因此，公共性问题需要超越个人理性的层面，把人本身规定为具有社会属性，人在社会生活中其实并不会像理性经济人假设那样行动，其状态实际是一种社会人状态，他不可能在所有时间、所有地点和所有事情上百分之百地考虑和实现自己的理性偏好。其实，公共选择理论也在不断演变，发展到今天，政治学和公共选择理论已经无法纯粹按照经济学假设和理性逻辑解答公共生活和集体行动，而正试图用生态学进行替代解释。这就表明，人本身的社会性和非经济理性的这一面，使得原有的公共选择理论在经验层面上经不起检验。

关于绝对冲突论，人的社会性表现在人际关系当中，表现在群体关系和群体生活中，而人的社会性和人际关系实际并非在任何意义上一定表现为绝对冲突。同时，现实经验表明，人与人的关系，甚至群体的关系未必只有绝对冲突这一方面。从具有高度冲突性和对抗性的人际关系和群体关系来看，这种关系很大程度上是一种相互之间关系冲突、对抗乃至破裂的临界状态，或者处于临界状态之前的酝酿状态，这种状态下，存在于其中的不同人群虽然可能不存在相互之间的共同性，但是，在其相互关系彻底破裂前至少还存在同一性，这种意义上的公共性，应该也是公共性。由此可见，人际关系中非绝对冲突性，可以证明公共性在不同意义上的存在。实际上，按照马克思主义，阶级之间的冲突也不是不分时间和地点的绝对冲突。马克思主义社会和政治学说中作了两个方面相辅相成的分析，一方面，它分析和强调阶级之间的冲突性和对抗性，另一方面，它分析和强调在国家处于常态的情况下，阶级之间的冲突往往会发生和被控制在特定范围之内，用恩格斯的话来说，国家会把阶级之间的冲突控制在秩序的范围内，以避免统治阶级与被统治阶级在冲突中同归于尽。而这一定范围的控制及其造成的政治秩序的实际存在，就可以认为存在着最低限度的公共性。

由上可见，关于公共性是否存在，大体有这两方面分歧性看法以及各自的论证。这其中第一方面的内容为否证，采用的是假定性预设和形式逻辑演绎的方法，其基本假定性预设是经济学的理性人预设和人际关系绝对冲突预设。第二方面的内容为证实，这种证明更多采用的是经验层面检验和解释。

实际上，在今天，无论是中国学界还是西方学界，原有的理性经济人假设都是不能解释经验生活方面的公共性的存在的。而在西方学术界，也在寻求更新方法以解释和证明公共性的存在。在中国学术界，面临着如何解释经验生活中公共性的存在问题。

四

第四个问题，我们简单归纳公共性有哪些基本特性。这方面内容，在教科书和学术文章中已经有大量说明，而在我个人看来，公共性需要解释分析的特性，运用矛盾对立统一的方法来看，首先就是社会生活中人的共性与个性问题，或者说就是单个人与他人的共同性和不同性，这是公共性最为基本的特性。

其次，公共性具有高度复杂性，这种高度复杂性，常常表现为社会成员在社会生活中的共同性和特殊性之间的矛盾统一关系。比如，在政治和公共管理方面，人们常常讲到有三种可能利益因素会冒充甚至扭曲公共性：一是政治领袖或者领导人物的利益；二是特定群体的利益和要求；三是政府官员自己的利益要求。这些利益和要求都可能冒充成为公共利益或者以公共性的名义加以实现。而在实际生活中，我们是比较难以辨识其是否真正具有公共属性的。

更深入层次的问题还在于，在政治学和公共管理学中讲到公共性问题，往往还有这些因素相互之间的关系问题。实际上，这些特定的利益因素与公共性利益之间的关系是十分复杂的，并非简单的非此即彼的对立、排斥或者反对关系。不可否认，这些利益因素在本质特征和属性方面，与公共利益和公共性之间是不同的，它们之间存在反对甚至对立关系。但是，在实际的政治过程和管理运行中，这些利益与公共利益和公共性之间未必一定是反对、排斥甚至对立关系，在特定条件下，它们与公共利益和公共性之间也可能是重合或者部分重合关系。这就为这些利益与公共领域和公共利益之间的组合关系提供了相当复杂的组合可能，从而使得公共性在现实性上呈现高度复杂性。

公共性的第三个特点，是公共性在社会生活中是有结构和层次的。讲到公共性，不一定就是全社会的公共性。首先，公共性在最微观意义上可以说是两个人之间的公共性，而在最宏观的意义上也可以说是社会共同体的公共性，由此形成了多层次结构的公共性。所以，讲到公共性，必须限定和给出范围，因为在特定层次上的公共性，在更高层次上可能就不是公共性而只是个体性。其次，从现实主义的眼光看，在现实社会中，公共性的实际表现未必是理论上设定的社会成员的共同性，其实，它往往更加可能是多种利益和力量的合力复合结构。按照这样的看法，在社会政治过程和历史进程中，所谓的公共性，实际是多种利益和力量相互之间的关系结构。除此之外，公共性还是主观与客观的关系结构。人们讲到利益和要求，其实是一种主观认知，在现实生活中表现为作为社会成员的人对于哪些是公共性的认知结构，人们可以发现，我国13亿人对于公共性的认知并不一样。除了这种主观认知结构外，公共性又有客观内容，而主观性和客观性之间实际存在着差异性，从而构成了公共性的又一重复杂结构性。

第四个特点，公共性以多种形态和状态而存在。从对于公共性存在的论证中可以发现，它的存在形态具有多要素性，它可能是以内容的共同要素存在的，如刚才所说的社会广大成员对于国防的要求；但也可能是以形式方面的共同性而存在的，如政府的公共政策至少在形式上是作为共同政策而存在的。此外，公共性还可以作为规则共同、规则认可，甚至不同力量之间的妥协而存在。这些都构成了公共性存在的可能状态。所以，一讲到公共性就要进行分析，我们所讲的是什么形态的公共性。

第五个特点是公共性存在构成价值的公共性。如安全、公平、效率、公正、秩序、平等等，都是公共生活中的公共价值，这些价值明显区别于非公共性事物，如市场组织这类私人事物。同时，需要明确的是，公共性又有多重价值。正因为如此，我们用任何一种价值去解释、分析公共性都会妨碍其他价值的实现。因为公共性内含的价值具有的特点是：其一，它是多重的；其二，其中每种价值的权重基本相当；其三，某些价值之间存在着紧张关系，如通常所说的公平与效率之间，再如安全与个人在集体生活中的自由之间都存在紧张关系。我们现在讲科学发展观，其重要内容之一，应该就是在社会发展过程中做到公共性中多重价值间的均衡，所以，和谐社会不妨解读为多重公共价值平衡实现的均衡社会。在公共生活的管理实际中，有管理经历的人都会发现，你的决策、决策实施以及别人对你的绩效评估，都会受到不同价值的影响，你经常需要对多种公共价值当中的不同价值要素进行取舍。这也是公共性的重要特性。在现实政治和公共生活中，我们看到，任何一项政策都不可能得到百分之百的人的百分之百的满意，任何一个管理者或领导人都不可能得到辖区百分之百的公民对他的百分之百的肯定和支持。如果一个管理者在政治实践中得到百分之百的人百分之百的满意，只有两种可能：一是这个管理者是个专制主义者，甚至是个暴君，大家不敢说他不好；二是这人什么事都没有干，大家说不出他的不好来。

显然，公共性的这些特性，也为我们实现公共性提供了一定的分析意义。

五

第五个问题，简单谈谈公共性的实现途径问题。刚才我们概要地介绍了公共性是什么，从经验层面和理论层面上进行了论证。同时，我们还介绍了公共性的基本特性。那么，公共性如何得到实现呢？从实际生活的角度来看，社会成员在社会生活过程中是在实现两个方面的利益要求，既实现每个人的个性利益，又实现社会共同的利益。如果我们把公共性解读为社会生活中社会成员共同的利益要求，就可以发现，人类在实现公共性方面的能力是非常有限的。迄今为止，人在设计实现公共性时，创造的方式大体上只有三种。需要特别指出的是，在这里，我们说实现公共性的设计，是讲的人为的设计。实际上，人们会在两种状态下实现利益要求，即有序状态和无序状态。在政治学或法学中称无序状态为自然状态，即非人为设计的状态，在这种状态下，公共性往往得不到实现。不仅如此，历史和现实经验表明，无序状态下的社会分配也是混乱和不公平的。在这种状态下，谁能够得到社会财富的较大份额呢？观察表明，主要有三种人可以得到较大份额，包括具有强势力量、区位优势和善于利用欺诈手段的人。今天，在我们的社会制度不完善的地方，就存在着强势力量、区位优势和欺诈手段获得额外利益的人。在这种无序状态下，人们获得利益不公平，公共利益或者社会的公共性得不到实现，这就需要设计秩序状态，以人为设置的制度规范和机制，实现公平性和公共性。所以，人类社会的有序状态是人为的设置，是人类智慧和文明的体现，这种文明其实是典型的制度文明，即以制度和规则来规范大家的行为，实现社会成员的利益要求和社会公共性。由此可见，公共性只有在社会有序状态下才能得到实现，就人类设计的秩序制度和机制来看，无非就是政府、市场和社会自治这三种，人类维持社会秩序状态的机制是这三种，实现公共性的机制也是这三种。

第一种方式是政府方式。政府方式是权威方式，所谓权威方式，就是合法性强制的方式，这就是说，它是依靠外在社会的力量进行强制的方式，但是，这种强制又是得到社会公众认可和同意的，所以是合法的方式。由于公共利益的公共性，所以，它的实现通常主要依赖于政府，政府实际上是公共权力的组织体现，那么，政府为何叫做公共权力，其中一个主要原因就是因为它以公共利益作为自己运行和实现的目标。通过公共权力，社会成员公共利益和社会生活的公共性得以实现，其最大优点是具有强大而合法的力量和资源。但是，在实际生活中，运用政治权力实现公共性，也有其不足之处，这就是通常所说的政府的缺陷问题，这些缺陷主要有四方面：一是决策的缺陷。政府的决策包括精英决策、大众决策和利益集团讨价还价的决策。就这三种决策方式看，无论是逻辑的还是经验的分析都显示，要真正实现公共性都存在问题。精英决策无法保证分配是公正的，因为如果让一个人或者几个人去分蛋糕，就产生了政治中所说的委托和代理关系，保证这种委托和代理关系的公共性，是政治生活的重要问题。实际上，这一问题迄今为止并没有得到很好解决。大众决策就是通过投票方式决策，即通常说的直接民主方式。投票理论的研究和分析表明，这种民主存在非公共性缺陷，投票原本是民主的机制设计，但是，在投票过程中，存在着违背其制度设计初衷的许多悖论。二是政府掌握信息的缺陷，即政府掌握的信息不充分。三是政府行为无效率的缺陷。四是政府还存在无法满足所有人的不同利益要求的缺陷。

第二种方式是市场方式。市场方式，就是等价交换方式。以这种方式实现公共性，实际是把市场机制引进公共领域。时下时髦的新公共管理理论，其基本内容就在于用市场机制实现公共性。按照这种理论，可以把政府的管理行为看作企业的市场行为，按照市场规则和方式，要求政府和政府官员设计政府运行机制。但是，我们很快就会发现，把市场机制用于实现公共性仍然有其重大缺陷。市场机制本身是一种私人理性机制，而公共性要求公共理性机制。此外，市场只有一种价值，而公共性有多种价值。如果以市场机制改造政府，固然可以实现它的经济价值，但无法实现社会公平和正义。

于是，产生了第三种方式即社会自治方式。社会自治方式的核心运行特征是社会成员，尤其是当事人和利益相关者以协商的方式达成共识，进而实现社会的公共性。正因为如此，社会自治是社会内部的自组织行为，同时，它对于社会自身有着较高的要求。首先，它对于庞大的政治共同体，有其规模和层次上的要求；其次，社会自治机制需要基本的预设条件，即社会资本条件，也就是人与人之间形成合约前后必须建立和维持信用关系。同时，以社会自治模式实现公共性，在运作过程中还需要公共资源的支撑。

这些是人们设计用来实现公共性的基本途径选择。应该说，这三种途径和机制各有千秋，所以，在特定社会运行过程中，基本上三种机制都采用，同时，又把三种机制限定于其特定功能限度范围内，并且对于其相关的不足之处给予一定的弥补。比如，人们一般认为政府的缺陷和不足可以通过市场加以弥补，其具体体现为以市场提供准公共产品，而由政府提供纯公共产品。而针对市场机制的不足，把市场限定在其特定功能限度范围内，运用政府或者社会自治机制弥补其不足。对于运用社会自治机制的运行实现公共性，在特定公共利益要求和特定历史阶段上，往往也会把社会自治机制的作用限定在特定范围、特定层次和特定产品方面，而因为社会自治需要特定社会条件、资本和规则的支持，所以通常用于特定公共性实现方面，比如公共资源，如森林、草场、河流等的保护和开发方面。

有幸向大家介绍这些内容，目的是引起大家对这个问题的兴趣。限于时间，这些介绍比较简单，不当之处还请大家多多指正！

【问题与回答】

1. 在我们的宪法中有规定，为了公共利益的需要可以对私人财产征收和征用，我想知道对公共利益是如何界定的？

公共利益是如何界定的，这是个学界没有完全解决的问题，因为公共利益是个还没有达成共识的问题。通常认为，界定公共利益，相对得到社会成员认可接近公共性的方法和机制，是民主界定的方法和机制，比如说大家举手表决，因此，人们经常采用民主机制界定公共利益。至于说采用其他的方式界定公共利益，实际社会生活和公共管理都表明，都具有其缺陷性，从而使得它们形成的结果还不如民主机制离公共性更近，比如，谁能保证地方政府及其官员决定的公共利益就一定是真正的公共利益，就一定具有公共性呢？

当然，在刚才的演讲中我们也讲到，民主机制并不是确定和实现公共利益和社会公共性的最好机制和保障机制，因为民主的决策未必就是公共性的准确体现，其实，民主本身是世俗化的东西，民主就是利益表达的权利平等，民主表达的内容未必就真正是具有公共性的。所以，简单认为民主的表达就是公共性的表达，其实带有某种民粹的思维特点。尽管民主未必就是确定公共利益的最好机制，但是，它应该是确定公共利益过程中最接近公共利益的机制和形式，所以，在公共利益的确定方面，目前还达不到实现完全的科学和理性准确的程度，而只能达到体现民意的程度，或者换句话来说，只要公民按照法定规则表达出来并达成共识的内容，即可看作公共利益。你说的问题还涉及公共性的层次问题。在最宏观的层次上国家利益和人民根本利益的认定，是国家宏观的民主运行机制形成的。如我们制定物权法，一个重要问题是如何界定公共财产，公共财产的所有权是谁的？公共财产界定的核心依据就是它的公共性。同时，这个问题不仅仅是宏观的法律规定问题，还有微观的运行问题。从微观上来看，比如说我们居住的社区，它的公共性就应由社区的全体居民以民主的方式加以确定。

当然，以民主方式确立公共利益也有缺陷，并且带有一定的主观认知性，因此未必能够准确确定客观的公共利益。相形之下，权威者所确定的公共利益，至少在理论上也很难排除就不是公共利益。我们只能说人类设定的确定公共利益的民主机制是相对确定机制，相比于其他机制来说，它更接近公共性。

2. 我不否认公共性的存在，但是在我们的影视作品和文学作品中，在我们固有的思维模式下，我们往往把公共利益至高无上化，当个人利益与公共利益发生冲突时，我们似乎在倡导公共利益的绝对化，我想请问社会公共利益与个人利益是一种什么样的关系，公共选择与个人选择应当怎样处理才是比较恰当的？

这个问题应该是政治学和公共管理的基本问题。政治学的基本主题是公共权威问题。但政治学研究的核心关系，应该是公共利益与个人利益的关系问题。19 世纪末，晚清的中国思想启蒙运动时期，严复先生把密尔的《论自由》翻译为《群体权界论》，也许试图强调公共利益与个人利益之间的权利边界如何确定。在我看来，如果需要回答公共利益与个人利益的权重问题，在正常情况下和正常时期，两者无所谓哪个重要哪个不重要。而自由主义反复强调个人利益和权利的特殊性和优先性，社群主义不断强调公共利益的优先性。我认为，在正常情况下，社会均衡的核心要素之一，就是公共利益与个人利益之间的均衡，在正常情况下，二者的权重应该相当，哪个也不能代替另一个。同时，它们相互之间是有边界的，这个边界应该有法定形式，并且用政治权力的合法强力确立和保障社会成员维护和遵守这个边界，以防止和避免两者之间的冲突和超越。除此之外，我认为公共利益和个人利益的社会实现形式也不相同。公共利益往往通过力量积聚形成的政治权力来实现，而个人利益通常通过个人享有的权利的形式来实现，当然，权利本身又是需要通过权力来保证的。如果掌握权力的人不公正，或者对于权力缺乏有效的制度约束和限制，就有可能给某些公共权力的掌握者留下空间，使他在特定问题上可以借口为了公共利益的需要而侵害个人利益。这样的问题，在常态下只能通过社会的法治和制度的完善来解决。在非常态下，比如战争状态下，为了社会公共利益，公共权力可以按照法定的要求侵害私人利益，在任何一个国家，在战争状态或灾难状态下，国家征用个人物品或在特定时期内针对特定群体征用财产，限制其自由，都有其法律的正当性，不过，这是非常态下的行为。

中国的改革开放与经济增长

演讲人：华　民

　　　　　复旦大学经济学院世界经济系主任

　　　　　教授

　　　　　博士生导师

华民，复旦大学经济学院世界经济系主任、教授、博士生导师，中国世界经济学会副会长，上海市人民政府决策咨询委员会专家，上海市"十五"规划顾问，上海市企业家资质评审专家，长期从事国际经济、世界经济与中国经济研究，著有《西方混合经济体制研究》、《不均衡的经济与国家》、《当代资本主义经济导论》、《当代资本市场经济》等学术专著 8 本，《公共经济学》等教材 4 本，在《经济研究》、《管理世界》等学术刊物上公开发表各种学术论文 300 多篇，先后获得"金三角"企业研究优秀论文奖、吴玉章奖、安子介国际贸易优秀论文奖、国家教育部人文社会科学优秀著作奖、上海市社联优秀著作奖和优秀论文奖、上海市经济学会优秀论文奖等，1996 年享受国务院特殊津贴。

今天下午我演讲的题目是"中国的改革开放与经济增长"。这里面实际上涉及三个关键词，一个是改革，一个是开放，一个是经济增长。为什么把这三个关键词放在一起呢？大家回顾一下我国最近 25 年的经济增长，一靠改革，二靠开放。假如没有改革和开放，中国经济增长的奇迹很难发生。为了对中国的经济增长和改革开放从一个全方位的视角加以理解，我想把它放在世界经济的框架内加以讨论。

一

我接下来要谈一下世界经济当中的"邓小平效应"。我们先来看一下统计数据。这个数据描述的是从 1000 年到 1993 年中国和西方人均 GDP 的增长。这些数据都是取人均值。现在看中国的情况。从 1000 年至今有一段时间经济出现增长，然后是长期停滞。到了 1840 年，随着经济增长的停滞和人口的不断增加，GDP 每况愈下。直到 1979 年，邓小平同志领导我们进行改革开放，中国的人均 GDP 才像火箭升空一样增长。现在这个数据是按照购买力评价作的，按照这种标准，中国人均 GDP 是 4 500 美元，欧洲更高，西方一些国家已经 1 万美元、2 万美元以上。我们可以得到什么信息呢？中国在由北宋向南宋转型的过程中经济有所增长，这个时期我们可以看到什么现象呢？一是北方少数民族入侵，二是国家政权行使软弱无能。接着是迁都，由北方迁到南方。就是在这种情况下，疆土不断缩小、大量的北方人口向南方迁移、国家根本无法管理和控制当时社会局面的时候，我们突然发现经济增长了。这是一个非常矛盾的现象。人们观察到这个现象后，很多的经济史学家、经济学家都作过相关的研究。虽然仍存在分歧，但是按照目前形成的一个比较主流的看法，北宋向南宋转移的过程中，大量的北方难民迁到南方，人和土地的关系发生了变化，人口增加了，土地缩小了，人均耕地面积减小了，多余的人从事工商业活动，于是经济增长了；而这时一个战败的政府恰好无所作为，市场机制就发生了作用。这是一个非常奇怪的现象，我们在南、北宋交替的周期当中看到了这个景象。到了明朝把北方的少数民族驱逐回草原，汉人光复了中华，以至于后来清朝的疆域不断扩大，逃到南方的汉人又回到北方，人和土地的关系又发生了变化。人口相对少了，土地人均占有量增加了，人们又都回去种地了，经济增长停滞。当人均耕地面积扩大的时候，人们从事农业生产就可以养家糊口，不需要冒险去从事工商业。这是一个比较主流的看法。到1840年以后，我们看到中国沦为半殖民地半封建社会后，经济增长进一步衰退，人口还在增长，人均GDP不可避免地迅速下降了。我们把南、北宋的问题作为历史的回顾，虽然还没有下最后的定论，但主流的看法已经形成。这可以部分地解释在改革开放后，温州地区的经济为什么发达，因为人太多地太少，活不下去只能经商。很多地方都能看到这个现象，这个作为历史的一页翻过去了。

接下来的任务先讨论两个问题：一是为什么1500年以后西方的经济超过了中国；二是为什么1979年以后我们发生了经济增长的奇迹，1979年以后中国经济增长的源泉到底是什么。

先看第一个问题。我想从以下几个角度试着将一些主要的学科观点加以综述，对东、西方特别是西欧和中国的经济增长差距为什么会拉大作出一些解释和回答。首先是诺斯，学过制度经济学的人一定知道，他获过诺贝尔经济学奖，他在和托马斯的《西方世界的兴起》中认为欧洲经济和中国经济最重要的差别在于他们建立了所有权，建立了财产制度。在所有的新制度的创立当中，这个是最基本的，财产权起着非常关键的作用。因为有了财产权以后，西方传统的、在我们中国也普遍存在的财产没收的制度就被税赋征收的制度所替代，从此以后也就有了所有权和私有权。"普天之下，莫非王土"局面实际上已经结束了。财产有边界了，分清你我了，政府不能无端地剥夺人民的财富，于是人民群众创造财富和积累财富的动机就促进了经济的增长。

这是诺斯所作的非常重要的制度阐述。

德国经济史学家、社会学家马克斯·韦伯认为诺斯所说的制度上的变革首先起源于意识形态的变革,虽然宗教不是唯一的决定西方走上资本主义现代化和工业化发展道路的推动力量,但他认为是非常重要的,而且是西方社会区别于东方社会的最重要的差别。宗教改革产生了资本主义精神,使得基督教摆脱了巫术的影响,从而使得人们可以理性地对待社会经济的发展,导致了韦伯所说的合理的资本主义生产方式的产生。因为在宗教改革以前、中世纪黑暗时代,西欧人对工商业活动的看法和传统中国人的看法是一致的:经商是可恶的事情,"无商不奸"。他们认为上帝把财富公平地分给每一个人,而你通过经商多占一份,别人就会少占一份。但是通过宗教改革以后,他们就不这样解释了,他们开始认为通过工商业活动创造了新的财富,然后你可以去帮助别人,帮助穷人,做上帝本来就想做的事情。这样一种社会基本道德伦理的转变,一种意识观念的变革,使得工商业活动符合社会规范,人们不会再对它加以鄙视和谴责。既有了产权,又有了道德上的合法化,于是西方的工业化才有了飞速的发展。这就是马克斯·韦伯所讲的西方工业化和资本主义市场经济发展的非常重要的社会条件,而且是基本的社会伦理的变化。

法国著名历史学家、经济史学家布罗代尔的"技术决定论"(这里的"技术"不是我们所说的生产技术,而是一种交易技术)认为,把欧洲经济和其他地区经济分割开来,造成欧洲经济繁荣而其他地区经济发展相对停滞和缓慢的重要原因在于欧洲一开始就拥有交易的工具和技术上的优势,这里所说的工具和优势,即拥有交易的各种形态。他认为只要拥有了这些工具,交易就可以跨区域,因为具有了信用,具备了正确交易的工具。如果只能进行实物交易,那只能像中国那样初一、十五赶集,不可能作跨区域的交易,也不可能作跨期的交易,市场范围就会变得很小。如果市场范围很小,交易手段又极其落后,就不会有市场机制,也就不会有市场分工。亚当·斯密告诉我们分工取决于市场的大小,市场越小就越没有分工。举个例子说,欧洲特别是地中海国家,后来是荷兰,利用非常先进的商业技术率先进入了资本主义。

而没有掌握先进的交易工具的国家只能是走向传统的市场经济，或者是走向更原始的自然经济状态。

哈佛大学的一位研究经济史学的教授，最近出了一本书《大分流》，他对欧洲和中国经济没有作总体评价，而是作地区区域经济的比较。他举了非常有代表性的三个例子：第一是苏格兰低地，第二是德国的鲁尔区，第三是以杭州为中心的中国江南。这三个地区在 1800 年时，根据他掌握的统计资料，中国江南的工商业精神仍然要强于英国的苏格兰低地和德国的鲁尔区。但是为什么没有发展出资本主义市场经济，倒是在英国、后来又在鲁尔区产生了资本主义市场经济和工业化的发展，他认为一个重要的原因在于具有非常活跃的工商业活动和非常强烈的工商业精神取向的中国江南地区没有资源，特别是发展大工业所需要的煤炭和铁矿，也没有英国大工业所需的基本的物质资源。相比之下，在苏格兰低地和鲁尔区，有储藏丰富的、品质极高的煤矿和铁矿，于是英国就发展了工业化，用蒸汽机推动纺织机；德国人就走向了钢铁工业和石油化工的发展道路。但是中国江南因为没有资源，只能是小手工业的作坊、小茶坊、小丝绸生产商，还有小"林家铺子"，呈现一幅小桥、流水、人家、店铺的景象，根本无法组织起现代大工业。于是在 1840 年鸦片战争以后，中国再也没有机会走上现代化资本主义工商业发展的道路了。资源在古代交通工具极其不发达、运输工具极其匮乏、运送条件极其恶劣的条件下，拥有工商业精神的地方没有资源就失去了走上现代化工业发展道路的机会。

美国著名的马克思主义学者沃勒斯坦创建了世界体系论，他把东、西方经济发展的差距概括为由国家政治体制上的强弱差距造成的。走出中世纪，西方建立了现代的民主制国家——代议制政府，但是中国传统社会仍然存在集权专制统治，所以东方国家的政权是家庭政权，不可能动员整个社会的力量进入世界市场，获取所需要的资源。必要的时候，如发生武力冲突的时候，不能集中全部的财富和力量进行斗争和抗衡。但西方国家不同，他们是民族的国家，可以通过政权、议会把整个国家的战争机器发动起来。也就是说，在国际竞争中，西方国家一开始就处于竞争优势。它是用一个社会的国家攻击一个家族的国家，出现了一种在政治体制上的发达国家和落后国家的对抗。在这种对抗中，东方败给了西方发达国家，因此他认为发达和不发达是一枚硬币的正反两面，而不是渐进的关系。不是说不发达的国家最后会沿着美国、欧洲的道路一步步走向发达，发达和不发达是正面和反面，是一种结构。所以他们认为东方国家不发达就是西方的发达之所以存在的根据，因为整个社会的经济资源是有限的。

还有些学者认为文化技术对一个国家的经济增长产生了决定性的影响。为什么要把文化技术学界的观点纳入分析框架里面呢？首先我们讨论一下什么是"文化技术"。文化技术最重要的体现是文字，文化技术派的学者以文字为研究对象区分了人类文明发展的五个阶段。第一个文明阶段是象形文字，第二个阶段是拼音文字阶段，第三个阶段是印刷术，以后文字的传播速度加快又带来了新的技术，印刷术以后我们进入第四个阶段，即媒体语言阶段，这些人大都对媒体语言阶段持否定态度。在这个阶段我们看到思想家黯然失色，那些善于表达肢体语言的、服装语言的、声音语言的人占据了世界的舞台。我们现在追捧的是那些歌星、影星和体育明星，没有思想，没有知识，仅仅因为他们肢体语言非常优美，引导着时代的潮流。但是在舞台上已经看不到那些思想家了。于是整个世界进入一个非常衰败的无知识的时代。成千上万的人跟在这些明星后面，晃动着手电筒，手捧着鲜花在那里吼叫。我们看到好莱坞那些明星光彩照人，但是我们没有想到在这些人背后，为这个电影花费心血进行精心思考的作家们的生存状况。这是一个非常糟糕的情况，是人类走向肤浅、走向虚浮的发展阶段，大家都在追逐表面的奢华，但是很少有人坐下来思考问题。第五个发展阶段是数字语言阶段。在进行了区分以后，他们作了些比较，进而得出非常重要的结论，即拼音文字国家的经济要比象形文字国家的经济好。因为象形文字传播成本高，社会知识的传播面不广，传播成分不高，知识被少数人垄断。但是拼音文字的国家知识传播成本较低，传播的速度比较快，特别是到了印刷术时代，象形文字印刷成本高，而拼音文字的印刷成本较低，思想和知识传播速度就会快，你到西方会发现人人手里都有本《圣经》，大家都去信仰上帝了，这个社会的最高秩序就建立起来了。不管身份如何，有什么样的思想偏好，什么样的社会地位，到了上帝面前都是平等的。这样，一个基本的道德准则、伦理秩序就建立起来了。我们可以看到西方社会在从事工商业活动时是讲信用、讲契约的，因为有一个基本准则在制约着人们的行动。

在转述了那么多以后，我想说一个问题：经济增长是非常复杂的问题，不是由所谓的一个原因决定的，是多种力量共同推动的结果，以上所说的学者都是在"盲人摸象"，只有把这些言论综合起来，才能得到对社会文明、经济增长的综合的、全面的理解。现在我们就可以解释为什么1500年以后，西方文艺复兴和宗教改革后，中国和西方经济增长的差距越来越大。检讨一下就可以发现中国缺少这些经济增长的基本因素，所以一旦西方走上工业化发展的道路，经济增长按照几何倍数增长的时候，中国就落伍了。究竟中国缺少哪些因素呢？下面我们逐一分析中国为什么没有所有权制度，中国的制度短缺到底是什么原因造成的等这些基本问题。

原因之一，中国传统社会奉行"普天之下，莫非王土"，到今天我们依然很难界定所有权到底是谁的。我们今天还在争论国有企业的产权到底是谁的。我们的宪法规定私人拥有财产是合法的，但我们的许多经济学家还在说中国的民营企业家是有原罪的，他们的第一桶金是来路不明的。中国为什么会没有制度呢？我认为造成中国制度短缺的最重要的原因在于中国是等级制的社会，等级制的世界观导致中国人缺乏外部性的概念，没有外部性就不需要制度来解决，有了外部性才能对制度产生需求。比如一个大学生宿舍里打扫得很干净，但是走廊里却堆放了一堆垃圾，这就是外部性的体现。你打扫干净了房间影响了别人。比如企业排污，河水变臭了，空气变坏了，整个社会支付了成本，但是企业赢利却增加了，因为他治理污染的成本减少了，这就是个问题。一旦有了外部性就需要制度来解决。为什么中国不用制度解决这些问题呢？因为中国是一个等级制的社会，在中国社会解决问题是靠统治不是靠制度，制度只有在一个公平产权、公平人权的国家才有可能进行，在等级制的社会只有统治。我们不妨看一下西方社会与中国社会结构的区别。西欧的社会结构是一个国家由许多分散的独立的个体组成，他们是自由平等的，在这些独立的个体自由行为过程中产生外部性的时候就制定了制度。有了红绿灯、交通规则、机动车道和非机动车道，才导致交通事故的大幅下降；有了环境保护法规，才可以大幅降低人们对环境的破坏。一项制度在公平的主体之间通过契约、通过合同把所有产生的外部性和矛盾冲突解决掉。那么用什么方式体现制度呢？用法律。法律是因制度的存量而存在。制度和法是分不开的。但是到了中国情况就不一样了。我们是一个内部化的社会，社会是一个整体，人与人的关系全部内部化。在家里听家长的，在社会上听皇帝的，在"君君，臣臣，父父，子子"的森严等级制中，只有统治与被统治，领导与被领导的关系，没有平等的交易关系。所以就不需要制度来约束，我们需要的是权力和权术。我们通常把权力叫做"道"，把权术叫做"术"。中国是按照这样一种关系建立起来的，你会发现谁权力大谁就说了算，权大于法，很难形成制度产生的土壤。因为这个社会是一种完全内部化的社会，没有所有权制度，所以就会出现"普天之下，莫非王土；率土之滨，莫非王臣"。只有分配，没有交易关系，中国社会历来是一个分配社会。所以中国的市场经济很难建立起人与人的社会关系全面外部化，于是制度就无法产生，我们需要的只是统治者。当统治出现问题时，人们盼望的是"清官"，而不是一部好法律，这种社会结构一直延续至今。因而就不可能有产权和所有权，也就没有了财富积累的动机和欲望，于是经济增长就会停滞。这是我想说的第一点。

原因之二，中国没有宗教。西方有基督教，有人说中国信仰佛教，但是那些去庙里烧香的人都是有目的的，不是带着信仰去的，且有很多进香的人根本就不懂佛教经典。西方所有进教堂的人都知道《圣经》。所以佛教根本不可能成为一个普遍的、吸引众多人去信仰的宗教。佛教在中国很大程度上已经成为一种学说而非宗教，是在佛学院里少数高僧进行研究的东西。所以我认为中国没有宗教，但是我们有国教，那就是儒教。也许有人会说伊斯兰教也是宗教，为什么不能推动经济增长呢？最重要的原因在于宗教改革，原教旨主义是自然经济的产物，不能为经济发展提供强大动力，与现在的市场经济是格格不入的。西欧社会所做的几件事是非常重要的。文艺复兴出现了印象派，强调实践重于心知，进而激励人们进行工业化与社会改革的伟大实践。接下来的宗教改革，就是把以自然经济为基础的教义转化为与市场经济相适应的现代社会的教义。而伊斯兰教大部分国家都是原教旨主义者，因此无法摆脱传统。因此，我想说的观点是，有宗教并不一定就等于有经济发展，必须借助于改革。中国的问题在于没有宗教。我们信奉的是儒教，我从经济学的角度观察，认为它有以下特征：

（1）以自然经济为基础，与今天我们搞的市场经济格格不入。有人说我们要学习日本、韩国的儒教资本主义，但是日、韩儒教是作为管理学的内容加以吸收，而非社会伦理道德，儒教运用最广泛的地方就是在管理学，如何处理人际关系。

（2）服务于等级制的中央集权制的统治，"三纲五常"、"刑不上大夫，礼不下庶人"。而市场经济恰恰要求公平、自由、竞争，是不讲"礼"的，讲的是理性。

（3）儒家学说本身是凝固的，是有碍于社会发展的。因为儒学最重要的特点之一是讲"师承"，孔夫子七十二弟子，没有创造只有解说，不能发展的学说如何能跟得上社会发展的步伐？如何制造社会的变革？这就是为什么传统官僚体制会出现如此状况。特点之二是讲"中庸"。中庸，简单地讲就是不分是非，不讲原则。所以，从传统上说，中国是一个不太分是非、不太讲原则的国家，中国社会比较注重讲关系，讲调和。连孰是孰非都分不清又何谈社会的发展呢？两千年过去了，儒教没有改变，只有强化。发展到如今这个阶段，体制上的表现已经不存在了，但是很多又变成了"潜规则"，因为"潜规则"的存在，交易成本就会提高。如果规则是明的，大家都会记住。因为是"潜规则"，大家首先要做的是去获得信息。中国为什么从1500年以后与西方的差距逐渐拉大，根本在于中国缺乏一种理性的、社会最高级的约束规范和道德，没有进行变革的、适应市场经济发展需要的规范。

原因之三，中国人的交易技术非常落后，其原因在于我们是专制政体。我们的商业社会从来没有得到过很好的发展。但是地中海时代商业经济已经高度发达了。我们是农业社会，而这种社会交换是先天不足的，因为农民相对于城市居民来说总是自给自足的。同时我们是内陆经济，运输成本高，市场范围很小，不能进行远距离贸易。大家都说中国有很长的海岸线，为什么会变成内陆经济呢？因为明朝建立以后为了防范北方的侵扰，就要建立强大的陆军，为了节省军费开支就裁减了海军。但由于倭寇等海患不断，于是明朝采取"禁海"政策，中国由此也变成了一个内陆的中国。从统计数据上看，海运的成本是以分计价的，内陆运输的成本是以角计价，也就是说，后者是前者成本的十倍。运输成本提高了，市场就会缩小，所以内陆国家的经济发展就会相对迟缓。加之过去诸侯经济，市场分割，市场空间非常小，所以中国的交易技术非常落后。直到今天我们仍然可以说中国的省际贸易比各地区、各企业进行的国际贸易更加困难，因此可以说中国在国际贸易中是个小国，是小国经济贸易，不是大国模式。凡是小国经济模式在世界上都是出口的，是净出口国家。这就是我想说的交易技术的落后。

原因之四，工商业精神活跃的江南，因为没有资源，于是中国发生了经济增长的退热。在以杭州为中心的中国江南，有非常活跃的工商业精神，有非常活跃的企业家，但是没有资源，资源都集中到内陆地区。相反，在苏格兰低地和德国鲁尔区，他们的工商业精神并不比我们活跃多少，但是因为拥有了很好的自然条件，水到渠成。资源曾经困扰中国。但在现代社会肯定不成问题，日本是一个没有资源的国家，但仍然可以成为经济总量增长最快的国家。

原因之五，鸦片战争以后，中国被迫加入英国的世界分工体系，失去了最后的经济增长的机会。十八九世纪是以英国为首的世界分工体系，英国在利用这个体系发财致富。于是工业化开始了，大量的土地变成了厂房、城市、道路、港口，这时美国成为一个向英国提供原材料的地区。而美国是一个白人移民的地方，缺乏大量的劳动力，于是就到非洲去抓黑奴，历史上臭名昭著的黑奴贩卖活动开始了。黑奴到了美洲生产出大量的原材料运到英国，英国工业革命的生产力爆炸式地增长，潮水一样的产品涌入世界各地的市场，于是印度成为它的殖民地，中国沦为半殖民地，成为了提供市场的国家。在这样一个全球分工体系中可以发现，受到剥削的是非洲，受损失的是亚洲的印度和中国，而英国发了财，美国搭了便车。只有参与分工，不管做什么，哪怕做再低端的东西，总有一天会发展起来。我很反对有些经济学家写文章说中国经济不要再回到过去了，不能走低端路线。中国有60%多的农村人口，三四亿的农民工，中国还能做什么？我们沿着这种路线，认认真真走50年，发展一定不得了。如果我们走高端路线，科教兴国了，科技兴市了，10%的知识分子找到工作了，90%的工人、农民下岗了，这个社会还会安宁吗？美国走了200年，最初种粮食的、种棉花的人都消失了。美国只分为东部和西部，东部是大西洋市场圈，西部是太平洋市场圈。中国人不要过于心急，不要妄想一夜之间把全世界的晚餐全部吃掉。这就是我想说的为什么我们失去了工业化的机会，因为我们沦为了市场倾销的对象，只要参与分工就有机会。我们就是没有能够放下历史包袱，自高自大，认为有些事情不能做，其实中国就是普通的中国，是农民人口居多数的中国，我们逐渐地把农民变成工人，沿着这条道路走下去，就可以实现国家的可持续发展。

原因之六，我国的文字是象形文字，我认为这种文字是可以垄断的并且是逐渐异化的。文字的基本功能是传播信息和知识，按上面所讲，文字的发展阶段是象形、拼音再到印刷，因为象形文字印刷成本比较高，中国走了手抄路线；拼音文字印刷成本较低，西方的文字很快印刷出去并且发展起来。印刷术是中国发明的，但是真正使用推广的却是在欧洲，中国人手抄的结果是——书法。书法本身不是知识，只是一种技艺。我在一个饭店吃饭，发现满面的墙写的都是"龙"，大篆、小篆、楷书等各种写法，但传递的信息只有一个。尽管书法的技艺比较高雅，但仍是文化技术的交流，而不是传播思想的一种工具，而且可以被少数人垄断。昨天我看凤凰卫视，讲到和珅为什么成功，就是因为他写了一手好字，模仿乾隆的字惟妙惟肖。这样的人做官能治理好国家吗？不可能。他们本身就没有知识。从这以后，中国文字被异化，被少数人垄断，大多数中国人处于愚昧状态，结果文字成为中国经济发展的障碍。今天中国有比较高的读书识字率，我们要感谢毛泽东同志，是他进行了文字改革，汉字简化。毛泽东同志进行文字改革最终的目标取向是拼音化，但是最终走不下去。因为所有会写字、会书法的人都反对他。尽管如此，这种简化已经使很多人受益，国家的文盲率大幅度下降。

　　从以上这些因素看，中国的灾难在于经济由于受到各种因素的制约不能增长，但是人口却在不断地膨胀，仅康乾盛世到清朝灭亡人口就增长了3亿，一般的规律是这样：经济水平越不发达，收入越低，生儿育女的成本就越低，人口越是膨胀。我们经常说"穷生"，穷了就要多生，这就是我所说的灾难。这种灾难的后果是西方社会曾经遭受过的马尔萨斯制约在中国得到了灾难性的发展。西方社会整体上受马尔萨斯制约，而移民、发展城市化和工业化就解决了人口几何级数增长、土地产品因受报酬递减率之制约而呈算术级数增长之间的矛盾与冲突。因为有了工业化，人们可以不再完全依赖于土地生产产品，而且工业化下的产品是倍数增长，完全突破了人口增长的制约。而且当人们的收入水平之增加突破某个临界点时，人们发现生儿育女的成本太高了，生育率就开始下降。上文所说这个马尔萨斯制约在中国很快发生了。清朝为什么要建立天下粮仓，就是因为人口太多，这在粮食歉收时很容易发生社会动乱，于是政府开始赈灾，建立天下粮仓。但是这种行为的直接后果是出现了一批贪官。所以这不是解决问题的方法，我们应该更多地发展经济，而不仅是建立天下粮仓。改变经济增长方式的制度才是关键。在1959年至1962年间我们又遇到这个问题，就是没有找到经济增长的合适方式。通过对中国历史的理性检讨，我们确实存在许多问题，我们不仅在阐述两千年的文明，也要正视和释放历史包袱，这是我说的第一个问题。

　　下面讲第二个问题。我们讨论一下1979年以后中国出现的火箭升空式的经济增长，其增长源泉究竟在何处。我认为有以下几个因素：改革解决了效率问题，开放解决了制度制约的"瓶颈"问题。小平同志最英明的做法就是始终把改革置于开放的环境中。下面我们从经济学的角度进行分析。

　　第一，分析改革的经济效应。改革开放以前，我们的经济增长由于制度上的低效率没有处于最佳的发展状态，很大一部分生产能力没有发挥出来，于是就有一大块的GDP损失。改革的目的就在于把这些扭曲的、压抑生产力增长的体制改变过来。于是生产力解放，经济增长沿着这条路线走上了快速上升的道路。实际生产与应该具备的生产能力越来越接近。这就是改革带来的好处。

第二，我们讨论开放。对外开放的经济效益是经济增长点的动态变动。我们是一个劳动力丰富的国家，一旦通过对外开放参与国际分工和国际贸易，那么对于同样的一个商品，我们出口的价格就会上升，而我们进口的价格就会下降，于是企业的收益就会发生变化，获利机会增加。这会产生何种后果呢？经济增长。这是一个动态的过程。一个生产过程结束了，你会突然发现财富增长了。以重工业为主的发展战略逐步变为市场经济导向的轻纺工业出口为主导的生产结构模式，中国的工人就业率增加了，经济也增长了。经过一个生产周期以后，资源丰富了，生产要素增加了。在经济增长的过程中我们发现，随着人均 GDP 和收入水平的提高，再加上因为计划生育因素而导致的人口增长率的相对下降，人均资本占有量就会增加。于是生产可能性斜率的变化在纵轴上和横轴上的距离是不一样的。这个距离的差别告诉我们资本积累的速度快于人口增长的速度。结果，伴随着人均资本拥有量增加而来的必定是劳动生产率的提高。随着劳动生产率的提高和资源禀赋的变化，以及由此而造成的资本丰裕，我们的经济增长又会向着机械制造、重工业方向移动。我们看一下海关的统计数据。我国的经济结构不断地进行着这种动态的演变。因此，我的看法是，在世界经济的分工体系中，中国不会永远做保姆，永远做低端，我们会像美国一样慢慢往上走，只要我们的制度、产权能够建立起来。20 年以前中国出口的是原油、粮食等初级产品；15 年前出口纺织品、袜子；10 年前出口彩电等家用电器、小五金；5 年前出口工业制成品；而 2004 年的统计数据告诉我们，中国高科技产品的出口份额已经占到 22%。也就是说，随着资源禀赋不断地变化，资本要素不断增加，经济实力会不断提升，结构也会不断提升。高科技时代总有一天会到来，但不是现在，只有农民都变成工人和知识分子时才能实现。在农民占大多数的社会里，高科技是无法实现的。这就是我们所说的经济演进的基本规律。这是我想说的第二点。

第三，除了改革和开放，我们经济增长的最重要因素是把改革始终置于开放的环境中。在这种条件下，经济增长从来没有中断过，缺少资本可以引进外商，缺乏市场可以出口。结果我们发现，25 年的市场开放，中国每年的经济增长率在 8% 左右，于是潮水不断往上涨，水不落石不出，社会矛盾没有激化。但是俄罗斯、东欧国家不一样，并没有把改革置于开放环境下，改革没有导致增长，仅仅发生了存量资源的重组，每一次重组都造成资产的流失，生产力的下降。于是他们改革 10 年来 GDP 缩水 50%，水落石出，社会矛盾激化。中国的改革是增量引进注水式的，水涨船高，社会矛盾没有激化。而俄罗斯等国家的改革不是注水式的，没有引进增量资源，社会矛盾、冲突不断加剧，政权更迭，社会极其混乱，根本谈不上经济增长。这是非常重要的，小平同志为我们找到一个非常好的解决问题的方法，就是改革和开放相结合。具体说起来，中国为什么要在开放的环境下搞改革呢？

（1）中国没有完成资本的原始积累。中国在古代社会没有办法进行资本大量积累，"普天之下，莫非王土"，到了 1840 年鸦片战争以来中国就没有资本积累的机会了，特别是到了 1895 年甲午战争以后，大幅度的战争赔款事实上帮助日本完成了资本积累，我们自己失去了资本原始积累的机会。所有世界通史上都承认这个事实：日本经济的起飞和甲午战争中国的赔款是紧密联系在一起的。1949 年中国最后一次资本积累的机会失去了。国民党逃到台湾，把整个国库搬到了台湾，帮助台湾完成了资本的原始积累。去年我到台湾，台湾学者说"我们没用过国民党一分钱"，我说这就是不讲道理，因为国民党把黄金带到了台湾，台湾的银行才能印纸币，人们才能用这些货币流通、发财。我们读一读陈云同志的著作，他在主管中央财政工作的时候，每使用一元钱的人民币就要有八元的商品货币担保，我们没有黄金，是用商品作为担保的。也就是八块钱的商品才能换一元钱的人民币。我们是一个没有资本的国家，必须对外开放引进外资。

（2）我们需要获取外部市场。中国是低收入发展中二流经济国家，农村人口占 60% 以上，我再三强调农民是没有需求的，倾向于自给自足。大家都说中国的市场很大，我同意。但只是绝对量很大，而相对量很小。因为我们的人口大多数是农民，需求很小。这就解释了城里卖不掉的商品为什么到了农村也卖不掉，因为农民没有需求。所以我们只能靠出口，扩展世界市场。

根据统计数据，中国25年的经济增加主要是依赖出口，中国采取的是出口导向战略，加工贸易完全是正确的。我们很多学者写文章，一方面说中国是没有资源的国家，另一方面又反对加工贸易，那我们准备干什么？加工贸易就是在利用别人的资源，我们自己又没有资源，那中国人的生路在哪里？所以我的观点是，我们没有资源，就要大力发展加工贸易，没有市场，就要走出口导向的道路，直到这条道路走不通了才去商量对策，最多发生一场贸易战。全世界都在发生贸易战：20世纪60~70年代美国与欧洲和日本的汽车贸易战，80年代开始可以看到欧洲和日本的贸易大战。为什么中国人不能打贸易大战？所以我觉得中国经济是要靠出口导向，在农民问题没有解决以前出口导向、加工贸易这样的基本的发展战略是不能动摇的。有人现在主张刺激内需，我觉得是不对的。一旦这样做就需要政府花钱，老百姓扔钱。我们应该创造内需，即先创造就业，先让农民进城进而消灭农民，当农民成为城市居民，生活水平提高了，内需就创造出来了。在这样一个不健全的体制下，刺激内需就是刺激政府花钱，而政府花钱是低效率的，所以应该创造内需。而创造内需的先决条件就是让大家有活干，进而增加收入，有了收入才有内需。我认为这几者是这么一种关系。

（3）我们可以通过对外开放获取知识。在改革开放初期，根本不了解什么是市场经济，我们从来没有经历过市场经济，而且没有这方面的知识。我们只知道自然经济，只知道计划经济，因此我们需要对外开放。

（4）我们还可以通过对外开放获取改革的动力。国内改革经常会失去动力，因为当既得利益集团形成后，他们会阻挠改革，改革就会进入一种僵持状态。一旦进入这种状态，我们扩大对外开放，改革就会又往前推进一步。进入21世纪推动中国经济体制改革最重要的外部因素就是中国加入WTO。加入WTO以后，政府的职能就会调整，很多法规就会被调整和补充，很多既得利益集团反对进一步深化改革的力量就会被粉碎，所以我认为加入WTO非常重要。此前很多人认为中国会受到极大的冲击，事实证明，受冲击的不是中国而是世界。我们的出口倍增，产品像潮水一般涌入国际市场，以致全世界都在狂叫中国在输出通货收缩。中国在冲击世界。这个现象告诉我们，中国现在所选择的道路是正确的。我们应该感谢邓小平同志为我们找到了一条非常准确的发展经济的道路，对内改革，对外开放，把改革始终置于对外开放的环境之下。中国从未出现过这样的几十年连续经济增长的态势。这是我想谈的第一部分，关于邓小平效应所作的解释，揭示了中国近几十年来的经济增长动力何在，并对讨去经济的发展作一个整体的回顾。

<h1 style="text-align:center">二</h1>

在第二部分，我想谈中国改革的路径与问题。我们 25 年的改革是怎么走过来的，走到今天有没有出现问题。我想从以下几个方面谈。

第一，中国改革之所以能够成功，在于其内生性，起源于人民群众自发的力量。所以中国的改革和俄罗斯不一样，后者是像上帝创造亚当、夏娃一样制作了改革方案，不符合俄罗斯的国情。而中国的改革起源于安徽凤阳一个小村庄的党支部书记带领大家开了一个会议，晚上在煤油灯下签字画押，让农民私人承包集体土地。他们当时承担何种风险？无非有两种选择。一种是不分地，大家挨饿。另一种是分地，而分地有两种可能性，一个是政府认为非法，抓起来送进监狱；另一个政府认为合法，从此以后走上丰收的道路。既然有两种可能性，就值得去争取，于是党支部书记带领全体村民分了地，马上得到小平同志的认可，十一届三中全会以后在全国推广。所以中国改革是怎么走出来的？内生的。人民群众有改善经济状况、解决饥饿和死亡问题的内在需求。

中国内生性的改革经历了三个发展阶段，第一个阶段是从计划经济向商品经济转型，在此阶段的特点是动员和培育市场，鼓励市场交易，在计划经济体制之外寻找经济增长的新动力。简单地讲，就是旧房子不拆去，再造一个新房子。俄罗斯和东欧国家是先把旧房子推倒，但是一夜之间不可能建成一所新房子。所以第二天就出现了许多无家可归的人，GDP 缩水了。不能先拆旧房子再造新房子，而应该先建新房子，搬进去以后再拆旧房子。第二个阶段是从商品经济向有计划的商品经济转型。这个阶段的特点在于体制外的问题逐渐内生化，导入市场力量，把市场纳入计划经济里面，于是就出现了从 20 世纪 80 年代中期到 1989 年以前计划与市场、体制外与体制内并行的双轨制，也随之出现了"官倒"。因为在有计划的市场下，有权力、有后门，能够拿到"计划"定价的资源，就可以到市场上倒卖牟取暴利。1990 年以后我们就开始向第三个阶段过渡，取消双轨制，到 1995 年基本结束。大家发现双轨制一被取消，"官倒"的腐败现象马上就会消失。所以我在这里得出一个非常重要的结论：腐败不是通过教育解决的，其解决的根本方法在于制度。每一个国家在经济转型过程中都会出现大量的腐败现象，只有靠改变制度、改变游戏规则才能加以有效地解决。

我向大家推荐一本书叫《1688 年的世界经济史》，我先把印象比较深刻的几个大国的状况加以描述。这本书首先提到中国，1688 年时康熙大帝在做的是反贪污，整顿吏治，在他做这种事时中国就没有希望了，因为他没有修改制度，只要制度不变，贪官也会前仆后继。制度不变革，这个社会无法向前推进，就解决不了这个问题。历史证明，吏治并没有因此而改善，中国的经济增长没有实现，因为基本政策没有变化。第二个国家是俄罗斯，1688 年前后沙皇到圣彼得堡造船厂，激励车间的工人，要为建立一个强大的俄罗斯奋斗。20 年以后成功了。俄罗斯从农业国家很快变为一个资本主义、尽管是很弱小的资本主义国家。第三个国家是法国，当时的路易十四在宫殿里骄奢淫逸，把整个法国人民的财富集中起来建造了凡尔赛宫和卢浮宫，这些都是非生产性的，不能创造财富，就像中国的皇家陵园，印度的泰姬陵和埃及的金字塔。这些国家为什么会衰亡，就是因为统治者从来没有把财富用于可以再生产的领域里，而都把它们变成了不可再生产的消费品。印度国王为了一个爱妃建造泰姬陵花了 16 年的国库。当然，同样的道理也可以解释法国的问题，当路易十四把法国的全部财富征到巴黎的时候，法国就完了。果然如此，到路易十六时法国大革命爆发了。当英国人在进行工业革命时，法国人在做什么？攻占巴士底狱。英国在此前后出现了什么变化？出现了三位伟人：第一位是牛顿，发现了万有引力，创造了经典力学；第二位是洛克，写了《论政府》、《论自由》，创造了财产权和所有权，设定了民主政治国家的政府体制；第三位是莱布尼茨，德国的哲学讲理性思维和批判，英国讲实验哲学。正如毛泽东同志所说"实践出真知"。在这些伟大人物及其理论的指导下，加之苏格兰低地有泰晤士河，有储存量非常丰富的煤矿和铁矿，于是英国的产业革命轰轰烈烈地开始了。

回到主题，第三个阶段是有计划的商品经济向市场经济转型。这个阶段的特点是市场日益成为资源配置和生活分配的基础性力量。中央计划被政府的宏观调控所取代。单一体制开始向前发展。我们目前就处于这个阶段，还在转型中，眼看就要完成，在 5 年或 10 年之后。

第二，中国的渐进改革。中国的改革过程不仅是内生的，而且是渐进的。中国的渐进改革有三个特点：

第一个特点是中国的改革经历了从体制外创新到体制内改革、从局部改革到整体改革、从低成本改革到高成本改革的渐进发展。这样做就是要降低改革成本，先解决容易的问题积蓄改革的能量，再解决难的问题，难的问题也变成容易的了。如果一开始就去解决难的问题，能量消耗完毕问题可能还没有解决。俄罗斯就是违背了这个规律，一开始就不顾自身国情大刀阔斧地改革，结果造成国家的千疮百孔，如今成了资源出口国，冷战时期的高科技人才全部流失。它和美国不同，后者是市场经济国家，冷战结束后即把军工转化为民用，而俄罗斯没有市场机制，冷战结束后军工就随之消失了。世界经济发展的历史告诉我们：凡是发达国家都是进口资源的，凡是出口资源的迟早都会变成穷国。所以，今天中国进口资源完全是一个好的信号。25 年以前我们还在卖石油、卖粮食，而现在制造业发展起来，产品如潮水一般涌入世界市场，我们一定会从世界寻找资源。如果企业觉得本国资源成本太高就会寻求替代技术，企业家的创新能力不会枯竭，那些好的生产厂商最终总会找到替代技术解决问题。我一再强调中国不会因为石油涨价导致经济增长或停滞，而俄罗斯出卖石油就是个问题，变成了一个资源出口国，换句话说，俄罗斯的经济增长越是依赖石油，就越有可能停滞不前。这是俄罗斯的改革方法。相比之下，中国的改革就平缓得多，20 多年的改革开放，中国经历了阶段性的渐进式的突破，摆脱了体制的"瓶颈"。

第二个特点是在整个改革的进程当中，由于新、旧体制并存，中国在比较长的一段时间内奉行的是双轨体制。用俗话说就是"老人老办法，新人新办法"。这样跨时期的问题就解决了。改革是最近两代人三代人的事情，我们不能苛求把所有人都放到一个同样的框架体制里运作。历史遗留问题就采用原有的办法，新产生的问题就用市场体制解决。这样就把新、旧双方的矛盾中和起来。我们在渐进改革中坚持从创新到规范再到自主化的原则。我们可以发现大部分企业是为了增加经济效益、提高福利待遇而进行自发性自主创新，而这种创新一旦产生了经济效益，对整个经济的增长和社会福利的改善是有好处的。这样社会就可以规范，然后制定成为法律，把这些自主创新的成果用法律的形式积累起来。

第三个特点是中国把改革置于开放的环境下。一开始我们只想利用外部资本、外部市场和外部资源，但是慢慢我们发现改革和开放是互动的，改革为开放提供了坚实的基础，开放为改革提供了新的动力，二者是相互推动的。

至此，我就把中国经济的发展进行了简单描述。改革开放25年导致国民生产力的提高，在对外开放的条件下国民生产力的提高又促进了外资进入，进而导致劳动力增长相对缓慢，资本积累增加，于是人均占有经济资源增加，这样就会推进经济结构和就业结构转型，推动工业化和城市化的发展。在经济增长和收入增加的同时，中国逐渐成为一个自强的世界国家。所以我觉得中国在改革发展的过程中没有发生重大的危机。

但是，现在的改革出现问题了。因为中国改革已经进入一个非常关键的时刻。我有两个理由。一是那种只需要支付比较低成本的改革已经进一步消失。像过去那种只有人得益、没有人受损的改革方案已经很难找到，维护一些人的利益必然会损害另一部分人的利益。现在有的国有企业老总反对改革，当工人们都下岗的时候他们拿着几十万元、上百万元的年薪，他们是既得利益集团，因而是改革的阻力。这些既得利益者和处于弱势地位的下岗工人就处于利益上相互对立的地位，不可能同时维护一方的利益而又不损害另一方的利益。二是中国已经走过了低成本改革阶段，体现在以下五个方面：一是农村实行家庭联产承包，是具有非集体化性质的承包改革；二是针对国有企业，扩大企业经营自主权，放松政府管制的改革也已完成；三是价格自由化，由市场定价，除少数产品有垄断价格外，大部分产品都由市场定价；四是贸易自由化，特别是进口自由化，取消进口配额，企业基本上都拥有了贸易自主权；五是向西方发达国家跨国公司开放市场以及贸易自由。在这些方面中国做得都很不错。

以上各种改革都是低成本的，只有人得益，没有人受损，所以大家都没有反对意见。但是中国现在面临着下一步改革所要解决的问题。我认为中国接下来进一步深化改革、促进经济增长要解决以下三个问题：一是土地所有权，二是国有企业所有权，三是金融体系的控制。这三个问题已经越来越成为中国经济进一步增长的障碍。根据很多经济学家包括我自己的研究，我认为如果这三个问题不解决，中国的经济增长就会趋于收敛。

第一个问题是土地国家所有，农民问题就无法解决。毛泽东同志在《湖南农民运动考察报告》中指出，中国的问题在农民，而农民的问题则在于土地，土地不还给农民，他们就不能自主地经营这些资源。为什么现在许多农民不能彻底地离开农村进入城市就业，因为土地不是他们的，他们三五年不回去，再想回去土地已经不是他们的了。但在城市，他们又是农民工，又没有正式的职业。往往是一部分人在家里种地，另一部分进城打工。所以农民很难通过一个正常的渠道进入城市化。我们现在经常为农民工打抱不平，认为他们受到歧视，这是不对的。因为在农村他们还有土地，凭什么和城市工人拿一样的收入。农民不打工可以回家种地，而工人下岗就走投无路。因为他们不在同一劳动力市场内，所以工资肯定不一样。他们赖以生存的保障体制是不一样的，因为他们没有自己的土地，土地不能变现，所以会种地的开始不会待在农村种地。中央目前采取减少农业税政策，鼓励农民种地，很多农民发现城里做工太累，而所得又差不多，于是又回到农村，但是又找不到自己的地，土地已经变成别人的了。所以土地所有权问题解决了就不会产生这种现象，就会产生日本、韩国、中国台湾地区的现象。一旦土地给了农民，他们自认为适合经商的，就可以把土地变现到城里做生意去了。而那些认为不适合经商的人就可以把别人的土地买下来，变成为农场主。所以我们在发达国家很少看到小块土地所有者，基本上都是农场。这样土地就很容易集中，土地一旦集中，技术、资源、机器就可以派上用场。而现在每家每户都只有小块土地，机器就无法大面积使用。之所以现在农民不能自主地经营自己的人力资源，就在于农民没有土地。日本、韩国、中国台湾地区的经验告诉我们，土地的交易可以管制，进行限制，不会出现城市内的贫民窟。但我们现在造成的结果是农民没有土地，土地随时可以被国家征收，农民仍然摇摆在农村和城市之间。我们不是在鼓励增加农民收入吗？实际上每一次土地被国家征用，都是农民在补贴城里人，因为农民没有所有权，只能按照使用权加以转让。土地问题不解决，三农问题很难解决。

　　第二个问题是企业国家所有，滥用资源。统计数据告诉我们，国有企业的产出占中国 GDP 比重大致不超过 30%，但国有企业消耗的全社会的资金流量达到 70% 左右，也就是说，两块钱进去，一块钱出来。这个窟窿由谁来填补？靠国家，靠存款，靠资本市场。所以国有企业一靠股票市场，二靠银行贷款。国有商业银行里面 20%～30% 的贷款都是国有企业贷的。股票市场低迷，投资者从来没得到回报，资本在贬值，在流失，就是国有企业造成的。国有企业实际上已经成为全社会资金流失的黑洞。这个黑洞如何产生的呢？我认为存在三种约束软化。国有企业以三种形态存在。第一种形态是继续在做政府公共工程，拿预算作投资，同时在做经营活动。这就会出现预算资产的流失。这种情况在计划经济体制下比比皆是。第二种形态是向银行贷款做市场竞争产品的国有企业，亏损了向银行借的钱就不还了，在这种情况下银行根本无法对出现财务危机的国有企业进行清算重组。第三种是上市的国有企业的产权软约束。国有企业上市了，国有股一股独大，控制了 40% 到 70% 的股权，于是中小股东根本不起作用。所以国有企业一上市就摆脱了中小股东的监管，根本无从对峙，投票时国有股东拥有绝对比例的投票权，其他成千上万的小股东根本不起作用。一般国有企业上市就会利用现金把银行负债还掉，表面上是降低了银行负债率，实际上是把银行的监管一脚踢开。银行是除股东大会、董事会之外的第三方监管，因此按照企业金融学的角度来讲，一家企业如果没有银行负债绝对是坏的企业。要么是没有负债的信用，要么是故意不借银行的钱以摆脱银行的监管。而没有银行的监管，这些上市的国有企业的经营者就可能随意地玩弄国有资产，造成国有资产的大量流失。根据 2003 年的统计报告，上市的国有企业 1 200 家，其中 200 家有实际资产，20 家有投资价值，其他都完了。于是银行坏掉了，股市坏掉了，财政坏掉了。因此国有企业的问题不解决，中国很多问题都无法解决。

第三个问题，政府为什么要控制金融体系，实际上是为国有企业埋单，国有企业债转股，在股票市场发行股票，这些都需要政府进行控制，规定谁能进谁不能进。国有企业借了银行的钱不还，政府就要控制银行，如果不是国家的银行就要对该企业进行清理，而国有银行与国有企业是一家的，国有企业就不会因此而清算破产。这就是我们现在面临的问题，也是正在热烈讨论的为什么改革必须深化的根源。

我认为可以从这么几个角度分析。第一是土地，中国政府为什么不把土地还给农民，因为中国的土地已经能够进入市场交易，在土地为国家所有的制度安排下，政府作为土地的唯一供给方，可以获得极高的土地溢价，这种土地溢价是作为土地所有权获取的，因此不需要政府提供任何的服务。也就是说，政府通过土地拿钱比通过税收拿钱容易。征收税收还要提供预算，国家是政府和居民之间的税收博弈之产物，当政府征了很多税同时没有向人民提供服务时，老百姓就会逃税、抗税、偷税。只有当政府为人民提供了服务时，人民才会心甘情愿地交税。税收和服务实际上是政府和居民之间的交易。在出现逃税、抗税、偷税的情况时，不是纳税人出了问题，而是政府出了问题。所以政府不可能不付出代价地获取税收，要获取税收必须提供服务。相比之下，政府从土地中拿钱，所有这些手续和服务都不需要了，因此通过土地拿钱的成本是最低的。政府也是理性行为的经济人，在利用土地可以拿钱的情况下它一定会选择最低成本地利用土地所有权获取利益的做法。这就是为什么全中国所有的地方政府都是支持房价上涨的，为什么这次对房价的调控是中央政府在做而非地方政府。因为地方政府是既得利益者。只要土地这个巨大的利益存在，我认为中国政府就很难实现毛主席在 1928 年《湖南农民运动考察报告》中所作的预言，把土地划归农民。不把土地还给农民，三农问题就解决不了，农民永远不可能完成资本的原始积累，走上工业化与城市化的发展道路。这是第一个方面。

第二，国有企业会给政府带来什么收益呢？政府为什么不愿意改革国有企业呢？国有企业可以产生两种收益：一种是所有权收益，另一种是租金。前者指的是国有企业的所有权归国家所有，国家就可以利用这种所有权获得国有企业上缴国库的利润，后者是指对于个别政府主管部门所有的、来自于国有企业领导人让渡给他们的租金，这种租金的表现形式很多，比如一些厂长、经理对于政府主管部门的领导的报答是送孩子出国留学。我经常在很多场合讨论国有企业改革时听到这样的话：搞定一个领导，得到一个公司。这就是交易。这中间产生的租金是拿国有资产作为成本的。我们的宪法明确规定坚持社会主义公有制为主体，但是做的事恰好导致公有资产流失。我们说，利润也好，租金也好，都要比拿税收容易。法律明确规定以公有制为主体，加上地方政府出于自身利益的考虑对公有制的支持，使得国有企业改革步履维艰。于是我们面临一个非常困难的经济增长的制度"瓶颈"制约，国有企业无法改革，而国有企业根据前面提到的统计数据，两元钱的投入只换来一元钱的产出，更可怕的是，自从减员增效的改革后，效益不但没有提高，国有企业反而把自己推向一个不能再存在的边缘上去，没有存在的合法性。

第三，政府为什么控制金融体系。控制金融体系的目的在于控制社会现金流量。政府为什么要控制社会现金流量？现金本来是市场的，银行的钱是市场的钱，资本市场是市场的钱，股票市场也是市场的钱，现在统统变为政府的钱。我们说市场经济公共财政体制下，只有财政的钱是属于政府的钱，银行、金融、资本市场都不是政府的钱，但是在中国，政府把这些都控制起来了。其目的就在于对国有企业进行补贴。只要有国有企业存在，政府一定会控制金融体系，不让其市场化。几年前联合国作过好几篇关于中国宏观经济形势的调研报告，结论基本一致，即中国正处于向市场经济转型的门槛上，一只脚在计划经济，另一只脚在市场经济，实际经济部门已经步入市场经济，而金融部门恰好处于计划经济下。中国最糟糕的就是金融，而金融最糟糕的就是控制在政府手中。金融由于控制在政府手里，就不再成为有效地控制社会稀缺金融资源的体系，而变成补贴国有企业的工具。中国金融现在承担的责任就是补贴国有经济。这样一来，整个金融体系就被扭曲了，就不再支持中国的经济增长。这就是为什么中国现在仍然需要大量地引进外资，如果没有外资的进入，我们这个扭曲的金融体系会把整个金融资源错误地配置，从而造成经济的衰退。有些人写文章说中国引进外资太多，市场被外国控制。试想一下，如果停止招商引资，每年会有500亿美元的资产缺口。到这里，我想作一个结论：要想解决这些问题，无论是土地所有权的问题，还是国有企业的问题，抑或是金融体系的问题，关键在于改革政府，政府把自己的事情做好。政府在实现农民利益的基础上来实现自身利益的最大化，这显然是可取的，但是现在政府离这个目标越来越远。它首先考虑的是自身利益的最大化，然后才是社会利益，这显然限制了这三个方面的改革。所以说要改革这些方面的当务之急是改革政府。改革政府的首要条件是修改宪法秩序，控制政府权力，中国渐进式的经济体制改革可能走到了一个转折点，能否进一步向好的方向发展关键在于政府职能的转变，抓紧解决这个问题对于中国的长远发展是有利的。政府一定要改革，政府的功能一定要转变。假如我们不这样做，还有什么力量能推动它呢？我个人认为还有外部因素迫使政府转变职能，那就是中国加入WTO的五年过渡期结束了，中国市场彻底对外开放，在面对国际市场的规则下，中国政府以前的做法都要受到很大的限制。但是这得支付比较高的成本。大家想想，中国银行如果不进行改革，2006年年底后外资银行会进入中国，到那时中国的商业银行和中国的金融体系都会出现大问题。外资银行会迅速地填补这个空虚，它们能执行有效地配置稀缺金融资源的功能，于是居民的储蓄会有较大的浮动与调整。这就会使社会承担比较大的调整成本。中国现在就面临这样一种双重选择的困境，究竟是自己改还是被别人逼着改。我们不担心中国没有金融体系，不担心中国金融体系的问题能否得到解决，而是用什么方法解决这些问题。用不同的方法的成本可能是不一样的，收益也是不一样的。我非常希望党和政府能够抓住这个最后的时机，很好地解决这些问题。这是关于改革的讨论，是今天所讲的第二方面。

三

第三个方面，我想谈一下开放当中所面临的问题。开放涉及两个层面，一个是引进外资，另一个是参与国际贸易。所以我想从投资和贸易两个角度作分析。

第一个先来谈引进外资。引进外资的必要性在于初步完成资本的原始积累。我们引进外资大量地采取了直接投资的方式。那些跨国公司进入中国，不仅有大量的资金，还有管理，有专利，有商品，有商标，有市场。一个非常有趣的事实是，在今天，中国的发展阶段，除了直接投资的方式，找不到其他的方式。因为中国是一个金融市场不健全的国家，而金融资源是容易被剥夺的，很可能外资投入到中国市场，突然信用崩溃了，投资就无法收回。反过来，直接投资是难以被剥夺的。最新研究表明，直接投资能够被东道国剥夺的是有形资产，无形资产则难以获取，技术、专利都是拿不走的。所以直接投资反而成为国际市场上推崇的最安全地进入信用不健全国家的投资方式。因为它是个资产包，包含着有形资产和无形资产，有形资产可以被剥夺，但拿不走无形资产，永远不可能成为我的竞争对手。而一旦剥夺了有形资产，这个国家的信用就崩溃了，但是我的无形资产还在。这个国家将因此而付出惨重的代价，失去参与国际市场的机会。我们的常识要颠倒过来，常识就是直接投资有高风险，会被别人夺走的，而金融投资是安全，是可以变现逃走的。现在倒过来了，金融投资是最不安全的，一旦货币贬值了，我们将一无所有，但直接投资的无形资产还掌握在我们手中。正因为如此，全世界进入中国的资本都采取了直接投资的方式，因为中国金融体系不健全，是控制在政府手中的，扭曲的，为国有企业服务的。这又证实了一个问题，即大家评断中国金融体系的好坏，只要看进入中国的国际资本采取何种方式，如果采取金融投资的方式那说明中国金融体系变好了，如果继续采取直接投资的方式就说明中国的金融体系仍然存在问题。外商愿意以直接投资的方式进入中国，毕竟中国有广阔的市场。另外，中国恰好需要直接投资，而不需要金融投资，因为我们消化不了。金融资本进来造成资本流入过多，会产生金融危机，而直接投资不仅会带来资本和技术，而且还产生巨大的溢出效应，因为它是一个资产包。于是一拍即合。从 1990 年开始出现大量的直接投资进入中国的现象。这种做法没有错，对于进入者和接受者都是可以接受的。

第二个问题我们要讨论时至今日，中国引进的外资究竟是多了还是少了，这个问题最终还是要看中国究竟是资本过剩还是劳动力过剩的国家。如果是资本过剩，资本报酬递减了就说明外资多了，而如果是劳动力过剩，劳动力报酬递减或者是不变则说明资本仍然不能满足国内发展的需要。经济学家进行了许多调查，有一份调查说珠江三角洲地区 16 年的劳动力工资才增加了 70 元人民币，大家想想 16 年间通货膨胀了多少，国民生产总值增加了多少，所以工资收入实际上是在负增长的。也就是说，劳动的边际收益率是趋于下降的，即劳动报酬是在下降的。所以我觉得中国引进外资的数量绝对不多，还有空间，中国的资本总量是不多的。为什么我们会看到许多反对外国资本大量流入中国的议论，一个经常提及的理由是安全问题，一旦资本流入过多控制了市场，我们的国家就不安全了。在这里我想讲两点。第一，我在美国芝加哥大学访问的时候，问他们的一位教授，外国企业来了如何判断是否安全。美国的经济学家告诉我，美国人在判断外国资本是否安全时主要考虑的是它对于本国政府和居民能否带来好处：一是是否向政府缴纳税收，二是是否可以增加就业，三是是否创造了满足消费者需要的良好的商品。如果这三个目标达到了，他们不会考虑产权制度，对于这个企业属于哪个国家并不重要。没有经济效益，产权就重要了，有了经济效益，产权就不重要了。第二，中国学者所形成的安全观是单边思维，如果有双边思维就不会有安全问题。我们总是说中国进口美国的粮食，美国可能控制中国的国家命脉，中国的安全受到威胁，但是如果换一种思维考虑，如果中国不进口美国的粮食了，他们的粮食就会大量积压，许多农场主就会破产。我们没有按照市场经济相互有利的双向思维思考问题。只要放到双向思维中你会发现，所有牵涉合同的双方都有风险，不会出现单边思维条件下的安全问题。所以说跨国公司多一点没什么可怕的，等到中国经济发展了把他们都收购了。所以说应该去分清产权的地方就要去分清，而不需过多纠缠产权的地方我们就不要去计较某种商品究竟属于哪个国家。我个人的观点认为中国引进外资的数量还需要进一步增加。只要有失业人口在，只要我们的经济增长缺乏足够动力时还是需要引进外资。

第三，引进外资的技术是低还是高。所有的经济学家和企业家都在说中国引进外资的技术水平太低了，太不划算了，我们在帮别人打工，我们用市场换技术的做法是错误的。那么这个说法是否成立呢？我们来看一下跨国公司对外投资的生产函数。这表示跨国公司在东道国投资的利润。这是跨国公司在东道国同时生产产品的销售价格，这个是生产成本。销售价格减去生产成本是单独产品的毛利，毛利乘以生产数量表示总利润。跨国公司来到中国还要增加生产成本，包括创新成本，一旦到知识产权保护不好的国家来，这个成本还要继续上升。还包括技术转移的成本，如果美国把技术转移到中国来，找不到合适的劳动力和合格的技师，那就只能从本国转移劳动力和技术人员，或者把中国的劳动力送到美国培训几年，所以说一个国家没有良好的教育体系，培养出优质的人力资源，跨国公司技术转移的成本就会提高。第三个增加的成本是固定成本。在中国这个成本很低，土地廉价提供，税收是优惠的，但是技术转移成本和创新成本很高。中国过去没有很好的知识产权保护，同时缺乏大量优秀的劳动力。由于跨国公司在这两个成本中投入很高，只能输入低端技术，这个生产函数要求跨国公司只能这样做，不可能输入高新技术，因为这样生产成本会大量增加。究其根源，问题出在我们自身，不能一味指责跨国公司。所以我的结论是，跨国公司进入中国的技术水平等级的高低与市场份额无关，不是市场的函数。中国要引进外国的先进技术，必须发展人力资源，必须完善知识产权保护，有了这些保障，跨国公司才能输入高新技术到中国。因此，中国引进的技术是高还是低，并不是由中国给不给外国投资者市场所决定的，所以那种认为用市场换技术的引资战略是不对的说法是站不住脚的，更何况进入中国的跨国公司本身就是要来占领市场。这是第三点。

第四，引进外资的地区分布。我们现在引进外资主要分布在东部沿海地带，我可以用古人的一句话"西出阳关无故人"来描述。跨国公司为什么选择在沿海？因为是加工贸易，是出口导向的经济，运输成本低，我要说一个国际贸易的经济地理效应，这个理论告诉我们，自从有了分工，有了世界市场，海洋就像万有引力一样把全世界的人口、城市都集中在沿海100千米的范围内，日本集中在东京、大阪、神户、名古屋地区，韩国集中在首尔、釜山等地，美国则集中在东、西海岸，德国集中在莱茵河畔。只要不在沿海地带就不会出现大规模的制造业、流水线作业，因为海洋的运输成本低。北极一座冰山到赤道就化了，这就是所谓的"冰山原理"。所以新疆尽管有廉价的劳动和廉价的资源，但是到秦皇岛四千多千米的路程使得这样的优势荡然无存。我们天天在讨论开发西部，我认为西部不能开发。事实证明中国改革开放25年，人口、城市逐渐分布在京津唐地区、长江三角洲和珠江三角洲。最近有一个统计，这三个地区GDP占全国的40%以上，而沈阳以南、京广线以东的地区GDP占全国的80%以上。要解决由对外开放、跨国公司投资引起的地区之间收入分配不均等的现象，不能靠开发西部，而要靠西部人口向东部集中解决。所以，我认为要平衡中国不同地区的收入水平，绝对不能靠平衡地区之间的经济增长来实现，而是需要依靠要素、特别是人口的流动来实现。人口自由地流动起来，那么收入就会自然而然地被再分配，因为工业活动与农业活动的根本区别就在于它的空间集中与集聚，任何想要通过分散工业活动来平衡区域经济增长和区域之间收入分配均等化的做法都是不可能实现的。只有通过人的流动来分享经济增长的成果，实现人们收入分配的均等化才是可以实现的。所以我很担心我们在西部投资那么多，最后收不回来。这是经济规律，我们要深信这一点。关于引进外资的地区分布，我是从冰山原理、国际贸易的经济地理效应来加以解释的，总的结论是，要解决由于对外开放和引进外资而造成的地区之间的差别，绝不是靠资源的平均配置而是靠人口的流动。我们要认清这个事实，当我们二千多名人大代表投票表决开发西部的时候，西部人民每年都有一亿两千万人涌入东部。显然是用脚投票的老百姓最聪明，他们知道什么地方有收入，他们知道哪里可以找到工作，几十年以后这些流动的西部人口大多会沉淀在东部，所以我们不要着急，不要盲目进行那些毫无意义的收入再分配，我们要鼓励现在人口的流动，控制东部的房价和地价，打通要素流通的市场，让西部的老百姓每年都有几千万来到东部安居乐业，不能用政府的方法，要利用市场的机制，使得信息高度对称。

第五，引进外资的收益分析。在外资的收益分析中，中国从美国引进外资，得到的是 GDP，美国得到的是 GNP，中国是通过增加就业得到 GDP，工资收入增加了，美国是通过投资收入增加 GNP。根据统计，假如跨国公司在中国投资 100 元钱，生产周期结束后投资变为 120 元。这 20 元钱就是马克思主义政治经济学所讲的"剩余"，这些钱如何分配呢？5 块钱是利润，15 块钱作为劳动力工资。我们怎么也不能理解中国的人力资源给跨国公司剥削了，中国人给外国打工了，但除此之外我们能做什么呢？我们拿到了 15 块钱的工资，而且还拿到跨国公司的营业税，跨国公司只是拿走了利润，否则就变成做慈善事业了。所以我认为中国存在跨国公司对我们是有好处的。

最后，我们看一下中国在国际分工中的地位。我们先看一下国际分工的结构变化。第一个是从水平分工到垂直分工的变化，这种变化是从产业外到产业内，从产业内到公司内，甚至做到产品内。在这样一个国际分工结构变化下，中国到底做什么？在 IT 产业内，美国做的是设计，印度做软件，日本、韩国软、硬件都有，然后拿到中国制造。中国处于加工制造的地位。由此可见，一台电脑的产生并不是一个国家独立完成的，各国相互依赖，谁也离不开谁。不存在是否安全的问题。离开中国的制造，美国一台电脑也没有，而中国离开美国的芯片也做不出电脑。这是个整体。你会发现亚洲地区很微妙，不像欧洲，欧洲可以不依靠美国人，而亚洲必须依赖美国，中国也离不开日本，因为大家都处于同一个国际分工体系中。而且在与日本的国力对比中，中国是不占优势的，日本到中国来投资是有替代者的，一旦中国的投资环境恶化了，他们可以转移到亚洲其他国家，而中国进口日本的产品是技术产品，没有替代品，韩国和中国台湾地区的产品还不能满足我们的需要。正是在这样一种国际分工格局下，中国人只能选择和日本人在经济上合作，尽管政治上两国有很多的矛盾。最后我说一下中国为什么做低端，是因为我们不这样做，大量的工人就会失业，所以尽管好多经济学家一再强调中国应该做高端产品，而我坚持认为中国应该做低端，选择做高端和中端我们会败下阵来，而且做低端也不吃亏。做高附加值的商品和做低附加值的商品在资本市场上竞争力的作用下平均利润率是一样的，高附加值成本高，低附加值成本低。我们电子产品企业的普通工人一个月工资 800 元，而一个软件工程师每年的工资达到 10 万美元，越高附加值的产品成本也越高。所以说做低端和做高端不存在吃亏不吃亏的问题，只能说是否有竞争优势的问题。中国目前的竞争优势就在于存在着大量的廉价劳动力，大量的通过就业增加收入的贫困群众。中国的纺织品一出口就 1 000 亿美元，全世界都怕了中国。去年中国的出口贸易总额是 10 000 亿美元，纺织品就占了出口的 20%，中国的纺织品全世界订购。这是个好消息。美国政府和欧盟出面了，说明中国的纺织品已经走出了成本竞争，开始走向技术竞争，这种竞争优势超过了全世界的纺织工业。我觉得中国目前所选择的出口战略是正确的，由于我们选择做低端，大家可以看一下 2000 年至 2004 年 IT 产业的产值分布，中国上涨了 73%，日本下跌了 60%，中国台湾地区跌了 53%，在此过程中，中国是最大的赢家，创造了就业，增长了经济，同时扩大了市场份额。我们现在在 IT 产业上离美国只一步之遥，如果联想把 IBM 吃过来大家就扯平了。并购了 IBM 意味着我们在逐渐转变在国际分工的地位，开始具有创新和设计能力。中国先从这个角度进入，然后再慢慢往上走。所以我认为我们选择的道路非常正确。1979 年改革开放以前国际市场分工和中国没有关系，美国进行发明创造生产出中间品，日本、韩国进行组装制造，然后返销欧美国家。但是改革开放以后，这种情况就改变了，美国研发，日本、韩国设计，到中国东南沿海和东南亚国家进行加工制造，然后返销欧美地区，中国成为世界分工体系的一部分，经济也逐渐发展起来了。中国一定不能被国际市场边缘化，一定要在国际分工格局中占有一席之地。在这里我们可以看到中国贸易顺差的来源与现实，中国对美国的贸易顺差实际上是整个亚洲对美国的顺差，我们进口日本、韩国的产品，是贸易逆差，然后出口到美国变为贸易顺差，所以美国人也在抱怨为什么把整个亚洲的顺差算到中国头上，这样不公平，不能让中国来承担贸易的全部成本。还有一点是日本一方面赚着中国的钱，另一方面处处为难中国、压制中国。基于以上理由，我认为人民币汇率不应升值。中国的俗话说得好"以不变应万变"，任凭风吹雨打，人民币就是不升值。美国人一直想让人民币汇率升值，想把中国变成坏鸡蛋甩出来。毛主席讲过"凡是敌人反对的我们一定要拥护"，一定要紧紧咬住美元。世界的货币体系是霸权体系，是美国的天下，美元贬值世界经济都要停滞，中国一定要跟下去。所以我认为中国整个经济增长模式都是正确的。

现代国家的建构与农业财政的终结

演讲人：徐　勇

　　华中师范大学政治学研究院院长

　　教授

　　博士生导师

徐勇，博士、教授、博士生导师，教育部首批文科"长江学者"特聘教授，华中师范大学政治学研究院院长、中国农村问题研究中心主任，兼任国务院学位委员会学科评议组成员、教育部社会科学委员会委员、教育部政治学教学指导委员会委员、民政部专家咨询委员会委员、中国政治学会常务理事。

徐勇教授是我国基层治理与中国政治研究的著名专家。他能够以马克思主义理论为指导，理论联系实际，长期坚持到农村进行实地调研，学风严谨，治学态度踏实，科研成果突出，不仅在学术界有较大影响，而且对国家立法和党政决策产生了积极影响，先后主持国家哲学社会科学基金规划重点项目和教育部哲学社会科学重大招标项目等多项科研项目，获得中共中央宣传部"五个一工程"奖、全国优秀博士论文奖等多项奖励。由于业绩突出，他被授予国家级有突出贡献的中青年专家、湖北省有突出贡献的中青年专家、教育部跨世纪优秀人才等荣誉称号，享受国务院颁发的特殊津贴，曾经在美国南加州大学、斯坦福大学等学校做高级访问学者。

进入新世纪后，我国在解决"三农问题"方面的一个重大决策就是全面免除农业税。免除农业税是一个历史转折的标志。它标志着以农业税为主要支撑的农业财政时代的终结，国家进入到一个主要由工商业为支撑的公共财政时代。但在为什么要免除农业税，从而进入公共财政新时代方面，学术界缺乏合理性的论证。一般认为，免除农业税的缘由主要是基于两个方面：一是"悲情说"（以李昌平上书国务院总理的信所陈述的"农民真苦，农村真穷，农业真危险"为代表）；二是"抗争说"（以于建嵘对 20 世纪 90 年代农民为减轻负担而进行依法抗争的调查为代表）。以上观点对于推进为农民减负免税有其积极意义，但还需要进一步进行充分的学理性分析。在我看来，农民负担沉重是现代国家建构中的产物，免除农业税是建构现代国家的需要，它的深刻意义在于为建构一个现代国民国家创建更广泛的合法性基础。这是免除农业税，进而终结农业财政的理论和历史依据。

一、现代国家建构与乡村整合

财政，财是政权的基础。财政来源与财政能力决定和制约着国家治理的基本格局和走向。农业是传统国家的主要产业，农村是传统国家的基本组织，农民是传统国家的主要成员，来自农业、农村和农民的赋税是传统国家的财政基础，国家财政为"农业财政"。由此才有了"农之国本"。农业财政来源决定着传统国家对乡村的治理格局特性。

其一，"皇权止于县政"，实行皇帝—官僚体制下的乡村自治体制。首先，乡村社会的自组织和自治不需要政权的强制管理。传统中国是以自给自足的自然经济为生产方式的，农户与外部的交往和对外部的依存度很低，即所谓"鸡犬之声相闻，老死不相往来"，"日出而作，日入而息，凿井而饮，耕田而食，帝力于我何有哉"！农民依靠家庭和放大了的家庭——家族，以及由家族构成的村社，可以基本满足他们的全部需要。他们不需要政府干预其生活，而主要是通过地方性制度维护其秩序。上告官府的行为极少，即费孝通所说的"长老统治"和"无讼意识"。其次，孤立和分散的乡村社会，阻隔着皇权的直接统治。受千山万水的交通阻隔和"十里不同音"的地方语言的限制，皇权对乡村社会"鞭长莫及"。由此所带来的就是财政供给困难。小农经济的有限剩余根本无法供养一个全面渗透穷乡僻壤的帝国体系。换言之，在农业为主要财政来源的"农业财政时代"，"皇权不下乡"，实行县政下的乡村自治是一种理性的选择。

其二，农民与国家的联系主要是纳税关系，"皇粮国税"成为天经地义的义务。传统国家的职能十分简单，主要是政治统治。为维护政治统治需要税赋和征兵，收税和兵役成为最基本的国家职能。农民作为分散孤立的经济个体，成为一个国家的政治国民，主要取决于向谁提交税赋。孙中山说："在清朝时代，每一省之中，上有督抚，中间有府道，下有州县佐杂，所以人民与皇帝的关系很小。人民对于皇帝只有一个关系，就是纳粮，除了纳粮之外，便和政府没有别的关系。因为这个缘故，中国人民的政治思想就很薄弱，人民不管谁来做皇帝，只有纳粮，便算尽了人民的责任。政府只要人民纳粮，便不去理会他们别的事，其余都是听人民自生自灭。"[1] 由于土地（终极意义上的）国有制，决定了"皇粮国税"天经地义的合理性，换言之，农民向国家提交税赋是单向强制而不是双边同意的义务。

在传统中国，"皇权不下县"的体制是治理乡村的最优选择。但这一体制有两个重大而又不可克服的弊端：

一是政权的"超经济强制"剥夺。中国是一个"早熟国家"，即在小农经济时代就建立了一个庞大的皇权—官僚体系（现代文官制度的发源）。这一体系由于凌驾于社会之上，不能保障皇权不滥用。这就是国家要按照权力最大化的逻辑运行。根据这一逻辑，不受制约的行政权力必然会不断膨胀，造成

---

① 孙中山：《三民主义》，岳麓书社2000年版，第89页。

赋税和兵役不断加重，"农养不了政"。而这又会破坏国家行政的合法性，即"官逼民反，民不得不反"。中国历史上因赋役沉重而进行的改革不可能成功。由此使传统中国只能依靠每隔二三百年一次王朝更替来解决因皇权—官僚体系无限膨胀、"农难养政"的矛盾。

二是除了纳税以外，人民与国家缺乏有机的联系，导致"一盘散沙"的离散状态。尽管传统中国有一个庞大的帝国体系，但这一体系外在于人民。人民与帝国的联系是水与油的关系。就一般民众而言，个人生活和交往关系由内向外：个人——家庭——家族（扩大了的家庭）——地方——国家。由此才有了家族主义、地方主义而少有现代国族主义。孙中山是现代国家在中国的创立者。他深刻地反思了为什么作为人口最多的中国在西方列强的入侵下不堪一击，甚至有亡国灭种之忧的原因，这就是"一盘散沙"。他认为："中国人最崇拜的是家族主义和宗族主义"，"中国人的团结力，只能及于宗族而止，还没有扩张到国族"。所以，除了少数知识分子忧国忧民以外，一般民众并不关心也不可能关心国家大事。只要纳税轻，谁做皇帝都是一样。满清入关，除了江苏等极少数地方反抗以外，绝大多数是顺从者，有的甚至持欢迎态度。日本人侵略中国时，河南的一些地方恨本地的汤恩伯比日本人更甚。原因就在于汤恩伯统治下赋税和兵役太重，民不聊生。

当我国的清王朝由盛到衰之时，外国入侵强行将中国拽入现代化进程之中，由此也开始了传统中国向现代中国的转型。"中华民国"是标志。

现代国家的重要特征是主权国家，即由一个中央统一管理的政府机构在其有边界的领土范围独立自主地行使统治权。主权国家除了对外的自主性外，还有对内的一体化过程。国家的一体化是通过国家整合将国家的各个部分联合为一个不可分割的整体。由此就有了国家权力对离散的乡村进行整合，即从"皇权不下县"到"政权下乡"的过程，出现了所谓基层政权建设。在国民政府时期，实行地方自治性质的县、区、乡、保甲体制。1949年中华人民共和国成立后，不仅延续了县区乡体制，而且后来实行"政社合一"的体制，特别是通过党政合一的体制将国家权力一直延伸到农户，公社社员同时是国家政权体系的一分子。1984年，废除人民公社体制，实行"政社分开"，恢复建立乡镇政府，在乡镇以下建立村民委员会，实行村民自治。

在国家一体化过程中，政府行为也得到极大扩展。国家的职能不仅是政治统治，更重要的是通过控制经济、文化和社会资源，对价值和财富进行权威性分配。政府行为由此向各个领域广泛地渗透。国民经济、国家义务教育、公共医疗、公共交通、公共水利等以国家或公共名义出现的事务愈来愈多。这些国家行为必然向乡村社会渗透，政府权力得到从未有过的扩展，政府机构和公务人员也因此迅速增多。

在国家一体化进程中，由于技术条件的改进，国家的控驭能力大大增强。随着现代化进程，阻隔政权下乡的技术条件得到了改变。交通和信息的发达将穷乡僻壤与外部社会紧密联系起来。这为国家控制乡村提供了极大的便利。

整个 20 世纪，就是国家政权不断下沉，向乡村渗透，并将分散孤立的乡村整合到国家体系的过程。

二、庞大的政府体系与弱小的农业财政

经过 20 世纪百多年的努力，中国的现代国家建构取得了重大进展，对外成为一个独立的主权国家，对内的一体化程度愈来愈高。特别是离散的乡村社会被纳入到国家体系中，国家的动员和整合能力大大增强。但中国的现代化是由政府主导的，通过行政力量而不是市场力量进行国家整合，迅速建立独立的民族—国家及工业体系是最主要的国家目标。在实现这一目标的过程中，所取得的成就是建立一个得以覆盖全社会（包括分散孤立的广阔乡村）和统一的中央集权体制，所留下的问题则是政府体系愈来愈庞大，而支撑政府体系扩张的财政能力相对薄弱，形成"超级政府与弱小财政"并存的格局。特别是在中部农业地区，财政基础仍然以农业农村为基础，属于传统的"农业财政"，从而造成现代政府体系与传统农业财政的尖锐冲突。

其一，资源汲取型体制加剧进一步弱化农业财政能力。

中国的现代化是由外部引起的。由于在世界竞争中的落后地位，使中国的工业化原始积累只能来自于内部，确切地说，只能来自于农业。随着工业化的启动，资源急剧向城市集中。"政权下乡"的制度安排围绕着向农村汲取

资源。人民公社的制度安排实质是适应计划经济体制、强化国家能力、推动一体化进程建立的。人民公社的核心内容如"一大二公、一平二调"，"政社合一"，"先交公粮，后交余粮，剩下的才是口粮"，都有利于国家从农村汲取资源。而由"公余粮"演变而来的农业税费，以产业作为纳税依据则是当代世界极少有的特殊税制。这一体制必然会进一步弱化农业财政能力。

其二，标准化的政府体系与非均衡的财政能力，造成"农难养政"。

中国的现代化发展极不均衡。现代化包括经济市场化和国家一体化。由于历史的规制，使中国的市场化和国家一体化发展极不均衡，市场化程度极低，国家一体化速度却非常迅速。而国家一体化所需要的巨大行政成本，却不得不由农村和农民承担，是以农业为基础的"农民财政"而不是以工商业为基础的"公共财政"。以1982年为例，全国人民公社为54 352个，生产大队为719 438个，生产队为597.7万个。若按平均每个公社配备30名干部，平均每个生产大队配备7名干部，平均每个生产队配备5名干部计算，当时总计需要大约3 500万名干部。而国家只承担5%左右的行政费用，其余的95%以上都由农民负担。改革开放以后，中国农业的有形财政贡献愈来愈少，农业税收在国家财政收入中的比例愈来愈小，但是，农民的财税负担却并未减轻，甚至相对加重。其重要原因就是，农民的有限剩余要支付不断扩张的国家一体化的成本，"以农养政"。如湖北和广东的人口差不多，但生产总值只有广东的一半，特别是地方财政收入方面，广东2003年有1 315亿元，湖北则只有259亿元，还不到广东的1/4。我国的行政与财政体制不一致，行政体制是自上而下的统一性体制，财政体制却是地方包干类型。政权体系是一个标准，"四大家"一家不少，政府运营成本差不多，但各地方的财政基础却大不一样，由此形成农业地区"小财政、大政府"的尖锐矛盾。都是一样的国家公务员，从事的工作相同，工资收入却相差甚大，农业地区的国家公务人员有时连基本工资都难以保障。财政能力必然制约领导能力，"弱财政"必然导致"弱能力"。中部地区相当一部分县乡都处于"财政吃紧，紧吃财政"的状况，严重制约经济社会发展和治理能力。这也是"三农问题"集中表现于中部农业地区的重要原因之一。

其三，政府机构日益扩张造成农业财政供给更加紧缺。

首先，政权下乡必然带来的是机构的扩展。随着计划经济体制的建立，为便于国家向乡村汲取资源，政府机构开始增多。特别是改革开放以来，现代化建设使政府功能增多。而在单一体制下，县乡政权机构设置的依据是上级政府对等对口，由此造成县乡机构迅速膨胀。我国是一个由中央、省、市（地级）、县（市）、乡（镇）多级机构构成的政权体系。政府任务会逐步增多，到最低一级的乡级时，政府任务和目标会呈几何级地增加。如我们调查的一个乡，仅仅是签订目标责任书的上级任务就多达 200 多项。这就使得乡一级政府成为一个面对上级，主要完成上级任务的机构。其次，乡作为国家政权体系的一级组织，对一定区域的事务负责，即行使管理"块块"的职能。出于地方政绩的驱动，乡级还要从事许多能够显示出其地方政绩的事务。这些事务主要是贯彻上级精神，往往与本地实际和需要相脱节。正是"条条"和"块块"的双重压力，使乡级工作不堪重负。但是，乡村有限的财力资源无法提供相应的财政条件。乡镇政府的经营性特征凸显出来，农业地区的政府的重要功能就是收费，并形成一个怪圈：政府干什么？收费；收费干什么？养人；养人干什么？收费。有的为解决财政紧缺问题，甚至以能否收、罚款作为机构和人员的收入来源和存在依据。

其四，国家名义的行为增多加剧农业财政的供给不足。

随着现代国家的建构，国家向乡村渗透的能力增强，以国家目的出现的政府事务迅速增多。在发达国家，建立的是公共财政体系。财政收入主要来源于城市。19 世纪的发达国家城市人口占多数。乡村人口收入少，纳税少，但获得多。我国现代化属于内部积累，国家目的由农民付费。改革开放前的国家工业化，仅靠国家强制性的价格"剪刀差"，国家拿走 7 000 亿元。改革开放后，农村税费在国家财政收入中的份额迅速减少。但国家目的迅速增多，为实现这些目的需要支付的财政由农民支付，如国家法律规定的农村九年义务制教育，大量学校的兴建由农民集资、出工。发展乡镇企业为政府号召，形成的债务由农民承受，政府收不起的税费转由农民承担。由此造成乡村两级负债累累，农民负担不断加重，"三农问题"因此凸显。

三、城乡统筹与农业财政的终结

进入 21 世纪,"三农问题" 成为全党工作的重中之重。其重要举措是提出统筹城乡发展,强调以工支农,以城带乡的发展战略,并实行免除农业税等重大举措。这既是现代化建设进入新阶段后提供的客观条件,更是现代国家建构的必然要求。

首先,经过百多年的努力,我国的现代化进入一个新的阶段,即完成工业化的原始积累,进入工业化中期。国家的财政收入主要来自于工商业而不是农业,由"以农立国" 转向"以工立国"。只有在此基础上,国家才有可能在较短时间一举免除农业税,延续千多年的"皇粮国税" 得以终结。这是前现代化和现代化初期难以想象的。

免除农业税,终结农业财政更是现代国家建构的紧迫要求。现代国家包括两个方面:一是以主权为核心的民族—国家,二是以主权在民为合法性基础的民主—国家。国家的一体化不仅仅是国家政权覆盖全部各个领域,更重要的是每个国民成为平等的主权者,由此增强每个国民的国家认同,将"朕即国家" 改变为"国民国家"。如果有九亿人口的农村人口处于城乡二元分离的格局中,农民难以享有"国民待遇",我们的国家就还不是一个"国民国家",现代国家的主权基础就不牢固。进入新世纪以后,中央提出城乡统筹,免除农业税,强调以工支农,以城带乡,都是为了解决城乡二元分离问题,从而推动每个国民都能平等享有国民待遇的现代国民国家的建设。为此,必须终结以农业、农村和农民供养国家体系的"农业财政时代"。

城乡统筹,终结农业财政,首先要求建立以国民所得为基础的现代财政吸纳机制。在传统国家下,农业是最主要的产业,因此成为最主要的财政来源。进入现代社会以后,不仅出现多种产业,而且以第二产业和第三产业为主要产业,国家财政的收入也主要来自第二、第三产业,其收取标准就是国民所得。有所得才有所交,收入愈多,交税愈多,这是现代国家的公平原则所要求的,如企业所得税、个人所得税等。在经济最发达的美国,一般人可以减免,而高收入每一分钱都得纳税。美国每年 80% 以上的财政收入来自于占人口 20%的高收入者。印度经济比中国更落后，但由于实行个人所得税制度，占全国人口 97%的农民和工薪阶层不缴纳个税。[①] 现阶段的中国已进入到一个分业分层，并以第二、第三产业为主要产业，收入差距扩大的时期，为此，需要终结农业财政，建立以城乡统一的国民所得为基础的现代财政吸纳机制。有人总是担心，如果不收税了，怎么确立农民对国家的认同呢？这实际上仍然是农民义务本位的传统意识。农民作为现代国民，对国家的认同主要建立在享有公平的国民待遇基础上。

城乡统筹，终结农业财政，其次要求建立财富共享的现代公共财政支出体系。取之于民，用之于民，这是现代国家要求的现代公共财政支出的基本原则。但由于传统的城乡二元结构，国家的财政支出没有覆盖于城乡，惠及于全民。特别是基层政权、公共教育、公共卫生、公共交通等公共性的财政却由农民支出，这必然会造成社会的分裂和对立。因此，从现代国家建构的角度，应该建立一种财富共享的财政支出体系。不仅公共性支出应该由公共财政支付，而且，农民作为公共社会的一分子，也应该逐步进入统一的国民保障体系。巴西也是一个大国，但教育、医疗实行全民保障，城乡无差别，费用由政府统一支付。现阶段，由于长期历史影响，无论是政界，还是学界，都十分强调土地的社会保障功能。这对于稳定现有的土地制度是有价值的。但是，必须看到，随着土地的现金收入有限和现金支出迅速增长，土地的保障功能愈来愈弱化，仅仅依靠数亩土地，已无法维持正常的生产和生活。国家的基本保障体系需要覆盖于城乡，使农民不仅能"吃得饱饭"，而且能"读得起书，看得起病"。

城乡统筹，终结农业财政，第三要求建立权责对等的现代行政体系。农业财政的特点是权责不对等，纳税人只有义务，没有权利。政府的行政权力可以无限扩张，财政收入不需要双边协商。而现代国家的行政体系是建立在公民权利本位基础上的，现代行政体系的基本特点是权力与责任的对等，政府是责任政府和法治政府。只有通过法治界定和限制政府权力，才能建立一

---

① 《环球时报》驻外记者联合报道：《个人所得税，国外怎么征》，载《环球时报》2005 年 9 月 30 日。

个高效运作的精干政府，制止基层政府随意扩张自己的权力。在这一过程，随着村民自治的成长，应该将村民自治的民主机制向上延伸，使农民作为一个现代公民，在愈来愈多参与县乡基层财政的治理中，实行民主理财、阳光理财。农村税费改革后的县乡改革都有一个方向，就是更多地参与，更多地公开，更多地规范。

城乡统筹，终结农业财政，第四要求建立行政与财政相统一的政府运营体系。现代国家体系的基本特点是标准化、统一化。由于地方经济发展不平衡，各地的财政能力差距甚大。特别是农业地区的乡镇财政主要来源于农业税费，那么，在免除农业税以后，农业地区乡镇的财政来源大为减少，有的地方甚至难以维持正常运转，仅仅依靠"减人减事"来减支是远远不够的。因为，任何行政都需要必要的财政支撑。农业地区的乡镇也属于国家政权体系，在免除农业税以后，其开支应该由国家承担。为此，应该彻底改变"农业财政时代"变相的地方财政包干主义。如果行政统一，财政也需要统一。这样既可解决农业地区财政支出困难问题，同时也可杜绝地方和基层官员既吃"皇粮"，又吃"杂粮"的现象。由此可根据产业基础、地区差别、乡镇规模等标准，将乡镇划分不同类型，分类划拨财政经费：以农业为产业基础的乡镇应该恢复为乡的建制，可以接受国家财政支持；以工商业为支撑的乡镇，不可接受国家财政支持。由此实行产业分化基础上的乡镇分治体制。同时，要"精官简政"。我国的政府机构不是简单的人多，而是官多员少，即管官的"官"多，直接面向民众做事的员少。为此要进行整个行政系统的改革，如减少行政层级，变五级政府为"三级政府网络管理"，减少管"官"的职数。日益发达的交通、信息等技术条件已提供了这种可能。

我们需要一部什么样的物权法

——关于物权法的法哲学反思

演讲人：张文显

吉林省高级人民法院院长

教授

博士生导师

张文显，教授，吉林省高级人民法院院长、党组书记，原吉林大学党委书记，兼任国务院学位委员会委员、法学学科评议组成员，中国法学会副会长，教育部法学学科教学指导委员会主任委员、社会科学委员会委员（法学组召集人）、学科专业设置专家委员会委员，中国统一司法考试协调委员会委员，中国人民大学、北京大学等多所政法院校（系）兼职教授。

　　主要研究领域是法理学、当代西方哲学、法律社会学和法律政治学，侧重于法理学和当代法哲学研究。公开出版学术著作（含主编教材）18 部，公开发表学术论文 130 多篇。有多项研究成果获得教育部、司法部、吉林省优秀成果奖。

对于中国法学界来说，2006 年是极不平凡的一年。在这一年，围绕着《物权法》（草案）的讨论和争论，达到了白热化的程度，这种白热化的程度远远超过 2003~2004 年的修宪讨论。法学界以往的讨论基本上局限于某一法学分支领域，这次讨论却几乎波及整个法学界，而且是由法理学者针对一个部门法学的问题发起的，引起法学家两军对垒。由于对法学家们在讨论中提出的一些重大问题一时难以作出有说服力的回答，以致全国人大常委会不得不改变预定的《物权法》立法议程。

在讨论物权法草案之前，我先就自己的理论和方法论前提作以说明。

关于物权法的研究是在两个层面进行的，一是法哲学层面，二是法律学层面。法哲学层面的研究涉及物权法的精神、价值理念、调整对象、核心概念等，而法律学层面的研究侧重物权法的一般原则、概念表述、权利义务界定、逻辑结构等技术层面的问题。我今天是站在法哲学的层面，用反思的方法讨论物权法理论和中国的物权法草案。

我们知道，法学体系内部有法哲学与法律学之分，二者存在诸多区别。首先，法哲学是作为哲学的法学，是法的一般理论、法学的基础理论、法学的方法论、法学的价值论（或法学的意识形态论）。法律学则是作为科学的法学，即法律科学。科学与哲学对应。就一般意义来说，科学是以世界的某一领域、某一方面、某一层次、某一问题为对象，哲学则是以整个世界为对象；科学提供关于世界的某一领域或方面的"特殊规律"，哲学则提供关于整个世界的"普遍规律"；科学研究的方法带有"工具性"、"技术性"，哲学的研究方法则带有"本原性"、"终极性"、"方法论"性质。科学与哲学的这些区别也是法哲学与由民法学、商法学、经济法学、刑法学、诉讼法学、宪法学等法学部门构成的法律学的区别所在。第二，法哲学是"反思法学"，而法律学则是"注释法学"。中国的注释法学来源于中国古代的"律学"。这里借用了中国古代的"律学"概念。"律学"亦称为"刑名律学"、"注释律学"等，是根据儒家学说对以律为主的成文法进行讲习、注释的法学。尽管它也涉及立法原理和法律适用问题，但其焦点和功能是根据儒家学说从文字上、逻辑上对律文进行阐释。传承成文法传统的当今中国的部门法学就其功能和基本特征来说，仍可归结于"律学"或"注释律学"的范畴。第三，法哲学是"论理法学"，这里的"理"包括真理、公理、伦理、道德等，而法律学属于"实证法学"。西方近代法学分化为理论法学和应用法学（部门法学）以来，法学中的民法学、商法学、刑法学、诉讼法学、宪法学等法学部门通常都把法律看作一套规范体系，并采用经验实证或逻辑实证的方法去注解、分析、解释法律规范的含义及其适用范围，一般被称为"实证法学"。实证法学是关于法实际上是什么的知识，实证法学最基本的观念是：法律科学是一种依赖于经验的认识形式，其对象是实在之物，即由立法机关制定或由司法机关认可的实在法；法律规范的效力并不依赖于它的内容是否符合某种正义标准、道德标准或其他任何先验标准，而且它从根本上反对关于法律正确性的种种形而上学。

法哲学与法律学的上述差别决定了法哲学并不关注部门法中的具体规则及其适用，而是关注这些规则存在的根据及其正当性、合理性、合法性问题，即深藏于这些规则背后的社会价值问题、经济和社会发展目标问题、公共政策问题、正义或道德公理等；研究使这些规则构成法律体系的那些系统（Drive Operation System，DOS），即连接或架构法律规则的那些体制和机制问题；研究这些规则得以制定和适用的方法，诸如利益筛选、价值衡平、法律解释、法律推理、法律论证、法律批评、法律选择等。

人们常常感到，在研究实证法律和部门法学的重大理论与实践问题中，法律学的理论空间和学术资源是十分有限的。例如，在涉及某一或某些法律存在的合法性及其价值基础、各个部门法的基本原则、对法律学基本命题的反思、法律学理论前提等根本问题上，法律学难以为反思及前提批判提供其所需的参照系。法律学自身的理论空间不足以容纳对其自身的反思和批判的展开，因而，法律学研究必须寻找更加开阔的理论空间，这个理论空间就是法哲学，包括一般法哲学，也包括部门法哲学。

在重大理论和实践问题研究上，法哲学的优势在于其"反思"方法。反思，顾名思义，就是复而思之，反过来而思之。用哲学家的专业语言来说，就是"思想以自身为对象反过来而思之"。作为一种思维方法，反思的特点在于它把既定的思想和认识作为再思想、再认识的对象，特别是在于通过对思想和认识据以形成的那些"前提"（无论是感性的前提、知性的前提，还是价值的前提）的批判而提升或更新人们的思想和认识。如果说，法律学的直接思想对象是具体的法律条文、法律制度、法律运行等法律现实，那么，法哲学的直接思想对象（反思对象）则是法律学的思想，即法律学者的认知活动及其成果（概念、理论、法律化的法学原理等）。这就是反思的法哲学与实证的法律学的区别与分工。

运用反思方法开展研究工作，首先是要在肯定既有认知成果的同时，对法律学的概念和理论等认知成果保持审视和质疑态度，尤其是要对部门法学的认识"前提"，即规范法律学家思想内容、思想方式、思想热点的那些"逻辑支撑点"（思想的根据和原则）提出大胆的质疑。法律学当中有许多逻辑支撑点、许多思想"根据"和"原则"实际上并非是不证自明的、天经地义的，而是可疑的，可批判的。

反思方法也是一种追问方法，在某种意义上，反思就是追问。无论是对于现行的法律规则和原则，还是对于既有的理论判断和结论，都应当追问。通过追问，发现更深层次的东西，发现我们还没有认识到的、处于朦胧状态的因素；通过追问，发现既有概念和理论的内在矛盾，并加以修正。这里，举一个法哲学追问的例子。我国《宪法第 22 条修正案》规定："公民的合法的私有财产不受侵犯"，"国家依照法律规定保护公民的私有财产权"。对此，我们可以作出如下追问：这里的"法"和"合法"的含义和意义是什么？对这里的"法"、"合法"、"合法的"应作如何理解？"法"仅指"实在的法"，即由国家制定或认可的"法"、"现行的法律规定"，还是也包括"自然法"、"应有法"，即基于正义、理性、道德、公理、社会发展规律而形成的"法律原则"、

"法的精神"？"合法"仅指"符合法律规定"，还是也包括实际上"不违背法律"、"能够被历史延续下来的惯例认可"、"理应由法律认可"？我们还可以进一步追问：为什么要保护公民的私有财产权？对公民私有财产权的保护是一个超越时空的法律原则吗？为什么宪法修正案规定"公民的合法的私有财产不受侵犯"，而不是"自然人"、"个人"或"私人"等？通过这样一连串的追问，就会发现很多问题是相当模糊的，《宪法》关于财产保护的规定存在很多法律漏洞，因此，需要我们从法哲学的层面去思辨，去重新解释，去深入论证。

反思方法也是一种批判。与审视、质疑和追问比较，批判则更具有创新性和修复性，是一种更为"积极的"反思。所以，哲学家们往往用批判来修饰和表征"反思"，将反思叫做"批判的反思"。马克思提出，辩证法总是"在对现存事物的肯定的理解中同时包含对现存事物的否定的理解"，"对每一种既成的形式都是从不断的运动中，因而也是从它的暂时性方面去理解"，"辩证法不崇拜任何东西，按其本质来说，它是批判的和革命的"。法哲学研究中的反思方法决定了它的批判本质和批判精神，它要求法学家用批判的眼光揭示和对待人类已经形成的全部法律思想，对待每一种法律观点，每一种法学理论体系，每一个研究范式和学术流派，试图通过敏锐的批判达到深刻的理解。作为辩证法的批判，其目的不是去否定一切，不是任意放纵，而是使人们的认识更加接近实际，实践更加符合客观规律；作为辩证法的批判是一种理性批判，一种道德批判，在某些情况下包括政治批判，例如马克思对资本主义社会的政治批判。

基于上述前提性说明，我今天发言主要是对《物权法》（草案）精神、价值、原则等的质疑、追问和批判，以及对作为物权法核心概念的分析。我的发言较少涉及《物权法》（草案）规则体系的逻辑构成和具体条文的立法技术。

一、关于《物权法》（草案）核心概念的反思——《物权法》（草案）的核心概念是否科学、规范

物权法有不少概念和词语是模糊不清，甚至前后冲突的。原因是多方面的：首先，物权法具有悠久的历史，从罗马法开始逐渐形成了自己的概念体系。这些概念是语言哲学出现之前业已形成的,未经过严格的语言分析,人们很难跳出物权法的概念体系。其次,作为历史文化产物的法律语言具有多义性,法律语言与日常语言日渐分离。再次,由于大量法律术语来自西方法学和法律,法律语言在西文向中文的过渡中,不可避免地存在架构两个法律世界之意义的困难,如果加上很多民商法概念和语言是"日货"(是日本人用汉语组合或转化的),问题就更为突出。所以,必须对法律概念和语言进行语义分析。我在对《物权法》(草案)概念和语言进行语义分析的过程中,发现《物权法》(草案)存在大量概念和语言模糊不清的问题,特别是几个核心概念语义不清,甚至陈旧落后。

这里,仅以《物权法》(草案)第 2 条为例,进行语义分析。

第 2 条规定:"**本法所称物,包括不动产和动产。法律规定权利作为物权客体的,依照其规定。**

"**本法所称物权,是指权利人对特定的物享有直接支配和排他的权利,包括所有权、用益物权和担保物权。**"

就这条规定可知,物权的客体是"物",即物是物权的权利客体。但是,作为物权客体的物是什么?是"被占有的物"(something owned),还是"拥有法律所有权的物"(something to which its owner has legal title)?若前者,占有某物是一个事实;若后者,则是有权利占有或去占有某物。这就引出财产的合法性问题。

按照《物权法》(草案)的规定,物包括"动产"和"不动产",物的指称概念是"产",因而所谓的"物权",不过是"产权"("财产权"),包括不动产权和可动产权。在这种意义上,物权就是产权或财产权,二者是等值的概念。鉴于我国宪法、民法通则等很多法律都使用"财产"、"财产权"、"财产权利"概念,广大民众也非常熟悉财产、财产权、财产权利概念的大体内涵,用财产权概念代替物权概念更为合适。我们可以设想一下,如果有人对我们说储蓄、资本是物,恐怕绝大多数人会感到莫名其妙而直晃脑袋;而说储蓄、资本是财产,则几乎不会有人不懂其义。另外,在《物权法》(草案)当中,不少条文中"物"与"产"("财产")、物权与财产权交叉使用,也容易造成混乱。如果将物权法改为财产权法，更有利于人民群众懂法、用法。

《物权法》（草案）的"物"和"物权"定义过于陈旧、过于静态。我们知道，英文中"property"这个词，一是指财产本身，二是指财产权利，即财产的取得、占有、享用、处置、收益等权利。在20世纪以前，人们通常是在物品的意义上界定"物"、"财产"，在占有关系上界定"物权"、"财产权"。20世纪以来，特别是20世纪50年代以来，西方产权经济学彻底改变了"物权"、"财产权"的概念。产权经济学家大多是从财产是稀缺资源、财产权起源于资源稀缺的矛盾来界定财产权的。物已不是单纯的"物品"，而是经济物品、生产要素、物质资源，物权则是财产权包括一个人或其他人受益或受损的权利（阿尔钦语）；是帮助人们在互相打交道时能够树立合理预期的工具（德姆塞茨语）；财产所有者实际上所拥有的实施一定行为的权利（科斯语）；财产权不再简单地被看做人与外界稀缺物之间的关系（例如，对物的占有关系），而是人在使用这一稀缺物时所发生的与他人之间的行为关系。而《物权法》（草案）对物、物权的定义则停留在或基本停留在"物品"、"物的权利"上，而没有关注法律上的物的资源性、稀缺性；物停留在"物"归己有上，而没有充分注意到物归己有与物尽其用（物作为稀缺的社会共同资源）这一对立统一关系。

即使我们不从现代产权的角度界定物和物权，《物权法》（草案）把物权归结为对特定物的支配权和排他权，也是不完整的、不精确的。我们知道，权利是包括多种要素、具有丰富内容的概念。第一，权利意味着资格，即去行动的资格、占有的资格或享受的资格。按照这种理解，权利意味着"可以"，义务意味着"不可以"。一个人只有被赋予某种资格，具有权利主体的身份，才能够向别人提出作为与不作为的主张，也才有法律能力或权利不受他人干预地从事某种活动。第二，权利意味着某种具有正当性、合法性、可强制执行的主张，即以某种正当的、合法的理由要求或吁请承认主张者对某物的占有，或要求返还某物，或要求承认某事实（行为）的法律效果。第三，权利意味着自由，即法律允许的自由——有限制，但受到法律保护的自由，每一个真正的权利就是一种自由，包括权利主体的意志自由和行动自由，主体在行使权利时不受法律的干涉，主体做或不做一定行为不受他人的强使。第四，权利意味着为法律所承认和保障的利益。不管权利的具体客体是什么，上升到抽象概念，对权利主体来说，它总是一种利益或必须包含某种利益。第五，权利意味着法律赋予权利主体的一种用以享有或维护特定利益的力量，义务则是对法律的服从，或为保障权利主体的利益而对一定法律结果所应承受的影响，或一个人通过一定行为或不行为而改变法律关系的能力。第六，权利意味着法律规范规定的有权人作出一定行为的可能性，要求他人作出一定行为的可能性以及请求国家强制力量给予协助的可能性。这种可能性受到由法律规范所责成的他人的相应义务的保障。第七，权利意味着法律所保障或允许的能够作出一定行为的尺度，是权利主体能够作出或不作出一定行为，以及要求他人相应地作出或不作出一定行为的许可与保障。第八，权利意味着在特定的人际关系中，法律规则承认一个人（权利主体）的选择或意志优越于他人（义务主体）的选择或意志。换言之，某人之所以有某项权利，取决于法律承认他关于某一标的物或特定关系的选择优越于他人的选择。正是法律对个人自由和选择效果的承认构成了权利观的核心。

总之，《物权法》（草案）将物权归结为"权利人对特定的物享有直接支配和排他的权利"，既是落后陈旧的，也是片面的。从这样的物概念和物权概念出发制定物权法，那么物权法将很难代表先进生产力和生产关系，很难代表先进的物权制度，很难有效地做到物归己有与物尽其用的统一。从这个角度，我们有理由担心：如果《物权法》（草案）不对物概念和物权概念进行修改，我们看到的将是一部19世纪的物权法，而不是21世纪的物权法。

二、关于《物权法》（草案）调整对象和范围的反思——《物权法》（草案）的调整对象和范围是否科学

《物权法》（草案）规定："本法调整平等主体之间因物的归属和利用而产生的财产关系。"这一规定存在三个问题。

第一，根据这一规定，物权法是平等主体之间财产关系法，因而属于私法范畴，有的民法学者甚至认为在物权法领域国家也姓"私"。但是，在公有经济为主导的社会主义国家，物权法不能仅仅姓"私"，它必须始终贯彻私法原则，同时要依据公共政策、公共利益，导入公法原则，体现社会利益导向。物权法的属性涉及用什么原则来调整物的关系？因为私法的调整原则与公法的调整原则存在相当大的差别。如果物权法是私法，怎么调整国有财产与集体财产的关系，国有财产、集体财产与私人财产的关系？从《物权法》（草案）大量规定国有财产、集体财产的情况看，物权法调整的并不完全是平等主体之间的财产关系，国家、集体与私人并不是平等主体，如果是平等主体，那将意味着你可以这样做，我也可以这样做，而实际上并非如此，即使在财产关系上也往往是国家对私人具有单向行动权，国家的代表——政府往往以各种理由征用私人的财产，私人则不能。如果《物权法》（草案）的规定换为"本法调整主体之间因物的归属和利用而产生的财产关系"，或者"本法调整主体之间因物的归属和利用而产生的平等的财产关系"，倒可以勉强接受。

第二，既然是调整主体之间的财产关系，那就要采用权利和义务的双重机制，因为财产关系是所有制基础之上的权利义务关系。因此，"物权法"这一法律名称就不怎么科学，而应当改为"物法"，正像森林法、矿产资源法、草原法、水法一样，这些法律既规定权利又规定义务。事实上，物权法也不仅仅规定在物的归属和利用上的权利，也涉及大量义务。但是考虑到"物法"的用语显然不符合法律生活中的约定俗成，所以采用"财产法"更科学。否则，将来对外翻译也是很麻烦的事情，如果不翻译为 Law of Property，还能翻译为其他什么？Law of Something Right？

第三,《物权法》（草案）不适当地缩小了物权法的调整范围。

首先，草案忽略了物权的合法性基础，而这是取得物权的前提。财产权的合法性基础是财产法律理论的核心，也是建构财产法律体系的理论基石。一个人拥有财产，其财产是否合法，取决于整个财产制度的合法性标准。不同的社会制度有不同的合法性标准。就财产合法性的经典标准而言，财产取得包括两个根本标准，即先占原则和劳动原则。

（1）先占原则（principle of first occupancy）。简言之，即无主财产之所有权归属于先占者。先占原则是一个古老的财产合法性原则。梅因曾指出："先占"（occupation）是罗马"法学阶梯"中"取得所有权的自然方式"中的一种，并立刻成了受到欢迎的关于"财产起源"的理论。① 先占意味着对无主财产的获得。欧洲人对于美洲土地的所有权就基于开拓者们的先占，他们在那里开荒种粮，圈地牧羊，建立了自己的庄园、自己的社区和自己的国家。所以，谁先占有资源，谁就可以将其据为己有。对于任何无主物，无论是土地，还是动物，似乎都可适用先占原则。谁先占有，谁就可以合法地持有。这是对于先占原则的通常理解。

承认这个原则极其重要。全部的资源（财产）在原始状态下都是无主的，谁意识到了资源的有用性，谁先动用了天然体力开发，谁就可以占有。如格劳秀斯指出："第一个取得占有的人将会有权使用该没有被主张权利的物以及有权在他所需要的范围内进行消费，任何人剥夺这种权利的行为将被认为是非正当的。"② 因此，这样的事实占有本身就有了排他性，但这种事实占有需要获得制度上的保障。

先占原则的原始意义固然是对无主物的占有，但是先占原则就其精神来讲也是对新发现的占有。在这样的理解下，在知识产权领域，就智力成果的知识权利而言，先占原则依然有它的价值。人们也许会说，地球上大部分有价值的资源都已经被占有了，对于土地、森林、水资源来讲，先占原则发挥作用的范围已经没有多少余地了。但是，要知道，随着人类科学技术的进步，人类向外层空间的扩展，先占原则可能会在更大的范围发挥其作用，何况我们人类还有那么多的海洋资源有待开发。比如公海，谁有科学技术去开发海洋深处的资源，谁就能够去开发。只要人类的活动空间没有穷尽，资源没有完全确定归属，先占原则便会永远发挥作用。否则，为什么强国到处在公海上探索，为什么各个国家争相在南极建立研究基地呢？在那里，谁来限制我们呢？先占原则在新的形势下应该有新的理解。我们人类的视野难道仅仅局限于我们已有的范围吗？前苏联一位著名的宇航员说过一句话：地球是人类的摇篮，但是，人类不能够永远躺在摇篮里。我想，即便离开地球，先占原则

① ［英］梅因：《古代法》，沈景一译，商务印书馆1996年版，第139～140页。
② Hugo Grotius, *De Jure Belli ac Pacis Libri Tres*, *Vol. 2*, trans. F. W. Kelsey（Oxford, UK：Clarendon, 1925），I. II. I. 5. John Salter, Hugo Grotius："Property and Consent"，*Political Theory*，August 2001, p. 538.

也很适合，况且这个摇篮外面还有那么多的无主之地、无主之水、无主空间。

对于确定人类社会最初的财产权利归属，先占原则有其合理性。如有学者指出的："在财产权利的最初归属上，先占是合理的，也符合历史发展的实际情况。因为，除此之外，也实在无更好的方法认可对财产的使用方式。"①但是直到今天，为什么还把先占原则作为财产权合法性的首要原则呢？最简单的道理就是为了减少纠纷，防止哄抢，禁止强取豪夺。一句话，为了保持占有的稳定性，为了实现对物的持续占有。对于一个人继承下来的财产应该予以承认和保护，这是对被继承人的冒险开荒、美好运气的尊重和承认。

（2）劳动原则（principle of labor）。劳动是获得财产的常规形式，也是取得财产权的最重要的合法途径。正如斯克拉特（Schlatter）从历史发展的角度对劳动理论评价时所指出的："在1690年之前，没有人理解一个人会对其劳动创造物享有自然权利；但在1690年之后，该思想已成为社会科学的准则（axiom）。"②古典的劳动理论是从两个方面说的。一方面，劳动者对其劳动成果享有所有权是因为劳动者对其劳动力拥有所有权，基于劳动而提起的所有权请求是充分的请求，这可以说是对先占原则的重要补充，因为自己的劳动首先是由自己占有。另一方面，根据马克思的理论，劳动创造价值，物质上一切增加的价值皆来源于劳动。当我从事劳动的时候，劳动对象就被我所占有，当我与劳动对象结合产生新的劳动成果的时候，我就有对它的请求权的充分理由。所以，不劳不获，要按劳分配，多劳多得，少劳少得，优劳优得。

对于物权取得的这些前提性问题、本原性问题，物权法没有给予明确的界定和规定，这必然降低物权法对合法财产的保护作用。

其次，《物权法》（草案）对很多新型的财产关系没有进行必要的调整。举一个非常简单的例子。时下，很多航空公司为了吸引乘客，推出里程卡。例如，中国国际航空公司的知音卡，南方航空公司的明珠卡。不少经常因公出差的人办理了里程卡。每一次乘坐飞机，都按一定比例计入其内，例如，南

---

① 彭诚信：《主体性与私权制度研究——以财产、契约的历史考察为基础》（博士论文），第二章第二节。

② Richard Schlatter, *Private Property: The History of an Idea*, George Allen&Unwin ltd, 1951, p. 156.

方航空公司按 20% 计入里程卡。里程卡的持有者可以为自己或其亲属、朋友免费获得机票。这经常引发一个法律问题：谁是里程卡的真正所有人，里面的免费里程应该归谁所有，是归单位所有，还是归个人所有？无论归谁所有，都有一个合法性的基础问题，也都面临敏感的道德问题。当我们拿着里程卡为亲属或朋友兑换免费机票的时候，常常会因为权利合法性模糊不清而产生道德上的不自在，或许有一天会因为用里程卡为自己的亲属购买机票而沦为商业贿赂罪、贪污罪等。

我们的时代是一个权利的时代，是一个权利备受关注和尊重的时代，是一个权利话语越来越彰显和张扬的时代。我们越来越习惯于从权利的角度来理解法律问题，来思考和解决社会问题。我们这个世界的权利问题正以几何级数的速度增长。经典的权利在新的时代背景下衍生出许多新的具体的权利问题，而新的社会关系要求在权利大家族中添列新的成员。在财产领域，新兴权利（包括经典权利的新形态在内）大量涌现，物权法应当充分注意已经出现的新兴权利，并为容纳即将出现的新兴权利创造广阔的制度空间。

三、关于物权法精神的反思——《物权法》（草案）的法的精神在哪里

在立法中，一部法律的精神（法的精神）是必须搞清楚的前提性问题。

讲到法的精神，我们不能不首先想到孟德斯鸠，想到这位为法国、欧洲和整个世界作出巨大贡献的伟大思想家。他是人类历史上第一位系统研究法的精神的思想家。孟德斯鸠在其名著《论法的精神》中说："我不是探讨各种法的本身，而是其精神；并且，这种精神存在于法与不同事物可能有的各种关系之中"，"法律应该和国家的自然状态有关系；和寒、热、温的气候有关系；和土地的质量、形势与面积有关系；和农、猎、牧各种人民的生活方式有关系。法律应该和政体所能容忍的自由程度有关系；和居民的宗教、性癖、财富、人口、贸易、风俗、习惯相适应。最后，法律和法律之间也有关系，法律和它们的渊源，和立法者的目的，以及和作为法律建立的基础事物的程序也有关系。应该从所有这些观点去考察法律……这些关系综合起来就构成所

谓'法的精神'"。从这里,我们可以认为,在孟德斯鸠那里,法的精神就是由政体、自然地理状况、宗教、社会风俗等诸种客观和主观条件所决定的民族精神,或者说是民族精神的精华;并且这种民族精神是多样的、与时俱进的,因而法的精神又是时代精神的精华。法国启蒙思想家伏尔泰盛赞孟德斯鸠的《论法的精神》这本鸿篇巨制是"理性和自由的法典",也就是说,在孟德斯鸠那里,理性和自由是法的精神。

除了孟德斯鸠,还有其他著名法学家对法的精神作出过深刻研究。

19世纪德国著名法学家耶林在其名著《罗马法的精神》一书中指出:罗马法的精神是从罗马法中抽象出来的"不变并且普遍的要素",就是说法的精神是法律制度中永恒而普遍的东西。

20世纪20~30年代,美国法学家庞德系统研究了普通法在美国的发展历程和普通精神的形成和演进,发表了《普通法的精神》一书。庞德认为,普通法的精神就是普通法国家法律制度的价值基础。根深蒂固的清教主义是形成普通法精神的一个重要的决定性因素,它在美国法律思想的形成时期强化了个人主义、个人权利的观念以及法律就是契约的思想。要理解普通法的精神,就必须考虑中产阶级解放的特殊阶段和新教的特殊发展阶段。然而,随着时代的发展,美国的法律制度应当注入社会理想,淡化个人主义的色彩,法律不能仅仅关注个人利益,也应关注公共福利,公共福利应该同个人利益一样,在法律的发展中占有一席之地。社会理想主要是通过制定法的方式注入普通法的,而这就对普通法的传统提出了挑战。当然,这仅仅只是淡化个人主义而已,绝不可能动摇清教主义的核心理念。制定法的出现并不会损害普通法的精神,普通法所体现的精神仍旧可以作为这个时代社会制度的价值基础。我们必须修炼和维护一种代表社会主流意识的法律精神。

我国学者从20世纪90年代初期开始研究法的精神。1993年吉林大学法学院发起召开了"市场经济与现代法的精神"全国研讨会。会上,有五十多位来自法理学和各个部门法学的学者围绕这个主题发表了重要见解。会后,法理学家发表了一系列有关法的精神的研究论文和著作,郭道晖、李步云、张乃根等多位法理学家发表了有关法的精神的论著,从法理学层面阐述了法的精神。

郭道晖教授认为法的精神就是自由，并且认为自由是法的永恒精神。郭道晖的著作《法的时代精神》集中表达了法的自由精神。

李步云教授认为，法的内容、法的形式和法的精神是构成法的三个基本要素。如果说，法的内容是法的骨骼和血肉，法的形式是法的结构和外表，那么，法的精神就是法的神经中枢和灵魂。法的精神这一概念的内涵与外延是十分丰富和宽泛的。如果从正确处理法律与人类的关系、个人与社会的关系、利益与正义的关系、效率与公平的关系、权利与义务的关系等五种关系的角度看法的精神，现代法的精神就是人本精神，人本精神是最高层次的法的精神。

张乃根教授发表了《论西方法的精神》。所谓法的精神，是指法律制度包含的法的观念，探讨西方法的精神，就是透过西方法的制度，分析其内在的观念性东西。他认为，自然法精神是西方法的内在精神，自然法的精神主要是公平、理性和人权。自然法是法上之法，是永恒之法。

除了法理学者研究法的精神之外，部门法学家也对法的精神这一抽象问题给予了极大的关注和思考，并对各个法律部门的精神进行了探索，提出了宪法精神（宪政精神）、行政法精神、民法精神、商法精神、刑法精神、诉讼法精神、国际法精神等概念或命题，发表了很有启发的观点。

以我个人的理解，所谓法的精神，就是法的终极价值、元价值、绝对理念，因而可以说法的精神是法律制度的灵魂或中枢神经。它蕴含着或决定着法的价值取向、基本原则，支配着对社会经济、政治、文化进行的法律性制度安排，指引和制约着对法律资源因而也包括其他资源的社会性配置。我国传统法的精神是自然经济或计划经济的产物，是与人治体制相适应的，现代法的精神是与市场经济、民主政治和先进文化的本质和规律相适应的理性精神和价值原则。一个法律部门的法的精神是该法律部门的灵魂、核心价值、元价值；一部法律的法的精神就是该法律的宗旨。法的精神与法的价值息息相关，作为法的价值基础、核心价值、元价值，法的精神的作用体现为：

（1）凝练法的价值。从社会生活、历史传统、社会未来发展、哲学和法理中凝练出现代社会的法价值。

（2）规范法的价值。法的精神作为法的价值基础，必然是法的各个价值的质的规定性。

（3）引领法的价值。法的精神作为先进文化，将使每一种法律价值丰富其内涵，向更好方向发展；另一方面又协调各个法律价值，使它们成为内在统一、互为补充、互相支撑的价值体系。

（4）反思和追问法的价值。用法的精神反思、批判现行法的价值以及作为法的价值载体的法律制度，推动法律制度的变革和创新。

我国《物权法》（草案）第 1 条规定："为明确物的归属，保护权利人的物权，充分发挥物的效用，维护社会主义市场经济秩序，维护国家基本经济制度，制定本法。"这等于宣布了物权法的立法宗旨和基本价值，从而宣布了物权法的精神。应该说，物权法所宣布的立法宗旨体现了物权法的应有精神。

四、关于《物权法》（草案）价值基础的反思——《物权法》（草案）的价值定位是否准确

就世界各国的物权法而言，财产正义、财产公益、财产效率是物权法的价值基础，或者说是物权法的核心价值。

（1）财产正义。物权法的正义基础包括三个方面的正义，一是诺锡克所说的"持有正义"、"资格正义"，二是罗尔斯所说的"社会正义"。这里涉及罗尔斯社会正义论与诺锡克持有正义论的分歧。罗尔斯的观点是，财产的连续持有造成了一代一代的不均，一个人因为从祖辈那里继承很多财产，就和其他人的起跑线不同，国家要通过遗产所得税等手段均贫富或者通过国家补助等手段使那些起点低的人也开始于同样的起点，接受同样的教育，有公平的竞争机会。[1] 诺锡克则认为这样做违背了正义理论，正义理论就是持有正义。只要是劳动获得的，比如其祖辈是靠劳动获得财产，他就有支配自己财产的权利。祖辈把财产以继承的方式传给他，这本身就是正义的。就是说只要原始取得是合法的，以后基于合法受让而实现的任何持有也都是正当的。[2] 三是

---

① John Rawls, *A Theory of Justice* (*Revised edition*), Oxford University Press, 2000.

② Robert Nozick, *Anarchy*, *State*, *and Utopia*, Basic Books, Inc., Publishers, New York, 1974.

环境正义。20世纪90年代以来，随着绿色和平运动和生态伦理学在全球范围内的扩张，环境权和环境正义概念进一步唤起人们对自然价值的反思，对人与自然关系的关注，人与自然和谐相处的观念由此复兴。人与自然的和谐是一个古老而常新的话题。中国古代就有"天人合一"的哲学思想。现在讲人与自然和谐比古代社会更有针对性，因为我们面临着环境污染、生态脆弱、能源危机等问题的困扰。强调人与自然和谐，并把人与自然和谐作为社会和谐的基本内容，就是要求人类善待自然，尊重自然，保护自然，正确理解自然，合理利用自然，建立人与自然相互依存的良性循环关系，建立资源节约型、环境友好型社会，确保社会系统与自然生态系统协调发展，把和谐社会建立在稳定和平衡的生态环境之中。

（2）财产公益。财产是稀缺资源，任何人无权浪费稀缺资源，无权闲置稀缺资源，无权破坏那些稀缺的资源。这对于国有资源和集体资源显而易见。对私人财产来讲，同样也有一个财产公益的问题，这一点在物权法中怎么去定位。

（3）财产效率。效率是财产的根本价值，效率意味着财产价值极大化、最大化。为此，要实行四个原则：①普遍性原则。一切资源均须有确定的主体拥有，或者，必须明了确定的主体如何获得对资源的所有权。普遍性意味着所有的资源都应由某人占有，而且这种占有必须是通过制度界定并表现为权利，即由事实占有上升为法律占有。因为仅仅占有了某物并不表明占有者能够从中受益，因为别人也可以同样再去占有它。只有将占有确认为占有者的占有时，才具有保障。马克思也说过："私有财产的真正基础，即占有，是一个事实，是不可解释的事实，而不是权利。只有由于社会赋予实际占有者的法律的规定，实际占有才具有合法占有的性质，才具有私有财产的性质。"① 这是有效利用资源的先决条件。假设一个社会全部废除了财产权利，这个社会可能出现什么局面呢？一个农民播种了谷物，并精心施肥和除草。但是谷物成熟之时，其邻居收割并出卖了他的谷物。这个农民没有任何

---

① 马克思："黑格尔法哲学批判"，载《马克思恩格斯全集》（第1卷），人民出版社1995年版，第382页。

对抗其邻居的法律补偿，因为他既不占有其所耕种的土地，又不占有他所种植的庄稼。此类事件发生几次之后，这个农民就会放弃耕种，社会将转向几乎不需要预先投资的谋生方式，如狩猎、捕鱼。普遍性原则还意味着所有权应该是真实的，而不是虚构的。在计划经济体制下，理论上假设所有的资源都归大家公有，每个人都是万物之主，结果呢，人们实际上是一无所有。干了一辈子，连属于自己的一间房屋都没有。②排他性原则。所有权在与他人财产权的类似排他性相容共存的范围内具有独占排他的权利。排他性意味着特定的财产只能有唯一的权利主体（无论是自然人，或是法人），其他人或集团除非通过交易或赠与，否则不能得到它。有了排他权，权利主体既可以排除他人侵犯或剥夺属于自己的财产，又能够在行使权利和使用资源的过程中排除他人设置障碍、非法干预和扰乱；财产所有者就有信心和动力尽其所能，使财产的价值极大化。财产权越是独占、完整和排他，投入适当资源、发展财富的刺激就越大。当然，这种排他性应被限制于可与他人所有权共存的范围内。③可转让性原则。财产可在主体间自主转让，并且非自愿转让应予禁止。可转让性意味着财产权可以从一个主体转让给另一个主体。资源的优化配置，正是通过权利的自由转让和重组实现的。如果财产权不能转移，资源就不能通过自愿的交换从低价值、低效益的利用向高价值、高效益的利用流动。假如上述例子中的农民占有他所耕种的土地，但他是一个不善耕种和经营的农民，而他的土地若在别人手中可以生产出更多的产品。价值极大化（即资源的最有效利用）需要一个机制，用以推动这个农民把财产权转让给更有效地利用它的人。可以转让的财产权利就是这样一个机制，此即谓"依照自愿交易的资源转移，将导致高效率"。① 可转让也是一种互利。假如一个人有耕地而缺水，而另一个人有水却无耕地，那么，如果他们能够彼此让渡一部分耕地和水源，双方的处境都将会大大改观。④稳定性原则。法定所有权及占有应该稳定。稳定性原则包括两个方面：一方面，是指财产权的稳定性，这种稳定性是所有法律的通则，但对财产法来说这种稳定性更为重

① ［美］L. A. 波斯纳著：《法律的经济分析》（上），蒋兆康译，中国大百科全书出版社 1997 年版，第三章。

要。大多数契约最多可延续几年，所以契约法的变动通常不会打乱财产所有者的计划。但是，财产法的变动则会严重影响所有者的计划。所以，财产权利的稳定性意味着它能带给人们安全感和稳定的预期。财产权利如果不能给人们安全感、信赖感，那就不是真正的权利。安全感、信赖感来源于财产权利的法律效力，即权利主体的自由支配性、其他主体的绝对尊重性以及法律强制力的最终保护性。没有权利人的同意，其他任何人、任何团体乃至国家等都不能侵犯个人的私有财产权利。如果人们今天有土地、货币，明天国家的一纸政策便从老百姓的手中剥夺走，那就不能说个人享有财产权。另一方面，是指摆脱他人就财产的所有权或占有而提起的诉讼请求，尤其是就那些陈年老账提起的诉讼请求。比如，时效取得制度就是保证财产权利稳定的一个体现。它否定权利上睡眠者的所有权，而把该权利赋予积极发挥财产价值的主体。所以，时效取得制度既有利于财产价值的发挥，又有利于确保财产权利的稳定。财产权利的稳定是发挥财产价值的最基本的制度前提与保证。

五、关于《物权法》（草案）基本原则的反思——《物权法》（草案）是否完整准确地体现了宪法宣布的物权原则

物权原则，即把对物的界定，物的获得，物的占有、处分、收益等主张、资格、利益上升为法定权利，充分保障国家、集体以及私人的财产安全和效益的原则。物权原则产生对物权法的需要，即把物的归属和利用纳入法律规范和调整范围之内的需要，也为这种规范调整设定了基本原则。

一般来说，物权原则是通过宪法加以规定的。人权原则和物权原则构成现代宪法和现代法律体系的两大支柱。1789 年法国《人和公民权利的宣言》（简称《人权宣言》）第 17 条规定："财产权神圣不可侵犯，除非是合法认定的公共需要所显然必需，并以公平而预先赔偿为条件，任何人的财产权都不得被剥夺。"同年生效的世界上第一部成文宪法——美国宪法第五修正案中也规定："未经正当法律程序不得剥夺任何人的生命、自由或财产；凡私有财产，非有相当赔偿，不得占为公有。"从近代宪法的发展历程看，上述宪法或宪法性文件率先确认和贯彻了私有财产不可侵犯的原则，即近代的物权原则，并以此确认和维护资本主义的经济关系和经济制度。物权原则与人权原则一道，成为宪法中不可或缺的内容。

宪法中的物权原则是物权法的理论基础、政策基础和制度前提，所以，制定物权法之前必须认真研究宪法的物权原则。

我国的物权原则首先是社会主义的物权原则，而不是奴隶制社会、封建社会的物权原则，也不是资本主义社会的物权原则。根据马克思主义的社会主义理论和社会主义立法实践，社会主义的物权原则可以概括为这样几个方面：第一，生产资料公有原则。生产资料公有制是社会主义的根本特征，是社会主义财产关系的核心。第二，公共财产神圣不可侵犯原则。这其中隐含着对公共财产的优先保护原则。第三，保护私有财产原则。社会主义宪法普遍承认个人对私有财产的占有、使用、收益和处分的合法权利。第四，按劳分配原则，即实行多劳多得，少劳少得的原则。这是社会主义宪法确立劳动者的经济地位和社会地位的公共政策，也是确认私人财产具有合法来源的根本原则。

我国的物权原则其次是社会主义初级阶段的物权原则。我国将长期处于社会主义初级阶段。我国现行《宪法》于1982年颁布。在经过1988年、1993年、1999年和2004年的四次修正之后，已颁布了31条宪法修正案，其中直接涉及对经济关系修正的条款就达14条（即第1、2、5、6、7、8、9、10、14、15、16、20、21、22修正案）之多，将近一半。可以说，我国现行《宪法》已经比较科学合理地反映了社会主义初级阶段的基本经济关系。其中所反映出来的物权原则符合我国现阶段社会主义市场经济发展的基本要求。我国现行《宪法》中的物权原则可通过如下几个方面表现出来：

（1）所有制形式多样性原则。我国现行《宪法》第6条在经过修改之后规定："中华人民共和国的社会主义经济制度的基础是生产资料的社会主义公有制，即全民所有制和劳动群众集体所有制。""国家在社会主义初级阶段，坚持公有制为主体、多种所有制经济共同发展的基本经济制度。"第11条经过修改之后规定："国家保护个体经济、私营经济等非公有制经济的合法的权利和利益。国家鼓励、支持和引导非公有制经济的发展，并对非公有制经济依法实行监督和管理。"《宪法》确认了全民所有制经济、集体所有制经济、个体经济、私营经济等多种所有制形式并存的原则,符合社会主义初级阶段的经济发展需要。《物权法》(草案)第四稿第 50 条规定:"国家维护公有制为主体、多种所有制经济共同发展的基本经济制度,发挥国有经济在国民经济中的主导作用,巩固和发展公有制经济,鼓励、支持和引导非公有制经济的发展。"这条规定较好地反映了这一宪法原则。

(2)以生产资料公有制为主体原则。在承认多种所有制形式并存的前提下,现行宪法基于社会主义的本质要求,确认了以生产资料公有制为主体的原则:"国家在社会主义初级阶段,坚持公有制为主体、多种所有制经济共同发展的基本经济制度。""国有经济,即社会主义全民所有制经济,是国民经济中的主导力量。国家保障国有经济的巩固和发展。""国家保护城乡集体经济组织的合法的权利和利益,鼓励、指导和帮助集体经济的发展。"

(3)公有财产优先保护原则。"公有财产神圣不可侵犯"是社会主义的基本物权原则,它隐含着对公共财产的优先保护原则。2004 年《宪法》在修正之后将第 13 条修改为:"公民的合法的私有财产不受侵犯。国家依照法律规定保护公民的私有财产权和继承权。国家为了公共利益的需要,可以依照法律规定对公民的私有财产实行征收或者征用并给予补偿。"这样的修改并没有改变第 12 条与第 13 条的原有逻辑关系,即并没有改变对公共财产的优先保护原则。

《物权法》(草案)第 7 条规定:"权利人享有的物权受法律保护,任何单位和个人不得侵害。"第 47 条:"国家、集体和私人所有权受法律保护。禁止任何单位和个人用任何手段侵占或者破坏国家、集体和私人的财产。"对公共财产和私有财产不加区分地一体保护,显然忽视了宪法所确立的对公共财产的优先保护原则。是不是明确对公有财产的优先保护,实际上是如何认识和对待普遍权利与个别权利的关系问题。因为对公有财产,特别是对属于全民所有的公有财产的保护,是对 13 亿公民的财产的保护,是对 13 亿人民生存权的保护,所以必须实行优先保护原则。《物权法》(草案)显然忽略了这一点。

（4）私有财产平等保护原则。我国改革开放以来，随着经济发展和人民生活水平的提高，公民拥有的私人财产普遍有了不同程度的增加，特别是越来越多的公民有了私人的生产资料和资本，群众对用法律保护自己的财产有了更加迫切的要求。根据党的十六大关于"完善保护私人财产的法律制度"的精神，2004年宪法修正案将《宪法》第13条"国家保护公民的合法的收入、储蓄、房屋和其他合法财产的所有权"；"国家依照法律规定保护公民的私有财产的继承权"。修改为："公民的合法的私有财产不受侵犯。""国家依照法律规定保护公民的私有财产权和继承权。""国家为了公共利益的需要，可以依照法律规定对公民的私有财产实行征收或者征用，并给予补偿。"这样修改，主要基于三点考虑：一是进一步明确国家对全体公民的合法的私有财产都给予保护，保护范围既包括生活资料，又包括生产资料。二是用"财产权"代替原条文中的"所有权"，在权利含义上更加准确、全面。三是我国几个现行法律根据不同情况已经作出了征收或者征用的规定，在宪法中增加对私有财产的征收、征用制度的规定，有利于正确处理私有财产保护和公共利益需要的关系。许多国家的宪法都有类似的规定。这种修改基本符合现阶段对于私有财产保护的要求。

《物权法》（草案）第66条规定："私人对依法取得的房屋、收入、生活用品等生活资料享有所有权。私人对依法取得的生产工具、原材料等生产资料享有所有权。"第68条规定："国家保护私人的所有权。禁止以拆迁、征收等名义非法改变私人财产的权属关系。拆迁、征收私人的不动产，应当按照国家规定给予补偿；没有国家规定的，应当给予合理补偿，并保证被拆迁人、被征收人得到妥善安置。违法拆迁、征收，造成私人财产损失的，应当依法承担民事责任和行政责任；构成犯罪的，依法追究刑事责任。"这些内容有助于进一步加强对私有财产权的保护。

（5）按劳分配为主体，多种分配方式并存的财产分配原则。我国现行《宪法》在修改之后，对于财产的分配方式从单纯的"社会主义公有制消灭人剥削人的制度，实行各尽所能、按劳分配的原则"转变为"国家在社会主义初级阶段，坚持公有制为主体、多种所有制经济共同发展的基本经济制度，坚持按劳分配为主体、多种分配方式并存的分配制度"，拓展了合法财产权来源的范围。《物权法》（草案）规定的"国家保护私人储蓄、投资及其收益"，"国家保护私人的财产继承权及其他合法权益"较好地反映了上述宪法的物权原则。

《物权法》（草案）总体上反映了我国《宪法》确立的社会主义初级阶段的物权原则，当然，《物权法》（草案）是否完整准确地表达和体现了《宪法》规定的物权原则，是否符合物权原则的宪法表述，是一个需要深入研究的问题，是一个应当与时俱进的问题。我不赞成对《物权法》（草案）进行违宪审查的说法，我认为对《物权法》（草案）的规定与宪法的物权原则的同一性进行考量，然后进行补充和修改则是必要的。需要指出的是，《物权法》（草案）没有像其他法律那样，宣布依据宪法制定本法，容易被人指责为有意回避或忽略宪法设定的物权原则，在修改草案时应当明确宣布本法以宪法为依据。

谈到宪法的物权原则，还要充分注意到我国《宪法》的物权原则是与"国家尊重和保障人权"的人权原则同时以宪法修正案的方式进入宪法的。两个原则同时入宪完善了我国宪法的物权原则与人权原则，充分体现了宪法的真谛，体现了在尊重和保障人权的基础上弘扬民主精神、共和精神和宪政精神。

当然，还应指出人权与物权密不可分，其关系是：物权来源于人权（属于广义的人权），物权从属于人权，物权服务于人权，物权随着人权而演进。如何认识和处理人权原则与物权原则的关系，本质上是物权法是"以人为本"还是"以物为本"的问题；换言之，是制定一部"人本"物权法还是制定一部"物本"物权法，是致力于建设一个物为人而存在的社会，还是建设一个人因物而存在的社会。

总括我的发言，我们需要这样一部物权法：

（1）以物的资源概念（物"资"概念）和物权的产权概念（财产权概念）为核心语义，诠释物权法概念体系和话语系统，既继承财产法学文明又富有时代精神的物权法；

（2）以科学发展观和人本社会理念为统领，充分体现财产正义、财产公益、财产效率价值，既关注物权平等又关注平等物权的物权法；

（3）以我国《宪法》的物权原则为依据，完整、准确反映社会主义初级阶段基本经济制度，特别是其所有权制度的物权法。

【问题与回答】

1. 您说想要用财产权来替换物权，那么我们这个法是不是叫财产权法？按照民法上的常识，财产权包括债权和物权，那这个财产权法是不是要把合同法、知识产权法、继承法等所有的东西都放进来？

这个可能在提出来物权法的时候就经过了非常多的讨论和争论，我是作为一个概念的分析。至于说立法机关要制定一个什么样的物权法是另外一回事。但是我就感到作为一个物的概念，不如作为一个财产的概念。作为物权的概念，不如财产权的概念。我不是说要制定一个财产权的法，而是要制定一个财产的法。这个问题就回到了原来的讨论当中。我在两年前就明确地提出要么就制定一个完整的财产法，要么就不要匆匆忙忙地赶出来一个、突击地搞出来一个物权法。实际上我们现在有很多问题有单行的规定，完全可以制定一个完整意义的财产法，也可以作为一个用法律的术语界定的财产法。譬如说本法仅限于什么什么财产关系。我就是这么一个理解。

2. 现在在《物权法》（草案）的评议过程中，争论主要集中在社会主义的原则这样一个问题上，我想请问，作为在市场经济条件下我们制定一部物权法也就是民法的一个分支，和合同法并列，是现在国际上通行的一个做法，我认为市场经济不管是在社会主义国家还是资本主义国家，都有一些共同的市场经济的原则，那么物权法在这样一个背景之下，它是不是更多地掺杂着意识形态的成分？换句话说，您认为意识形态对制定一部市场经济财产流转与利用的规范的法律，应该起多大的作用？

现在的物权法讨论里边所谓的姓资、姓社的问题，所谓的是不是违背了社会主义的原则问题，我认为像这样的一些讨论没有太大的价值！我们不应当把物权法的讨论引入到社会主义或者资本主义的一个意识形态的争论当中。我们应当恢复物权法或者财产法的本来质的规定性上。你讲到了市场经济，我想市场经济本身是一个经济运行的问题，现在的物权法不仅仅要解决物的流转，更主要是解决物的归属！这就涉及基本的经济制度，特别是其中的所有权制度。在中国目前的背景下，在中国目前的社会主义初级阶段，你要制定一部物的归属的法律，不可能不涉及社会主义公有制财产问题。所以这不是一个人要怎么做，而是一个人必须这么做。因为我们大量的资产，我们可以说绝大多数的资产属于公共的资产！特别是那种稀缺的资源、土地、森林、矿产等的资源仍然是社会主义的，仍然是全体劳动人民的或者是全体人民共有的！在这样一个前提下，来制定物权法，不能不把这样一个社会主义的财产制度作为一个前提性的问题。所以我想这个争论不是人为的争论，也就是说，要不要完整准确地体现宪法的物权原则的问题。

3. 您刚才谈到的物权法的价值和精神很多是以宪法的相关根据为论据的，而且您谈到的精神和价值很多不仅仅是宪法的价值和精神，甚至是我们在社会主义环境下整个法制的价值精神和追求，那我们知道宪法和物权法并不是一个位阶上的概念，宪法的位阶高于物权法，那么把宪法的价值和精神这样一个高位阶的精神让物权法来承载，它能承载得了吗？我们现在知道任何一个部门法并不是仅仅有一个单一的价值追求，一个部门法可能包括多个相互冲突的价值，但是总有一个主导的价值和精神，那么我们说宪法或者整个社会主义法制体系的价值和精神是多种部门法相互作用、相互合作、相互协调才能够实现的，如果按您的设想把物权法保护一个财产权或者对财产的保护，然后承载一个宪法所追求的物的保护的价值，物权法和其他部门法的关系又是怎么样的呢？尤其是物权法与经济法比，如国有资产保护法，还有土地管理法等，它们之间的逻辑体系又如何协调呢？

关于这个问题首先说明一下我并不是把宪法的物权原则与物权法的原则作为一个等位的概念。因为我在讲到宪法的物权原则之后，主要是试图准确地表达宪法关于社会主义经济制度、所有权制度、财产保护制度的基本规定。这些规定应当成为物权法立法的依据。我讲到物权法的价值的时候我是讲到了财产正义、财产公益、财产效率和物权平等，我刚才讲的时候实际上是分开的。下面我回答你这样一个理论问题，前一段的讨论中大家也注意到了，有些民商法的学者更多地提出了一个什么样的问题呢？物权法要解决的问题是有限的，至于说你其他的问题那是由宪法或者国有资产法（现在正在制定当中），那是那样的法律来做的事情。你无论是什么样的一部法律，无论是多么细小的法律，总的来讲，都要体现出社会主义初级阶段法的根本的价值理念。我想这样一个根本的价值理念，我在讲法治精神里面实际上没有概括，譬如说郭道晖先生讲的自由精神，李步云先生讲的人本精神，还有我们国内学者讲社会主义法制精神，等等，这些我并没有去进一步地阐述，实际上任何一部法律你仔细想一想，如果离开了人权原则，离开了以人为本的社会理念，离开了全社会共同的公平和正义，我想任何一个法律都会被扭曲。实际上，无论是在政治上，还是在社会上，对财产的占有关系上都不是平等的主体。国家占有着土地，占有着大量的水资源、森林资源，反正所有的一切公共的资源都是国家所有，这一点就决定了国家和私人并不是一个平等的主体！譬如说如果你把所有我的生活空间的东西都占有了，然后再来跟我谈物的关系，说咱们是平等的关系，那是一个奇谈怪论的事情！所以我说你不要去规定这个，应当是规定一个物的归属和财产利用关系，或者说因物的归属和利用而形成的平等的财产关系。调整平等的财产关系，是可以进行等价交换的那样一种财产关系。如果按照现在这样的规定的话，那实际上是一个不现实的东西，一个虚幻的东西，那么搬入到法律当中来，谁都知道，我们是一个以公有制为主体的国家，是一个国家占有着几乎全部的资源的这样一个国家。在这样一种情况下，怎么可能是一个平等的财产关系主体呢？我主要是从这个角度来看问题的。

4. 在咱们国家有很多学者把自然资源，譬如说森林、草原这些资源都列入准物权来研究，我的问题就是张老师您所赞成的我们国家所立的物权法应该是一种财产的法律，我想这个法律既应该包括公共财产也应该包括私有财产。我们这个准物权的自然资源在我们这个物权法里应该占据一个什么样的位置？

首先我不太同意准物权的概念。我注意到前一段说准物权，那么说如果准物权是一个亚物权的话，那就恰好把一个更根本性物的问题颠倒了，实际上我们个人的生产资料，个人的生活资料相对于那些自然资源，相对于那些构成了我们生活空间的自然资源来讲，它们才是真正的亚物权！如果说是参照物权，本来它不是物权，但是我们把它参照物权，我认为这也不对，因为事实上你这个物权法讲的是指动产和不动产，动产和不动产当然包括了土地、水利、森林等这样一些不动产，所以说这个概念的使用，我为什么一直强调法学里面必须进行严格的语言分析。通过严格的语言分析，我们发现很多所谓约定俗成的概念本身是包含着内在的矛盾的。如果按照这样一种充满着内在矛盾的概念来构筑我们的思维的话，那我们的法律解释、我们的法律推理和我们的法律论证就不可避免地遇到巨大的障碍！因为你使用了一个与实际不相符的概念来构筑你的思想，这样一来，我们法律的推理、法律的思维必然就会遇到巨大的障碍。所以你刚才讲的亚物权的概念，我认为从根本上就是说不通的一个东西，因为经不起语言的分析。

5. 您刚才讲过在物权存在冲突的时候才有优先保护的问题，我觉得是不是不存在物权冲突这种概念？

根据权利的理论，优先保护的原则是在两种利益重叠的情况下或者是权利冲突的情况下进行一种理性的选择的问题。一个法律的选择，不是肯定一个，否定一个，也像我们在谈法律要素的时候讲到的法律原则，法律原则使用的时候并不是说这个原则是错的，那个原则是对的！而是说在这样一个场合这个原则有先于、优越于另一个原则。譬如说我们将契约自由认为是一个司法的根本原则，但是契约自由往往与社会公约的原则在某些情况下可能发生冲突！这个时候我们可能使用了社会公益的原则而没有顾及到契约自由的原则，这就并不意味着契约自由的原则就不再是一个法律原则。事实上在更多的场合，可能契约自由的原则优先于社会公约的原则，我想优先保护只是在利益重叠、权利冲突的场合才适用的原则。这是进一步去强化《物权法》（草案）贯彻的思想，就是说权利、财产权利一体保护。这个一体保护是一个原则，但是公有财产的优先保护也是一个原则，当两个原则冲突的时候，才有一个优先的问题。我想找这样一个出路，不知道能不能走出去。

6. 我想问一个纯粹的法哲学的问题，您刚才提到有些学者在谈法治精神的时候，有的说是自由，有的说是人本，我想问一下为什么您没有提到正义呢？我一直有一个疑惑，就是自由与正义是一个什么样的关系？

我讲了那些譬如说孟德斯鸠、庞德和我们国内的一些法学家的一些关于法治精神这方面的论述，目的在于说明在任何一个法学研究当中对法的精神的研究都带有根本性、前提性和普遍性。物权法的制定也要解决这样一个物权法的精神或者说理念、物权法的价值基础、物权法的立法宗旨的问题。至于说关于社会主义社会也好，或者当代社会也好，法治精神怎么去概括？我想大家可能从不同的角度来说，那么说到底法治精神最高的精神作为一种理念的东西是什么？作为一种绝对理念的东西到底是什么？究竟是平等，还是一种自由？我认为既不是自由，也不是平等，而是一种和谐。和谐就是一种博爱，博爱就是一种伟大的爱！我想你可能从不同的角度来概括法治精神，当然有一点你刚才讲到公平与正义肯定应当是法制精神里边不亚于自由、不亚于人本的那样一个绝对的理念！特别是在法律的使用过程当中和法律的程序里面更是如此。

7. 您刚才提到的人本和物本的关系问题，您认为在物权法中应该有这种体现。让我想到徐国栋教授和梁慧星教授那场关于民法典的人文主义还是物文主义的讨论，我觉得人本更多是一种对公平的追求，而物本更多是一种对经济价值和效率的追求，您说到的现在我们的《物权法》（草案）在物权平等上有所体现。但是在平等物权上还不够，是不是可以理解，可能说您认为我们的草案更多的是一种物本，在人本上还做得不够好，能不能请您在这方面再作一下解释。

首先我注意到梁慧星先生、徐国栋先生两个人的争论，特别是徐国栋先生最近写了一个民法大纲，什么是民法哲学，是发表在《法律科学》还是《法学研究》里边，我也看到了他这样一篇文章。我提的这个和他们俩的没有关系。我提的这个是从什么角度出发呢？人类社会发展分为三个阶段，马克思在哲学经济学手稿里面提出来的，人类发展的第一个阶段，是人对人的依赖。奴隶制社会、封建制社会是典型的人对人依赖的社会，是基于血缘关系的社会，基于家族、宗族和王权的社会。那么第二个阶段呢？是人对物的依赖的阶段。这一阶段就是近代资本主义社会，物的关系掩盖了人跟人的关系，人的关系被物化了，人成了物的奴隶！这样的社会也不是好的社会，尽管在这个社会里边自由、开放的程度更大。马克思讲第三个阶段，就是人对人的依赖不存在了，人对物的依赖解脱了，人的全面自由发展的社会。这样一个全面自由发展的社会，应当是一个物权平等的社会！我们可以设想一下，如果一方面聚集了大量的社会资产，使一方大富，另一方面是一方赤贫，在这样一种社会下，你能够摆脱一种人对人的依赖吗？你能够真的解脱人对物的依赖吗？不能！所以我说物权法应当关注对物的平等保护同时也要关注到平等物权的问题。所以说提出物权平等和平等物权的对立和统一，我主要是从这个角度来谈问题的。

8. 这个物权法是一种法律，属于经济基础之上的上层建筑，从实践到理论，又从理论到实践，究竟物权法怎样来用于实践呢？您说物权法它不同于财产权，也不同于其他权利，在实践中譬如说在行政方面牵涉到违法的刻意寻求赔偿，牵扯到合法征用的刻意寻求合理补偿，要赶到战争年代军阀统治都无法无天。还有一个例子，在农村土地是三十年一换，如现在这一片土地归甲所有，他在上面栽了一棵树，过了五年，这棵树已经长了五年了，结果地给分了，分给了乙，这棵树当时没砍，又过了五年，这已经十年了，树十年成材，这棵树长大了。甲说这棵树是我栽的，归我所有；乙说这五年来树越来越大，大的时候它吸收的阳光比较多，影响了我的庄稼，吸收的是我地里的阳光，长大应该归我所有。甲、乙争执不下，让我调解也不成，我也没有好招，您看怎么处理为好？

实践是最困难的哲学问题呀！所以说马克思主义哲学本质上就是一种实践哲学。这就是我讲到的财产的稳定性问题，你说的几年一换，今天是你的，明天就变成别人的，这真的是中国特色的物权制度。物权的效率原则其中有一条就是稳定性的原则，如果土地不是十年、二十年、三十年，而是具有一种恒久的占有，你说的问题可能就解决了。我想还是用一种利益均衡的方法来解决。譬如说把这棵树估价多少，我就把这树转让给你，譬如说你把这树挖掉，不管多少年的树都可以挖出来重新移植出去，总是有很多协商的办法来解决这种实践的问题。物权法不可能把每一个能设想到的问题都规定下来，如果是那样的话它就不是一个规则，而是一系列的行为了。

9. 您刚才讲到的是那个法哲学的问题，那么涉及一个价值基础的时候，我想试问一下，作为我们社会主义的市场经济，它的理性选择的标准是什么？市场经济是主体经济，您刚才又说到我们国家的市场经济的主体是公有制主体，那么这些私有的主体谁来保护呢？这时候理性的选择跟主体产生矛盾的时候，又怎么来回答这个问题呢？

我建议你看一本书，就是庞德写的《法律的任务和通过法律的社会控制》，是商务印书馆出的，庞德讲到法律就是在调整一种利益关系！实际上是一种不同的标准去调整。譬如说安全和自由，这样两种对立的价值标准，还有我们现在讲的平等与效率，都是一种对立的价值标准。庞德讲了，遇到这样一种价值标准出现了对立的时候怎么办？他讲了三种，一种是理性的方法，理性的方法也就是说从人性出发，从人的智慧出发的方法；第二种他讲的是经验的方法，我们自古以来的立法实践，自古以来的法律判决，自古以来的制度建设方面创造了很多很多的经验；第三种方法就是他自己讲的社会工程法学的方法，他把法律比作一种社会工程，这样一种社会工程有理念，有设计，有具体的方案，有具体的施工活动，在这样的一种综合的过程当中，实际上每一个工程师都在进行多种要素的考量。所以我想庞德这本书里边讲的三种方法看一看还是很受启发的，不仅仅是一种理性，有的时候是要靠经验的。

知识产权国际保护制度的发展与变革

演讲人：吴汉东

　　　　中南财经政法大学校长

　　　　教授

　　　　博士生导师

吴汉东，法学博士，现任教育部人文社科重点研究基地、国家保护知识产权工作研究基地：中南财经政法大学知识产权研究中心主任、教授，博士生导师，兼任教育部社会科学委员会委员、教育部高校法学学科指导委员会副主任委员、中国法学会知识产权研究会会长、中国法学会民法研究会副会长、最高人民法院特约咨询专家、最高人民检察院特约咨询专家、中国国际经济贸易仲裁委员会仲裁员等，著有《著作权合理使用制度研究》、《无形财产权制度研究》、《知识产权基本问题研究》、《知识产权多维度解读》等著作10部，另在《中国社会科学》、《法学研究》、《中国法学》等刊物发表文章100余篇。专著和论文曾获首届全国优秀博士论文奖、首届中国出版政府奖图书奖、司法部优秀科研成果一等奖、湖北省政府社会科学优秀科研成果一等奖、教育部人文社科优秀科研成果二等奖、全国法学教材与科研成果二等奖等。

他1992~1993年赴美国锡丘拉兹大学做高级访问学者，1996~1997年赴中国澳门任立法议员法律顾问，2006年11~12月赴德国马克斯—普朗克研究所进行合作研究。2006年5月，吴汉东在中央政治局第三十一次集体学习上为国家领导人讲授"我国知识产权保护的法律和制度建设"。

中国入世以后，知识产权的保护问题是一个热点话题。知识产权国际保护制度应该是当代知识产权法律制度的组成部分，而且国内的知识产权制度与知识产权国际保护制度是紧密联系在一起的。所谓知识产权国际保护制度，是指以知识产权国际公约为基本形式，以政府间国际组织为协调机构，通过对各国知识产权法的协调而形成的相对统一的国际法律制度。其中有代表性的国际公约，在 19 世纪主要是 1883 年的《保护工业产权巴黎公约》与 1886 年的《保护文学艺术作品伯尔尼公约》；在 20 世纪代表性的公约是 1967 年的《成立世界知识产权组织公约》和 1994 年的《知识产权协议》，也是我们俗称的 TRIPs 协议。所谓政府间的国际组织，在 19 世纪主要是伯尔尼联盟、巴黎联盟，在 20 世纪主要是世界知识产权组织（WIPO）和世界贸易组织（WTO）。应该说，知识产权国际保护已经成为当代国际文化、经济、科技、贸易的一种法律秩序。关于这个问题，主要从以下三个方面谈谈我的看法：第一是发展现状；第二是变革趋势；第三是应对方略。

一、知识产权国际保护的发展现状

我认为当代知识产权国际保护制度有三个特点：第一个特点是知识产权国际保护标准在缔约方之间的一体化；第二个特点是知识产权国际保护规则从实体到程序的一体化；第三个特点是知识产权国际保护制度与国际贸易体制之间的一体化。这三个特点都称之为一体化。

第一个一体化是知识产权国际保护标准在缔约方之间的一体化。知识产权的国际保护制度有两个非常重要的原则：一个是国民待遇原则。所谓国民待遇原则，是指在知识产权保护方面，缔约方与缔约方之间必须平等相待，给对方国民以本国国民的同等待遇，不准有内外差别。国民待遇原则解决了知识产权的地域性限制的问题，同时也不考量各国知识产权制度的差异。另一个重要原则是最低保护标准原则，是对国民待遇原则的重要补充，是指各个缔约方必须遵照国际公约最低保护标准制定本国法律，提供知识产权保护。最低标准涉及权利的保护对象、权利的取得方式、权利的内容和限制、权利的保护期等。

我们所讲的一体化是基于最低保护标准而言的，换句话说，也正是因为国际公约最低保护标准的规定才使得各个缔约方的知识产权制度走上了一体化的道路。所谓的一体化，它指的是知识产权保护的基本原则和规则在全球范围内的普适性。我们必须认识到最低保护标准绝对不是低水平，特别是有了1994年WTO的TRIPs协议和1996年WIPO的《因特网公约》，就使得知识产权在国际保护方面实现了权利高度扩张，保护水平急剧提高的态势。因而，当代知识产权国际公约的最低标准是高水平而不是低水平。可以说以TRIPs协议为核心的当代知识产权国际保护制度实际上是发达国家积极主导，发展中国家被动接受的一种制度安排。关贸总协定的各个缔约方经过了长达七年的乌拉圭回合的谈判最终达成了"一揽子"协议，协议的形成包括三个最主要的制度，即货物贸易协议、服务贸易协议和知识产权协议。这些"一揽子"协议的形成实现了美国发起乌拉圭回合谈判的最初目标：高水平地保护传媒业、音像业、电影业和通信业。总之，知识产权保护制度的一体化建立在高水平的保护基础之上。

第二个一体化是知识产权的保护规则从实体到程序的一体化。可以这么说，不论是《保护工业产权巴黎公约》、《保护文学艺术作品伯尔尼公约》，以及商标注册的《马德里协定》，还是《专利合作条约》、《世界版权公约》，以及1967年的《成立世界知识产权组织公约》，这一系列公约有一个共同特点，就是只规定知识产权保护的实体规范，很少涉及程序问题，特别是缺乏有效的执法程序、司法程序和争端解决机制。各个缔约方，各个成员国如何提供司法保护、如何规定执法程序、如何解决知识产权争端是通过各个国家的国内立法完成的。因此有学者讲在TRIPs协议以前的各项知识产权国际公约都是缺少有效执行力的软法，缺乏法律的强制力。

《知识产权协议》出现以后就改变了这种传统做法，从实体到程序都做了强行规定。虽然规定了所谓的保留条款，但是任何缔约方要有所保留都必须征得其他缔约方的同意，这就使得这个保留条款形同虚设。换句话说，缔约方对《知识产权协议》要么全盘接受，要么走开，使得该协议有非常强的执行力和影响力。该协议规定了知识产权保护的很多实体规范，最主要和最有意义的有三个方面，一个是规定了权利的保护范围，比如在版权领域，规定了计算机软件、数据库应作为文字作品加以保护，规定了计算机程序、音像制品、电影制品的出租权；在外观设计和专利方面规定了进口权，规定了对地理标志的保护；在商标法领域规定了对驰名商标的保护，这就大大提高了知识产权的保护水平。同时明确了各项知识产权保护的最低期限，比如著作权保护期限为作者有生之年加死后 50 年，专利保护有效期为 20 年，外观设计、集成电路布图设计保护期为 10 年，这是关于实体规范的；从程序规范来讲，非常重要的特色是规定了司法审查制度，过去关于商标权取得和专利权取得的行政裁定的争议和复议很多是终局裁定，但是根据 TRIPs 协议的规定，必须实行司法审查，当事人不服裁定和决定的可以提请人民法院进行司法裁决。这是一个很重要的规定。第二个是临时措施，对可能引发的侵权行为，TRIPs 协议规定了一系列的临时措施，包括诉前禁令的申请、证据保全和财产保全。第三个是所谓的边境措施，对于侵权复制品的进口，海关可以扣押。这些程序都有助于保护知识产权。

第三个一体化我认为是最重要和最有意义的一体化，那就是知识产权国际保护体系与国际贸易体制之间的一体化。知识产权国际保护制度已经成为国际贸易新体制的重要组成部分。所谓国际贸易新体制，我是指以 1946 年关贸总协定为基础，并被 1994 年世界贸易组织所取代的新的国际贸易体制。这种新的国际贸易体制用三句话来概括：第一，以全球自由贸易为目标；第二，以全面减让关税为手段；第三，以提供无差别的最惠国待遇为基础。

当代的国际贸易体制有三大主体制度，即货物贸易协议、服务贸易协议和知识产权协议。在当代，知识产权保护制度之所以与贸易联系在一起有两个方面的原因：

第一个原因是现代国际贸易中科技因素的增长。第一方面，根据 WTO 的规定，作为国际贸易的货物分为三类：第一类是初级产品，主要是农产品和矿产品，这些产品科技含量不高；第二类产品是合成制品，人工制造的产品，例如钢铁产品、化工产品、汽车与动力机械、通信设备、鞋类、成衣等，这些产品有很多具有相当的科技含量，比如 1994 年以后在国际货物贸易中发展最快的计算机、半导体芯片、通信设备，这三类产品都是高科技产品；第三类产品指的是化妆品、黄金饰品以及不能归类于初级产品和合成制品的其他产品。这几年，国际贸易中高科技产品的交易日益增长。第二方面是作为国际贸易的服务，WTO 把这些服务分为 12 种，包括商业服务、销售服务、建筑与工程服务、环境与社会服务、休闲服务、通信服务、教育服务等，这些服务说到底是信息、技术、知识的商业交易，很多跟知识和技术有关。在乌拉圭回合的谈判当中有三大服务是缔约方争议的焦点，那就是海运服务、通信服务和金融服务。三大服务都与高科技有关，所以说不管是货物还是服务，在当代都与科技和知识有关，服务贸易和货物贸易带来的高附加值往往就是知识产权所凝结的价值。以上是静态地分析知识产权保护体系与国际贸易体系联系在一起的原因。

第二个原因是发达国家的技术优势和发展中国家的成本优势之间的较量和斗争。从 20 世纪 80 年代以来，美国率先在生产领域实行了科学技术化。用一句形象的话来说，他们实现了传统生产领域的科学技术化和高新技术领域的产业化。美国从卡特政府开始，大规模地进行了产业结构调整，淘汰和限制了那些耗费原材料、劳动力集中、容易造成环境污染的产业和企业。美国的工厂很少冒烟，他们的许多钢厂都迁到南美；虽然有"耐克"等许多国际名牌，但是自己一双鞋也不生产。他们的日用生活用品，特别是纺织品主要依赖进口，优先发展所谓的朝阳产业。在美国朝阳产业有三个：计算机、半导体芯片、生物制药。美国之所以保护知识产权是与它的产业利益与国际贸易的技术优势息息相关的。美国的传统出口产品有三样，那就是化肥、农药、化学产品。这些产品本身有很多都与知识产权有关。新型的出口产品包括芯片、音像制品和计算机。我曾经看过一份资料，现在居于美国出口排行榜第一的不是波音飞机、福特汽车，而是好莱坞的电影和各种音像制品，美国的版权业占其 GDP 总量的 6.7%，出口居第一。因而可以说美国之所以要在全球倡导一个高水平的知识产权保护制度，是为了维系它在全球贸易中的技术优势。相形之下，发展中国家在全球贸易中充其量是一种成本优势，严格说来，更多的是劳动力成本的优势。有人拿我国一个中等熟练程度技术工人的收入与美国和日本作了比较，我国这些技术工人的收入大概只有外国工人的1/20。比如一个中层的管理人员，日本人在上海的合资企业会拿到 40 万元，而中国的白领在上海只拿到 4 万元，在其他城市也就拿到 2 万元，差别很明显，所以说中国更多的是劳动力的成本优势。因而，可以说发展中国家在国际贸易中所享有的是一种成本优势，或者说是劳动力成本优势。发展中国家要求贸易对手、贸易伙伴给予最惠国待遇，如果不给予最惠国待遇而征收高额关税就使得这种廉价商品在其他国家失去了竞争力。可以说，两类不同的国家在国际贸易当中有不同的利益诉求，这种斗争比拼的结果，通过乌拉圭回合的谈判达成了"一揽子"协议，就是刚才讲到的货物贸易协议、服务贸易协议和知识产权协议。

总的来说，《知识产权协议》的形成对发达国家的好处是显而易见的，这是我的一个基本判断。之所以这么说有三点理由：第一，乌拉圭回合的谈判以及知识产权协议的达成，实现和满足了美国发起这个谈判的战略目标，即高水平地保护传媒业、电影业、音像业和通信业。第二，《知识产权协议》都是一些实质性的义务条款，很少有漏洞，实际上不容许保留，这就使得《知识产权协议》在实施过程有极强的强制力。第三，《知识产权协议》不仅规定了实体规范而且规定了一个有效的多边争端解决机制。所以说涉外的知识产权纠纷如果处置不当，如果违背了国际公约，造成了贸易伙伴知识产权的损害，轻则缔约方给予贸易报复，重则 WTO 给予制裁。所以我们现在谈知识产权保护，绝不是一国的内部法律问题，而是一个国际化的问题。

《知识产权协议》之所以被发展中国家，特别是中国所接受也有三点理由：第一，乌拉圭回合的谈判固然是发达国家强力所致达成协议，但是发达国家也作出了一系列重大让步，比如减免关税的宽限期，即发达国家必须在 2010 年实现零关税，发展中国家只要在 2020 年达到零关税即可。再者，发达国家对发展中国家的商品放开了市场份额的限制，取消了进口配额，这对发展中国家也是很有好处的，如中国入世以来纺织品的出口连年增长，尽管最近出现了一些问题，但其发展势头是好的。国际贸易的斗争在 WTO 以后还在继续，但总的来说，也给发展中国家带来了某些利益，这是必须承认的一个事实。第二，来自于美国"胡萝卜加大棒"的政策。美国政府扬言所有的缔约方对《知识产权协议》以及 WTO 的其他协议必须全盘接受，不能有所保留。这也是一个客观的事实。第三，保护知识产权也是来自新兴的工业化国家自身发展的需要。我认为中国是一个传统的发展中国家，在目前这个阶段，知识产权保护水平不宜过高，只要满足《知识产权协议》所设定的最低保护标准即可。不能超越国情，超越阶段，不是有些学者甚至一些法官所倡导的那样要向美国看齐，不合时宜地引进美国的惩罚性赔偿的做法，主张对侵权损害赔偿采用无过错责任原则，这些都是《知识产权协议》所没有要求的。因为中国是发展中国家，其对知识产权的保护标准符合国际公约要求即可，不要超过阶段，超越国情。再者，中国是一个新型工业化国家，保护知识产权对科技创新、经济发展和文化教育的进步绝对是有好处的。通过知识产权制度产生、形成和发展的历史也足以说明这个问题。知识产权的起源一般是追溯到英国，1623 年的《垄断法规》是第一部专利法，1709 年的《安娜法》是世界上第一部著作权法。知识产权制度在英国诞生后，推动了英国近代工业革命的出现，所以英国既是知识产权制度的发祥地也是近代欧洲工业革命、产业革命、技术革命的策源地，这绝对不是历史的偶然。所以知识产权对一个国家的经济发展和科技进步的推动作用是不容置疑的。我认为中国选择参加世界贸易组织，选择较高水平的知识产权保护从长远来说对当代中国的发展依然是有好处的，但也是有代价的。

二、知识产权国际保护的变革趋势

知识产权界有一个说法，就是以 1994 年世界贸易组织取代关贸总协定,《知识产权协议》生效,以此为标志我们已经进入了后 TRIPs 时代。后 TRIPs 时代知识产权保护方面有两个变革值得我们高度关注:一是知识产权保护与国际人权标准的冲突与平衡;二是知识产权保护与传统资源保护的对立与协调。以下我将从这两个方面来描述当代知识产权国际保护制度有可能发生的一些重大变革。

第一个变革趋势是知识产权与人权问题。我于 2003 年在《法学研究》上发表了关于知识产权与人权冲突问题的有关论述,同年在我国台湾地区的《法律月刊》发表了对各类知识产权与各类人权冲突问题的看法,研究的资料来源实际上是来自国际人权组织的观察。中国"入世"以后,很多缔约方,包括中国都在考虑一个问题:如何适应《知识产权协议》的规定,如何履行《知识产权协议》所规定的国际义务。根据"条约必须遵守"的原则修改本国的知识产权法,这并没有错。但是没有考虑到《知识产权协议》在实施过程中是存在着问题的,《知识产权协议》本身的规定在很多方面是不符合国际人权标准的。以美国为首的西方国家总是批评中国的人权问题,却从不顾及《知识产权协议》过多考虑以美国为首的西方国家的要求,违反国际人权保护标准的问题。对此,国际人权组织给予高度关注。2000 年,联合国人权保护小组在对《知识产权协议》的实施进行考察后得出一个基本结论:用两句话概括,一是《知识产权协议》的履行没有充分反映所有人权的基本性质和整体性;二是结论性意见,《知识产权协议》所规定的知识产权制度与国际人权存在着明显的冲突。显然国际人权组织对《知识产权协议》在履行过程中是持批评态度的。

我认为,知识产权的国际保护制度至少在五个方面与《国际人权公约》所倡导的基本人权存在着潜在和现实的冲突。

第一个冲突,来自于对作者精神权利保护的缺失。大家都知道《保护文学艺术作品伯尔尼公约》(以下简称《伯尔尼公约》)既规定了作者的财产权利也规定了作者的精神权利,而 1994 年的世界知识产权组织在会议中曾经评价《伯尔尼公约》无论是对作者财产权利的保护还是精神权利的保护都是对人权的保护,《伯尔尼公约》与世界人权公约是一致的。但是《知识产权协议》却秉承了美国版权保护的一贯传统,只保护作者的财产权利,无视作者精神权利的存在。我认为这种方式不尽合理，造成了作者享有权利的缺失，同时造成了缔约方履行国际义务的不公平。举个例子，如果一个国家既是《知识产权协议》的缔约方同时又是《伯尔尼公约》的成员国，两者身份都有，那就必须保护所有缔约方国民作者的精神权利。如果不是《伯尔尼公约》的成员国而只是《知识产权协议》的缔约方，那就可以不保护其他缔约方作者的精神权利，这实际上造成了各个缔约方履行国际义务的不平等。这是一个很突出的问题。

第二个冲突，由于对权利限制制度的反限制造成了对表现自由的限制。知识产权制度有一个权利限制制度，例如合理使用，同学们听了我的讲座后，在学习研究过程中可以引用我的观点无须征得本人同意也无须支付报酬。而《知识产权协议》规定了作者所享有的各种权利而没有对这种权利加以限制，包括合理使用的限制，只是照搬《伯尔尼公约》的一般性条款。在知识产权履行过程中，发达国家和发展中国家的立场是不一样的，比如说，发达国家主张对著作权给予更高水平的保护，从传统的媒体空间覆盖到互联网世界上，就是说在互联网上复制、下载别人的著作权作品也构成侵权。但发展中国家显然是另外一种立场，主张充分利用网络世界更多地获取信息，更多地鼓励知识的传播。这个问题处理不当就会损害国际人权组织所主张的表现自由这一基本人权。

第三个冲突，数据库权利的扩张对隐私权的损害。目前，《知识产权协议》把数据库，特别是电子数据库作为汇编作品给予保护，国际社会认为将其作为汇编作品保护，保护程度还不高，现正在倡导更高水平的保护，称为数据库作者权保护。数据库作者权制度就使得数据库的制作者像文学艺术作品的创作者一样享有高水平的保护。这种保护始终是在数据库的制作者和利用者之间协调利益关系。但是我认为这种知识产权制度忽视了数据提供者的权利。在座的各位都有可能是某一个信息数据库的主体或者提供者，如何保护数据主体的权利，如何保护数据的准确性，保证数据有不被更改的权利，被合法利用的权利。知识产权制度根本无暇顾及。我认为有可能损害数据主体或者说数据提供者的隐私权。比如，人类基因图谱已基本破译，据说基因图谱破译对人类社会是一个福音，但是有些人也提出警告，这是一种灾难的开端。之所以这么说是因为人类基因图谱记载了很多人类自身的信息密码，如身高、体重、相貌、秉性、爱好等。甚至犯罪学家说可以通过基因图谱辨别一个人是否有犯罪倾向。这些可能会造成对特异个体的歧视，更重要的是如果这种人类基因信息不能得到有效的控制和管理的话，人类社会将没有任何秘密可言。如何保护信息社会的隐私权是令人担忧的问题。

第四个冲突，药品专利利用的障碍给健康权带来的危机。这个问题是国际人权组织最先关注的问题，也是 WTO 率先予以解决的问题。药品专利 95% 以上为西方发达国家所控制，例如美国每年开发的新药占全球份额的 2/3，在中国 75% 的药品专利由外国公司所取得。发展中国家实际上是药品专利的应用者而不是拥有者，这就造成了重大的社会问题。由于专利的合法性垄断，往往使得专利药品价格很高，使得发展中国家国民无力购买，例如治疗哮喘的药品，专利药品是没有专利药品价格的 20 倍。这使得发展中国家实际上没有办法购买专利药品。正如我曾说过的那样："知识产权是富人俱乐部的奢侈品。"知识产权是一个合法的垄断，因而我们主张知识产权的复制品也应该是一个合理的价格。这是我讲的一个原因，由于专利的垄断性带来的专利药品价格的昂贵。另一个原因是由于专利实施的限制性条件的存在，使得发展中国家缺乏技术实力，没有办法通过强制实施许可和其他许可制度去实施和利用药品专利的技术，这两大妨碍都有可能危及国际人权组织最为关注的公共健康权。当然这个问题已经有了重大突破，那就是 2001 年世界贸易组织的多哈会议发表了知识产权协议与公共健康的宣言，其中对发展中国家如何有效地利用药品专利作出了种种优惠性的规定，但是直到今天也没有有效落实。对于药品专利与公共健康的冲突，目前我们只看到了有可能解决的曙光还没有看到最终的效果。这是一个现实的冲突。

第五个冲突，由于专有技术转让的阻滞带来了对发展权的损害。发展权是世界人权公约所规定的基本人权，也是一个集体人权。但是我们可以看到，发达国家对向发展中国家转让技术持不甚积极的态度。我看过一份资料，发达国家拥有专利达到 97%，另外 75% 的许可证收入和版权收入为跨国公司所拥有，可以这么说，《知识产权协议》维系了发达国家在全球贸易中的技术优势，但是1994年以来，发达国家和发展中国家对技术转让没有达成任何协议。所以说《知识产权协议》在实施过程中，发展中国家并没有取得发达国家的先进技术，这是令人担忧的问题。

因此，国际人权在知识产权协议的履行过程中没有得到有效的保护。我以为国际人权与知识产权的冲突就国家层面而言表现为发展中国家与发达国家之间的利益争斗。这也是知识产权国际保护制度后期必须解决的问题。

第二个变革趋势是知识产权保护与传统资源保护的对立和协调。同样是2000年，世界知识产权组织作出了一个非常重要的举动，成立了一个传统知识、遗传资源和民间文学艺术的政府间专门委员会，专门研究如何保护传统知识、保护遗传资源；2001年世界贸易组织也作出了回应，把传统知识的保护列为下一届政府会议的专门议案，这是国际社会开始关注传统知识和遗传资源保护的信号。与此同时，例如联合国的经合组织、粮农组织、世界卫生组织等国际组织从不同角度强调保护传统知识和遗传资源，我认为这个问题与现行的知识产权制度的改革和发展有关。关于传统知识和遗传资源的保护与现行知识产权制度的关系，我们用一句形象的话说，现在的知识产权制度保护的是最新的东西，传统知识和遗传资源保护的是传统的东西；现在的知识产权制度保护的是个体创造的东西，传统知识和遗传资源保护的是世代相传而成的东西，两者保护的对象是截然不同的。下面我分传统知识和遗传资源简单地对这个问题进行阐释。

第一，传统知识的保护。简单来说传统知识是基于传统形成的知识体系，包括农业知识、科技知识、医药知识、生态知识、有关的生物多样性知识等多个类型。我们要把握它最重要的两个特点，这两个特征是现代知识产权制度所保护的智力成果所完全不具备的。一是它的本源性，传统知识是基于传统而产生的而不是最新的智力创造；二是它的文化特性，传统知识是附属于特定的部族和地区，而不是个人的智力成果，这是两个很重要的特性。正是这两个特点，带来了如何给予保护的问题。发达国家与发展中国家、发达国家内部都有不同的立场，概括起来有两种保护方法。第一种适用现有知识产权保护，很多发达国家都持这种观点，依据现行的知识产权可以保护部分传统知识，比如说著作权可以保护民间文学艺术作品，专利权可以保护以遗传资源为对象的技术开发利用，植物品种权可以保护原生状态的植物品种。但是我们说这种保护非常有限，发达国家比较多地倾向于有选择、有重点、有偏向地保护传统知识。我认为，这种主张在实施过程中对拥有丰富传统知识的国家是极为不利的，而且在保护过程中，一些重大制度设计问题也是很难解决的，比如说关于权利主体的问题，权利主体如何确认、利益如何分配，非常困难。我国 1990 年颁布的《中华人民共和国著作权法》规定，关于民间文学艺术的保护由国务院另行制定条例。到目前为止条例还没出来，很困难，用现行知识产权保护有诸多不足。第二种方法是专门制度保护。至今各国、各国际组织都在尝试建立传统知识的专门保护，代表性的有美洲安第斯组织、非洲联盟组织、太平洋岛国等尝试建立社区权利保护，这种制度固然有其创新性，但这种制度在国际社会推行起来非常缓慢。鉴于这种情况，许多国家采取了多种保护制度，依据不同对象设定不同的权利保护，大致有两类保护制度，一类是民间文学艺术保护制度；另一类是传统医药保护制度，如泰国对泰药保护专门作了具体规定。总的来说，各国对传统知识的保护正在尝试各种方式，在国际社会还未形成一个很成熟的为大家所接受的权利保护制度。传统知识的保护对现行知识产权制度是一个重大的突破。中国作为一个传统知识十分丰富的多民族国家，应该有所作为。此外，学者对传统知识的权利属性的看法也不统一，有的认为是一种新型的知识产权，也有认为不是知识产权，而是与知识产权有关的其他权利，关于权利的属性还存有争议。

第二，关于遗传资源。这是指含有遗传信息，具有遗传功能的生物材料，包括植物遗传资源、动物遗传资源、微生物遗传资源和人类遗传资源。特别是在生物技术迅速发展的今天，谁掌握了遗传资源，谁就掌握了生物技术。所以各国都在呼吁对遗传资源给予专门保护。据说，从天然资源提取药物的贸易额达到了 300 亿美元，美国就从中获利 200 多亿美元。所以现在有"生物海盗"的说法，有很多个案值得我们重视。印度有三个案子，其中一个是纳木油案。印度南部居民种植世代相传的千年纳木，提取的纳木油是一种药品，可以治疗癌症，同时又是一种农药，可以防止 200 多种害虫。美国公司利用印度民间的经验掌握了纳木油的提取技术，并申请了美国专利，无疑是对印度的传统文化和遗传资源权利的重大损害。另一个案子是"巴斯马蒂"香米案，它是印度北部产的一种香米，美国水稻技术公司掌握了印度特殊的香米种植方法和技术，在美国的商标专利局一共申请了 16 项专利。香米种植是印度世代相传的技术，该种香米也是印度世代相传的植物遗传资源，不能作为专利权申请，由于印度政府的抗争，取消了其中 13 种专利权的申请。所以印度与发达国家开展专利之战是成功的。第三个是"姜黄案"。印度有一种姜黄，可以作为香料、药品、食品，美国高科技公司通过两个印度人学会了提炼姜黄汁，可以使伤口迅速愈合，申请了美国专利。印度政府大为恼火，花了一亿美元打官司，最后胜诉了。因为姜黄在印度是土生土长的，不能以生物技术形式去申请专利，所以关于遗传资源之战已经在全球范围内开始，这是我看的一个材料，情况触目惊心。

中国是一个遗传资源丰富的国家。植物资源品种世界排名第八，其中裸子植物种类全球第一，人工饲养动物品种全球第一，同时中国又是一个拥有人类遗传资源最多的国家，人口众多，有 56 个民族，是一个多民族的国家，特别是少数民族，由于其相对的封闭性，具有较高的研究价值。西方国家的高科技公司假借考察、研究为名，掠夺甚至剽窃中国宝贵的遗传资源。对遗传资源的保护是具有战略意义的，如果我们的基因被人家破译，而我们为了治疗疾病、维持健康、保护物种去购买人家的专利产品，这就会造成新的利益失衡。国际社会非常重视遗传资源的保护，这种保护由两大国际公约倡导，形成了两种保护体系，这不是由 WTO 的《知识产权协议》完成的，而是其他公约倡导的。一个是《生物多样性公约》（我们称之为 CBD 公约），这个公约实行国家主权机制，认为生物多样性的主权归国家，同时规定了若干个具体制度来保证国家对生物多样性主权的实现，一共有三个制度：第一个制度是事先知情同意制度，以商业目的利用植物基因、动物基因和人类遗传基因，必须经过国家主管部门同意或社区同意或者部落同意；第二个制度是标示来源制度，申请生物技术专利要标明其技术使用了哪个国家、社区、部族的遗传资源；第三个制度是利益分享制度，利用人家的遗传资源、生物多样性资源，取得的生物技术专利所带来的重大的利益要在基因技术的拥有者和基因资源的提供者之间合理分配。这就是 CBD 公约所要建立的一种制度。

第二个体系是农民权体系，是由联合国粮农组织所制定的《粮食和农业植物资源国际公约》，也就是联合国粮农组织倡导的。目前对农民权国际社会有不同说法，不管这种说法是否为大家接受，但这种制度的创立也是有意义的。所谓农民权，包括三项权利：一是传统知识保护权，对植物、粮食遗传资源所产生的传统知识权利归农民所有；二是决策参与权，国家和社区对遗传资源如何开发利用、如何发展保全，农民拥有发言、咨询、参与决策的权利；三是利益分享权。

三、知识产权国际保护的应对方略

总的来说，当代知识产权的发展变革对中国的知识产权制度产生了深远的影响，分国内和国外两个层面谈谈我的建议和想法。

第一，从国内层面说，中国要顺应参加世界贸易组织的现实，积极回应《知识产权协议》对本国知识产权制度所带来的影响和变化，制定相关知识产权发展战略。在这种情况下，我们讨论是否入世，入世利弊如何已经没有多少意义。中国入世对中国社会发展的好处和意义是十分明显的，在中国已经参加《知识产权协议》的情况下，过多谈论强保护和弱保护已没有什么实际意义。我们已经跨入了世界贸易组织的门槛，就必须遵守《知识产权协议》的有关规定，高水平地保护知识产权。目前要制定知识产权的战略，包括国家战略、地区战略、行业战略和企业战略，直面中国入世以后的种种挑战。我简单谈三个问题：第一个是知识产权战略与中国的可持续发展的问题。中国入世以后，国外舆论纷纷评说中国会不会继英国、美国和日本成为第四个世界制造工厂，舆论一片看好，我有不同的认识。中国目前在国际制造业依然处于低端和末端，不能评价过高。在相当多的领域，中国企业没有关键技术、核心技术领域的专利，也没有国际知名的品牌，一个没有相当数量和质量知识产权的制造业只能是世界加工厂，而不是世界制造工厂。第二个问题是知识产权战略与国际竞争。现在的竞争是综合国力的竞争，而综合国力的竞争主要看经济和科技实力的竞争，表现为知识产权的竞争。因此，中国的企业要在国际竞争中立于不败之地，应该注重专利技术的竞争，知名品牌的竞争。但令人担忧的是，中国企业技术创新能力不足，品牌培育水平不够，处于一个相对落后的状况。中国专利在航空航天、计算机技术、高信息产业、生物制药等高新技术领域74%的专利申请人是外国人。第三是知识产权战略与国际贸易。中国入世以后为中国带来了无差别的最惠国待遇，可以自由地进入他国的市场，但是这种境况并不乐观。西方发达国家利用技术和资金优势营造新的贸易壁垒，对中国等发展中国家极为不利。一个是技术标准形成的壁垒。技术标准也是一种专利。现在有个说法，三流企业卖力气，二流企业卖产品，一流企业卖技术，超一流企业卖标准。这个技术标准可能就是专利，所以在国际贸易中，我们的企业一不小心就会落入人家的专利陷阱。中国的企业，特别是高新技术企业要利用后发优势，熟悉相关行业的技术标准，争取在条件成熟时自行制定标准，才能冲破外国公司设置的技术壁垒。第二个是环保标准所形成的"绿色壁垒"。中国的农副产品出口每况愈下，某些出口产品包括蜂蜜、绿茶、海产品等受到重大挫折。中国企业要想冲破"绿色壁垒"，必须重视农副产品的环保标准，发展"绿色农副业"，实行出口产品国际认证标准和出口产品统一商标制度。

第二，从国际层面来说，中国作为最大的发展中国家，理所当然要遵守知识产权制度的规定，但现行的《知识产权协议》主要是美国等西方发达国家所倡导，发展中国家被动接受，这是个不争的事实。我们可以打人权牌，可以揭示《知识产权协议》履行过程中不符合国际人权规定的不合理现象，推动《知识产权协议》的完善；同时团结发展中国家，争取发达国家推动建立传统知识和遗传资源的保护制度，使现行知识产权制度不仅保护智力成果本身，还保护智力创造源泉，我认为中国在未来的知识产权保护当中是大有所为的。

【问题与回答】

1. 知识产权战略在教学科研方面如何具体应用？高校如何将两者联系起来？

国家知识产权局和国家教育部联合发文，在全国高校倡导建立知识产权制度，文件的内容非常丰富，主要是工科高校应该通过技术开发和研究取得独立知识产权。关于这个问题，中国高校是有明显缺陷的，技术的市场开发，不是能力不行，而是意识不够。中国发表的科研论文居全球第六位，很多科研论文只要稍加改变，注重实用，就可以申请技术专利，但是我们的一些科学家不屑一顾，科研论文没有转化为实用技术，这是一个弊端。第二个问题，我们的技术转化为生产力的程度不高，据说专利技术的转化率不到10%，即我们的很多专利技术不能形成产品，不能占领市场。此外，文件还要求在高校把知识产权作为公共课，将知识产权作为非法学专业的公共课程。不能老是说知识产权是保护西方发达国家的利益，它同时也是保护我们自己的利益。

2. 中国目前的知识产权现状和知识产权保护水平与发达国家相比差距很大，您如何看待？

我想从两个方面来回答。中国的知识产权立法已经得到了国际社会的充分肯定，前世界知识产权组织主席鲍格胥博士有一句评价，认为中国用了不到20年时间，走完了西方国家一二百年走完的知识产权立法进程，这个成就是举世瞩目的。我为此感到自豪。中国的知识产权保护现状当然是有问题，但并不是到了西方国家所说的不可收拾的地步。中、美之间曾经在1991年、1994年分别两次发生知识产权冲突。第二次知识产权冲突中，美国指责中国的侵权行为已经达到了失控的地步，北方是软件侵权，南方是音像盗版。对盗版问题应该历史地来看，我刚才发表演讲时也讲到一个观点，也就是说，知识产权是一个合法的垄断，我希望复制品也应该是一个合理的价格，即现在正版的价格必须与中国老百姓的购买力相适应，才能最终减少盗

143

版。当然不仅从经济上解决问题，还包括公民的法律意识的提高。这两个问题同时解决才能够有效控制侵权行为。

我的看法是，跨国公司的软件针对不同的国家，它的正版软件应该有合理的定价。当然，中国也要坚定不移地打击侵权行为。要外抗强权，内治侵权。这是中国作为一个法治国家应该有的态度和立场。所以我提出这样的观点，拒绝盗版，从我做起；打击非法经销商、生产商，维护市场秩序的正常。

3. 技术标准的问题。

关于技术标准取得专利，具有代表性的一个是手机，即移动通信使用技术标准；另一个是 VCD 使用的技术标准。这些标准分别由美国、日本的跨国公司享有，只要授予了中国专利，那么理所当然应该受到保护。中国是 VCD 播放机生产量最大的国家，现在遭到了 3C 联盟和 6C 联盟的指控，使用了人家的技术标准，生产一台 VCD 播放机我们大概要支付 4 美元，也就是 30 元人民币。现在已经支付 30 亿元人民币，而所有的专利使用费一共是 200 亿元人民币。对技术标准给予专利保护是由各国专利法规定，由专利部门授予，只要授予了专利就当然给予保护。

4. 知识产权是私权，行政权力为何却对此进行保护？

知识产权是私权，这是国际公约对知识产权基本属性的一种定位，这种定位从民法和法理学来说是合适的也是准确的。从罗马法到近代民法，它所设定的财产权制度都是物质性的财产权利，保护的对象是动产和不动产。自从近代知识产权产生以后，在财产权领域产生了新的权利，即非物质性的财产权利，也就是知识产权。国际公约强调知识产权为私权，反映了西方发达国家知识财产私有的理念。这种理念的出现，通过国际公约的形式进行制度设计，是有利于保护拥有高技术的西方发达国家的。以上是我对这个问题的基本看法，进行私权定性是有法理依据，反映了西方国家的知识财产私有的理念。

如何评价中国对知识产权进行行政保护，我认为，凡是法律保护的权利都会受到私力救济和公法保护，这种公法保护理所当然包括行政保护，比如说对侵权复制品的进口采取海关扣押，工商行政管理部门及其他相关部门对侵权复制品进口、经营采取种种行政制裁措施都是合理的，也是必要的，都是有法律依据的。我们注意到在 20 世纪 90 年代，中、美之间的知识产权冲突，美国更多寄希望于行政保护，要求中方定期组织联合执法队伍，包括法院、海关、版权局、工商局、专利局联合执法，更多寄希望于中国的行政部门来参与打击侵权。我认为司法机关和行政机关应该各司其职，而不能是有所倚重，即司法机关和行政机关应该依法来行使保护知识产权的职责，而不应该是行政机关大扫荡。目前，知识产权保护，特别是在打击盗版、假冒等侵权行为方面，应该说中国还是严格履行了《知识产权协议》规定的各项义务。

关于民法典体系的问题

演讲人：王利明

中国人民大学法学院院长

教授

博士生导师

王利明，中国人民大学法学院教授、博士生导师、院长，教育部人文社会科学重点研究基地——中国人民大学民商事法律科学研究中心主任，第十届全国人大代表、全国人大法律委员会委员，担任中国法学会民法学研究会会长，兼任国务院学位委员会法学学科评议组召集人、教育部社会科学委员会委员、最高人民法院特邀咨询员、最高人民检察院专家咨询委员会委员、中国国际经济贸易仲裁委员会副主任等职务。

王利明 1991 年获国家教委"作出突出贡献的中国博士学位获得者"称号、1992 年获中国人民大学第二届吴玉章奖学金优秀教学奖、1995 年获中国法学会"杰出青年法学家"称号、北京市先进工作者称号、1996 年获第一届中韩青年学术奖，1987 年所著《全民所有制企业国家所有权问题的探讨》获北京市哲学社会科学和政策研究优秀成果二等奖，1992 年专著《民法新论》（上、下）获北京市高等学校第二届哲学社会科学中青年优秀成果奖、高等学校出版社优秀学术专著优秀奖，1992 年主编教材《民法教程》获司法部部级优秀教材奖，1995 年主编教材《民法·侵权行为法》获北京市第三届哲学社会科学优秀成果二等奖、第三届普通高校优秀教材奖，1995 年主编《人格权法新论》获第九届中国图书奖，1995 年《侵权行为归责原则研究》获全国高等学校人文社会科学研究优秀成果二等奖，1996 年论文《关于我国物权法制定中的若干疑难问题的探讨》获"中国法治之路"青年法律论文二等奖。

民法典作为最高形式的成文法，不同于法律的汇编。它的主要特点就在于它是按照一定的体系把民法的各项制度编在一起的一项形式。它之所以不同于法律汇编就在于它是有体系的，可以说，体系是法典的生命。因此要制定民法典从某种程度上讲就是要把我们的民事立法体系化。我们说，我们需要制定民法典，因为体系化能给我们一些好处。我认为体系化给我们带来的好处有以下几点：

第一，通过民法典的制定、通过体系化的过程可以把民法的一些基本理论、价值、原则全面地贯彻在各项民法制度和重要规范之中。比如我们说，现代民法和古代民法的一个重要的区别就表现在它不仅仅担负着保护财产权的任务，它还负有维护交易安全这样一个功能。当维护交易安全和保护财产权这两种功能发生冲突和矛盾的时候，现代民法的价值取向是优先保护交易安全，这可以说是现代民法的一种价值理念。这样一种理念应当体现在民法的各项制度里面，比如说总则里面的表见代理制度就体现了这样一种价值取向，还有物权法里的善意取得、公信原则等都体现了这样一种价值取向。这样一种价值取向经过体系化就可以全方位地体现在民法典各项制度里面，这是体系化给我们带来的第一个好处。

第二，体系化有助于消除各个单行的民事法律法规在分别制定、没有体系化的情况下所可能造成的各种矛盾、冲突和不和谐的种种现象。由于时间关系这里就不详细探讨，这可以说是体系化给我们带来的第二个好处。

第三，体系化对于法律的适用具有非常重要的意义。一旦体系化之后，民法的规范可以形成一种分层的逻辑结构。我们知道在民法的适用方面有一个重要的规则就是特别法优先于普通法的规则，特别法和普通法是一个相对的概念，在法典化的情况下，通过体系化，可以使特别法和普通法形成一种逻辑的结构。比如说我们涉及一个保险合同的纠纷，我们按照这个特别法优先于普通法的适用规则应该先到民法典之外的特别法即保险法里去寻找适用规则，如果保险法里不能找到合适的法律依据，我们可以应用特别法优先于普通法的规则从民法典的分则中去寻找依据。从分则里我们也应该先到债法里去寻找，债法里面也分特别法和普通法，合同法相对于债法的一般规则是特别法，我们先到合同法里去找依据，合同法里面又可以分为特别法与普通法，分则相对于总则而言，合同法分则是特别法，合同法总则是普通法，如果合同法里面找不到根据，我们可以从债法里面找根据，债法里面找不到根据，我们可以从总则里面，可以从法律行为里面去找根据。因为债法的一般规定相对于总则里的一般规定又是一个特别法与普通法的关系。我们可以看出在法典化的情况下，法律的适用可以形成这种分层的逻辑结构。这会给我们民法的适用带来极大的方便。

第四，我想特别强调的一点是体系化对于我们法律人的培养，对于法律人各项素质的提高会带来极大的好处。我们经常说的法律人的正确思考方式或方法论是什么？从民法的角度看，一个法律人正确的思考方式应该是一种体系化的思考方式。一个经过严格民法训练的法律人和一个自学成才的人可能存在的一个区别就在于，自学成才的人可能会掌握民法某项制度、某项规则，甚至可以掌握得很好，但是他常常很难树立一种体系化的观念。这种体系化的培养，需要经过一个系统的民法训练。这种体系化的思考是我们法律人的基本的思考模式。前一段时间我们一直说，要引进德国的请求权基础分析方法这样一个民法的思考方法，这种方式被称为培训法律人的一种流水线，也就是说，每一个法律人都要养成请求权基础分析的思考方法。这种方法它的最大特点在于强调体系化思考。一个法律人应该全方位地考察各种法律请求权，然后找出最佳的模式，最佳的也最适合解决案件的请求权基础。但是要树立这样一种体系化的思考方式，我认为一个很重要的前提条件，就是我们需要体系化的法律，我们需要一部法典。当我们仍然进行单个立法的时候，立法本身是没有体系的，很难使我们形成这样一种体系化的观念。

另外，法典化还会给我们带来许多好处，当然我也注意到了现在国际上出现了这样一种倾向，就是所谓反法典化这样一种倾向。法典也有它的弊病，就我个人认为无论从哪个角度看，法典化是利大于弊的。我们需要体系，我们需要法典，但是我们需要什么样的民法典的体系，这个问题确实还有很多的争论。在制定民法典时，我认为应该尊重两个基本的方针和原则。一是必须坚持民商合一的原则或者方法，在大陆法系有民商合一与民商分立两个立法模式。民商分立就是民法和商法分别制定法典，这是从法国民法典开创的一个体系，拿破仑1804年制定民法典，1807年制定商法典，开创了民商分离这样一个立法模式。民商合一就是不再制定单独的商法典，而只制定一部民法典，商法作为民法典的特别法而存在。从近几十年的世界大陆法系国家民法典最新的立法情况来看，绝大多数新制定法典的国家基本上是采取了民商合一的立法模式。为什么会产生这样一种趋势，对此有一个德国的学者提出：在现代市场经济社会，市场上利益的对立者已经不再是中世纪的商人和非商人的对立，民商分立的基础丧失了，因此没有民商分立的必要了。但取而代之的是经营者与消费者之间的对立，资方与劳动者之间的对立等，因此产生消费者权益保护法和社会法等，它们的重要性逐渐加强。在统一的市场下，需要有统一的规则，这也是市场经济发展的要求。我们不承认商人是单独的阶级，因此也没必要单独制定商法。但我们不排除在一些特殊的交易中存在特殊的主体，需要我们制定特殊的交易规则。这在我国的有关法律中已有体现。完整的民法典是以民法为核心各项单行法律为支撑的体系，各项商事的特别法是作为民事的特别法而存在。二是必须遵循借鉴德国法的模式，但又要有所创新、有所发展。大陆法系国家民法典有两种基本的分类，一种是罗马的，以法国民法典为代表的一个体系，主要特点在于三编制模式的，人法、财产法、财产权的取得方法，不设总则，也不区分物权、债权；另一种是德国式的，也称为潘德克吞式的，是五编制模式，就是总则、物权、债权、亲属、继承，它的主要特点在于设立总则，区分物权、债权，大陆法系大多数国家就是采用五编制的模式，当然对它也有一种轻微的改动，例如日本是把物权和债权的顺序颠倒了，但五编制对大陆法系产生了深刻的影响。

从我国民法典的制定来看，我们应该有总则，应该借鉴德国民法典总则中的基本概念制度，这些是没有异议的。但有争议的问题是我们是不是应该继承德国的五编制，能不能对这样一个五编制结合中国的实际情况和世界各国的立法趋势，进行必要的创新与改进。有一些学者认为，德国潘德克吞的五编制模式就如一块白玉一样，不能在上边添加任何的装饰，否则就会破坏这样一个完整的工艺品，所以要借鉴德国民法典就应该全盘接受五编制，尤其是人格权法能否独立成编，侵权法能不能单独成编的问题，这些学者的看法是，添加任何一部分都破坏了五编制完整的和谐的体系。我个人不赞成这种说法，我们要借鉴大陆法，很大程度上要借鉴德国法的经验，但这并不意味着我们要全盘继受德国法的五编制。首先，任何的体系都不是封闭的，它是要不断发展的，也需要随着社会经济文化的发展而不断地演化，德国民法典的这个模式由萨维尼在 19 世纪中叶创立至今已经有一百几十年，我们可以想象在这一百几十年内，人类社会发生了多大的变化。比如我们讨论人格权的问题，德国民法典制定时人格权是否存在还有争论，不可能想象把人格权单独成编。德国是在"二战"后人格权才发展起来的，现在已经有大量的判例，如果今天德国要制定民法典，就会和我们一样，人格权是否单独成编，也要开展激烈的争论。德国学者也没有认为五编制是封闭的，不能作任何的修改和改造。在我们这样一个大国制定民法典，我们应该对世界各国的民事立法有所贡献。有位日本民法学家曾说，如果 19 世纪民法典的杰出代表是法国，那么 20 世纪民法典的杰出代表就是德国，我们寄希望于中国民法典能成为 21 世纪民法典的代表。我们应该有这种信心，因为我们具有后发的优势。我们应当在某些领域超越德国和法国的民法典，但是我们要做到这一点不是简单地照搬照抄，如果是这样的话，我们永远不能成为 21 世纪的代表。

那么，我们现在讨论这样一个问题：在民商合一的体制下，民法典的体系应该怎样设计。我觉得在体系的设计上，潘德克吞有一种思想是值得我们思考和借鉴的，按照民事法律关系的理论和要素来构建民法典的体系。潘德克吞学派认为民事法律关系的基本要素是主体、客体、行为和内容。内容主要是权利义务，因为民法主要以权利为中心展开，所以在民法上通过确定权利来规定相应的义务。潘德克吞学派认为主体、客体、行为是所有法律关系中共性的东西，应当在总则里规定，而权利在不同的法律关系里不一样，应在分则里规定，所以分则是以权利来展开的，而总则里主体、客体、行为三个要素和分则里的物权结合在一起就构成一个物权法律关系，和分则里债权在一起就构成一个债权法律关系。但是，主体、客体、行为应为一个共性的东西，不应在分则里面规定，应提到总则里面来，就像提取的公约数一样放在前面。这种思想是值得我们借鉴的，它也体现了民法典的体系的思想。

我们今天讨论民法典体系，首先需要一个总则，而这个总则基本的要素是主体、客体、行为。主体有两大类：一类是公民，另一类是法人。是不是需要在法人之外，有一个非法人团体这样一个第三主体？我不赞成这个看法，因为非法人团体在生活中，形形色色，千姿百态，有的需要登记，有的不需要登记，情况非常复杂，很难抽象出共性，我们唯一能抽象的就是它们都承担无限责任，但是我们认为无限责任这种共性，没有必要在法律中规定，在民法上无限责任不言自明，更没有必要抽象出第三主体。为什么需要客体制度，在总则里面规定客体的好处首先在于，通过知识产权的客体在总则中作出规定，可以明确民法与知识产权的关系。知识产权与民法的关系可以适用民法特别是民法总则的规定。知识产权在民法典里是否应独立成编存在争议。我不赞成知识产权法在民法中成为一编，因为具有相当的稳定性和抽象性是民法典组成部分的重要特点，法典的规则不可能像单行法那样变化得那么大，法典的规则具有相当的稳定性。但是知识产权的规定不是这样，它是相当技术化的，这些规则变动性非常强，而且在内容上是非常庞杂的，知识产权的规则既有国际的又有国内的，既有实体法的又有程序法的，既有公法的又有私法的，既包含了民事责任，又包含了行政的、刑事的责任。把知识产权纳入到民法典里面，体系和规则都是不协调的。但是知识产权是民法的组成部分，依据特别法优先于普通法的规则，当处理知识产权纠纷在知识产权法里找不到根据的时候，可以到民法的总则里寻找根据。知识产权法也要体现民法的私法性质，遵循民法的基本原则。在各国主要有两种立法方式，一是在民法典分则中对知识产权规定几条，另一种是在客体中规定智力成果。这两种方式都有利于沟通知识产权和民法的关系。规定抽象的客体制度的第二个好处在于，通过规定抽象的客体制度，对随着市场经济的发展出现的大量的新的财产提供适用的法律根据，提供对其财产进行保护的法律根据。对于民事法律行为，在民法典总则中作出规定。当然，在讨论总则是否应当采纳民事法律行为制度时是有不同看法的。有人认为，既然我们在物权法中没有采纳物权行为的概念，就没有必要在总则中采纳民事法律行为制度。我个人不赞成这种观点，虽然我们没有采纳物权行为理论，不等于我们不采用法律行为理论。实际上物权法里还有大量的法律行为，比如说设立物权的合同，如抵押合同、质押合同等，都是法律行为。合同法规范的合同就是典型的法律行为，继承法里的遗嘱也是典型的法律行为。法律行为不仅具有普遍适用的效果，它在民法上的重要意义在于，我们只有理解了什么是法律行为，我们才能准确理解民法在调整社会关系方面所采用的独特方法，即私法自治的任意性的方法。很多学者认为，法律行为就是实现私法自治的工具和手段。法律行为解释了意思表示怎么发出，怎么到达，怎么实现，怎么产生效力，这样一个过程即我们说的私法自治的实现过程。私法自治是民法的精髓，不理解私法自治，就不可能真正理解什么是民法。我前几天和王泽鉴老师在浙大讨论民法典的时候，王泽鉴老师当时不赞成我关于侵权单独成编的观点，他的主要理由是说，侵权行为不是意思自治的产物，而整个民法分则应通过意思自治的理念来界定，这个看法有一定道理。他认为意思表示应该在民法典中像一条红线贯穿在里面，这是他关于体系的看法。我觉得这值得我们思考。这种观点突出了法律行为在民法上的地位，我赞成强调法律行为的重要性，因为如果没有法律行为，代理制度就不能孤立地存在，我认为潘德克吞学派是非常伟大的，他们的贡献在于他们发明了法律行为，在这个基础之上构建了总则的体系。如果没有法律行为制度，总则的大厦就坍塌了。如果总则中不规定法律行为，代理就没有办法放在总则里，可能只能放在合同里面规定。我们《合同法》里规定代理，是因为《民法通则》规定得不完善，但代理放在合同里面，是不符合体系的，委托代理和合同有一定的关系，但法定代理、指定代理和合同没有什么关系，不可能放在合同法里规定。特别我想强调的，我们坚持民商合一的体制，法律行为和代理的规定不仅仅适用于民法分则，也适用于许多商事特别法，它适用于非常广泛的情况，这是我们非常强调它放在总则里面的原因。

其次，民法典的分则主要以权利来构建的，我们应当在分则里面规定有关人格权、物权等这些权利，这些权利不想和大家在此一一讨论，主要想和大家讨论两个重大的问题：第一个问题是人格权是否应单独成编的问题；第二个问题是侵权法是否应独立成编的问题。

第一个问题，人格权是否应单独成编，大家现在有激烈的争论，我个人极力主张应单独成编，理由有这么几点：首先，我认为人格权独立成编才弥补了民法在体系上的缺陷。我们讲民法主要调整平等民事主体之间的财产和人身关系，财产关系在民法中主要表现为物权和债权，这些早已单独成编，人身权又分为身份权和人格权，身份权已经具体规定在亲属继承里面了，但人格权一直没有独立成编。这就反映了我们的民事立法在体系上是有缺陷的，可以说，反映了大陆法系民法典在体系上存在一种重物轻人的这样一种缺陷。其次，我认为这种人格权独立成编，正是《民法通则》经验的总结。《民法通则》的最伟大贡献在于确立公民、法人的人身权，特别是确认了公民的人格权，这是中国人权保障史上最伟大的成就。因为我们在"文革"时代，没有人想到名誉、荣誉、身体健康还是一种权利，没有想到一些行为是对权利的粗暴的践踏和侵犯，更没有想到什么是人格权。我们只有在《民法通则》规定了人格权之后，中国才有了第一起精神损害赔偿的案件，我觉得这是一个巨大的变化。《民法通则》之所以被称为公民民事权利的宣言书，很大程度上是因为它第一次确认了公民享有人格权，而《民法通则》把人身权和债权、物权并列规定，这本身为中国民法的分则的体系奠定了一个基本的框架，这是非常值得借鉴的立法经验，我们为什么不继承发扬呢？最后，人格权单独成编，是因为人格权太重要了，人格权始终伴随着民法历史的发展，在很大程度上，人格权的发展可能代表了民法的趋势。很多学者说，隐私权的一个重要特征，就是对政府越来越要求其行为的透明，对个人越来越要求对隐私的保护，这是现代社会的重要特征。在美国，隐私权成为重要的宪法权利，因为伴随着社会的发展，特别是高科技的发展，尤其是互联网的发展，人格权遭遇的最大挑战就是对隐私权的威胁。互联网给我们带来了很大方便，但是它给我们带来的最严峻的挑战就是对隐私权的侵害，通过搜索引擎，互联网可以使个人隐私的搜集变得非常容易，而且是向全世界传播，可以无数次下载，它甚至可以在世界的任何一个角落向全世界传播，它对隐私权的侵害后果也是其他媒体不能比拟的。高科技的发展给我们带来了很多方便，但对隐私权的挑战是巨大的。有个美国学者发表文章说隐私权已经死了，他列举了现代高科技的发展给隐私权带来的侵害，过去科幻小说里描述的故事，有的已经变成现实，比如说，卫星定位可以随时跟踪你。这些高科技的发展，使我们现代人已经无处藏身了，我们的隐私权已经死了。现代法律高度关注隐私权这样一个基本人权，这个看法不是没有道理的。我们应该用更大的篇幅去规范这个问题。另外，如果我们要把人格权自身体系化，那么，它也需要用专门的篇幅来进行规范，这不是用一两个条文可以解决问题的。人格权制度是否发达，也代表了我们对个人的人格权利、人格平等所给予的保障是否充足。从这个意义上讲，人格权的独立成编代表了民法的最新立法理念和立法思想，所以这种立法方式对中国人权的保护，也具有重大的意义，所以规定得越多越好。

有的学者认为，人格权是宪法权利，只能由宪法规定，所以不宜在民法里面规定。这个看法不是没有道理，我非常赞同把人格权的地位提高，我认为宪法对人格权的规定越多越好，但是不能认为人格权只能由宪法规定，不能由民法规定，这个看法我们认为是不妥当的。因为就民事权利而言，权利和救济是联系在一起的，权利必须有救济，如果人格权仅仅是一个单纯的宪法权利的话，那么，在人格权受到侵害的时候，怎么救济呢？人格权在受到侵害的情况下，需要通过停止侵害、消除妨碍、恢复名誉等这些方式来提供救济。但是，宪法怎么规定侵权损害赔偿呢？如果我们在民法里没有规定人格权，在什么地方规定人格权的救济方法呢？假如不规定救济方法，我们的人格权能够得到多少保障呢？所以我认为这种看法实际上是把人格权高高地举起，但是又轻轻地放下了。人格权如果不在民法里面具体化，那么我们想一想，在人格权遭受损害的情况下，比如说有人损害名誉，难道我们还必须去打违宪官司吗？我们到哪里去打违宪官司？更何况宪法规定的权利与民事权利也不是一回事，宪法规定的这些权利，与其说规定的是一项权利，不如说是对国家和政府规定的一种义务。宪法规定了公民的劳动权，这不仅意味着每一个公民都有就业的权利，它的实质是规定政府对于公民就业有提供支持的义务，它实际上规定了政府的义务，这和专门赋予主体的权利的民事权利是不一样的。一个下岗的工人不能说自己的劳动权利受到了侵害，去告政府，这是非常不合适的。

有学者认为人格权是个人的人格，是主体资格的表彰，只能在主体制度里面去规定，不能独立成编，我不赞成这种看法。人格权里面的人格与主体制度里面所讲的权利能力，是不同的概念，不能混为一谈。人格权里的生命健康、身体的权利虽然具有与生俱来的特点，也具有表彰个人人格的这样一个特征，但是这并不意味着人格权就与主体制度不可分离，人格权在产生的时候，当时之所以产生争论，就是因为大家在争论这样一个问题，人格权究竟是人格还是一种权利，但是后来随着人格权的发展，恐怕普遍接受了人格权仍然是一种权利的观点。道理非常简单，如果人格权不是一种权利的话，它怎么能够在遭受侵害的情况下，可以获得侵权法的保护和救济？因为个人人格，或者抽象的权利能力，是不可能在遭受侵害时要求侵权法的保护的。我在这里，特别想向大家介绍一下，人格权发展过程中出现的人格权的商品化的现象。人格权的商品化在各国的表现不一样，它特别代表了人格权未来发展的重要趋势。美国出现了公开权，也有人把它翻译成形象权，它主要是指名人对他们的肖像、隐私、声音等享有的权利。这种权利未经权利人许可，他人不能把它拿去作商业化的利用。我在欧洲考察的时候，有一个德国人给我们介绍了一个案例，一个模特的两条腿长得非常漂亮，电脑设计师把她的两条腿和一个很漂亮的美女的头部以及另一美女的胸部嫁接在一起，组成一个非常漂亮的美女，然后卖给广告公司做广告，到处粘贴的是这个组合美女的形象，但是这个模特发现这两条腿是她的，后来到法院起诉，她有充分的证据证明这两条腿就是她的。这两条腿是一种什么权利，是一种肖像权还是一种隐私权？这就引发了一些讨论。但是后来这个法官运用了人格权商品化理论，判定原告胜诉，主要理由是，这两条腿不管是一种什么权利，它代表了一种人格，体现了一种人格利益，这种人格利益是由模特享有的，任何人没有经过权利人的许可，将体现了他人人格利益的两条腿的形象拿来作一种商业上的使用，由此所获得任何利益都是不正当的，都应当返还给权利人，所以法官根据这样的理论，最后判决被告败诉，应向原告支付赔偿，这个数额还不小。这就是说不管这是什么权利，没有经过人家许可，就拿去赚钱，你赚到的这些钱都是非法的。我在美国看到了一篇文章，其中说未来的声音、表演的形象，甚至个人的姿势、姿态等都会成为一种重要的人格利益。文章作者举了一个例子，将来拍电影，都不用导演把演员找来拍摄，就可以把一个演员的各种姿势专门制作成一个大的数据库，也可以把一个人的非常好的讲话声音做成一个数据库。他还可以把很多的场景、一些山水都制作成数据库，然后把它卖给一些电影的制片厂家，然后厂家就找几个数据工程师坐在那里进行嫁接、组合，最后可以制作出非常漂亮的电影，这个电影可能全部都是嫁接的。但是我想提一个问题，人格商品化的发展，是不是说人格权与人格不可分离，还是表现为另外一个相反的趋势，就是说许多人格权与人格没有那么密切的联系，例如，那两条腿的形象与个人的人格不可分离吗？不要说一般没有办法发现这两腿是某某人的，就是发现了某某人的两条腿被不当使用，难道这个人的人格就受到贬低了，她的人格尊严就受到极大地损害吗？恐怕不能这样说。我所看到的是，随着人格权商业化的发展，一些人格权可能和财产权越来越接近，但是和主体资格越来越远，这就体现了人格权发展的另外一个趋势。因为这个原因，我认为坚持把人格权放在主体资格里规定，不符合人格权发展的方向。

第二个和大家讨论的问题是关于侵权行为法独立成编的问题。我们知道，传统的大陆法是把侵权放在债法里规定的，之所以放在债法里面，有一个重要的理由，侵权产生损害赔偿之债，受害人是债权人，加害人是债务人，受害人有权请求加害人赔偿损失。但是这样一种模式是不符合现代社会的发展需要的。随着现代社会的发展，侵权法的保障范围不断拓宽，因此侵权法越来越扩张，侵权的类型越来越多，因为这个原因侵权法越来越应单独成编，而不能像法国民法典那样，放在债法里面，仅仅用 9 条来作出规定。现代社会的侵权法发展，产生了许多新的侵权类型，如产品责任、高度危险、专家责任和一些新的侵权类型。我们有位教授把侵权类型化为两百多个类型，如果每一种规定一条，就要规定几百条，怎么可能用 9 条来规定? 但是如果我们把侵权法仍然放在债法里面，而整个债法是以合同法为中心建立起来的，侵权法不能找到它足够的空间，所以在债法的体系下，侵权法只能用很少的几条来规定是没有办法的情况，也是因为这个原因，大陆法系从法国民法典到德国民法典，侵权法的规定都十分简单，有关侵权法的规则是通过判例来确定的。但是在英美法系，在美国却有着完美的侵权法的重述。这就出现了一个奇怪的现象，大陆法系本来是成文法，但是在侵权领域却成了判例法，英美法本来是判例法，但是在侵权方面，美国可以说是变成了成文法。比较来说，我们说美国的模式更好，侵权法规定得越丰富、越完整，越表明对公民权利的保障越充分、越全面，因为侵权法最大限度地体现了现代民法的价值理念，即对权利保护的这样一种法治精神，这样一种现代法的精神。我们想让侵权法独立成编，这是一个重要的理由，它可以全面对公民的权利提供救济和保障。

侵权法单独成编的第二个理由是，传统的债法模式之所以把侵权法放在债法里面，主要是考虑到传统的救济手段是损害赔偿，损害赔偿是一种债。但是随着侵权保护对象的扩大，从保护财产权向保护人身权、保护知识产权在扩张、发展，所以出现了许多新的救济手段，像恢复名誉、停止侵害，包括赔礼道歉，但是这些救济方法我们很难把它归入债，我们很难说赔礼道歉是一种债，我们很难说恢复名誉是一种债。如果不是债，那么，把侵权法全部都放到债法里面就成为了一个问题。当然，有关这个问题还是有争论的。我和王泽鉴老师就讨论过，他认为恢复名誉、停止侵害，包括赔礼道歉，都是债，可以说赔礼道歉之债。他认为，按罗马法的债的理论，债与请求权是不分的，所以凡是请求权都是债，我只要请求你做什么这就是发生了债，我请求你赔礼道歉就发生了赔礼道歉之债。但是这种观点和中国人的思维模式不太符合，我们讲的债是以财产给付为内容的这样一种形态，像赔礼道歉这样一种具有人身性质的给付不宜放在债里。既然侵权法的救济方式具有多样化，不仅仅是损害赔偿，因此侵权法不能把它放在债法里面，而应该独立成编。

侵权法单独成编的第三个理由是，侵权法如果不独立成编的话，就很可能变成判例法，因为只有在民法典中规定侵权行为的规则，才能限制法官的自由裁量，如果侵权法尽量不作规定，或者放在债法中只规定几条，那就会使有关侵权纠纷的处理完全由法官自由裁量，这在我们的法官队伍素质还不是很高的情况下，可能不利于各类案件的妥善处理，尤其是不利于司法的统一，也不利于实现法的稳定性和可预期性。我们举个简单的例子，现在出现了许许多多新的侵权形态，比如说从建筑物里飞出去一个什么东西，把人砸伤了甚至把人砸死了，找不到是谁扔的这个东西，也没办法查证。对于这一类案件，在处理的标准上形形色色，有的判例是如果找不到侵权人，受害人自己去承担损失，有的判决所有楼道的所有业主承担责任，有的判决适当的补偿，有的判决部分业主补偿，等等，各种标准都有。这是因为我们没有统一处理这方面侵权的规则造成的。我们可以举出许许多多的例子，说明完全由法官去自由裁量，在中国可能是不行的，所以要使侵权规则完善充实起来，必须要有独立成编的侵权法。

最后，我想总结一下，今天我想要谈的民法典的体系，我个人认为就是在民商合一的体制下，由民法典总则所统辖的由人格权、物权、债权、合同和婚姻继承所构成的分则体系，以及公司、破产、票据、海商等特别法所构建的民商法体系，如果我们就民法典的体系而言，包括民法典的总则、人格权、物权、债权、合同、婚姻、继承所组成的七编，这是我个人理解的民法典的体系，可能并不妥当。

【问题与回答】

1. 我国法律体系大多继承于德国的大陆法系，面对现实社会的发展，我们应该用何种心态、何种体系来构建我国的民法典体系以及民法典体系如何能更融洽地融合于整个社会？你倾向于以善意取得来代替物权行为，能否将两者的区别说明一下？

我国整个民法典体系应该借鉴大陆法的经验，但又要考虑到中国的现实情况，并立足于面向未来。把人格权放在分则之首，体现了人文主义的哲学思想，体现了以人为本的价值取向。各个学科的终极目标都应当走向对人的关怀，民法对财产权和人格权的保护尤其体现了这一点。人格就是人最基本的生存和需要。对于第二个问题，我认为物权行为可以为善意取得制度所替代。在物权无因性理论的影响下，物权变动不以债权行为作为原因。债权的瑕疵并不影响物权行为的效力，物权行为不区分善意和恶意。而善意取得需要区分，只有在善意的情况下才能取得物权。相比之下，善意取得更为优越一些。

2. 你认为应将人格权独立成编与物权、债权处于并列地位，是否将人格与物权、行为处于平等地位时，事实上人格权地位降低了，你如何看待这个问题？

其实人格权的问题很复杂，它是一个有待于进一步探讨的领域。人格权的类型并不是超越于其他民事权利的权利，也不是说只有将所有内容都放在主体里面才能保证它的优越地位。主体只是规定了一种资格，但人格权只是一种民事权利的类型，它在遭受侵害以后，可以获得侵权法的救济，在这一点上，它和其他的绝对权是没有区别的。因此，可以和其他的民事权利一样放在分则中加以规定。

3. 关于侵权行为的类型有很多争议，而且在我国现有的法律中对于侵权行为只有一般性的规定，你如何看待严格责任？

这个问题很复杂，对于在现代社会的发展，侵权行为的类型变得越加复杂，现代的法学家很难从众多的现象中抽象出一般的概念，所以只有用过错责任的一般条款来兜底。但一般条款需要有具体的类型化的规则来配合。关于严格责任，我的理解是，它不同于过错责任，也不同于无过错责任。严格责任之所以是严格的，首先是因为将是否存在过错的证明转到行为人身上。要由行为人证明自己没有过错。而且，对于没有过错的证明的内容，在法律上是有严格限制的。通常，在法律上只规定了不可抗力、第三人过错和受害人自己的过错。只有证明有这些事由存在，才能免除责任。我比较赞成王泽鉴老师所说的，严格责任是指责任的严格，并非是没有责任，严格责任不等同于无过错责任。

司法制度的变迁

演讲人：朱苏力

北京大学法学院院长

教授

博士生导师

朱苏力，北京大学法学院院长，教授，博士生导师，北京大学法学学士，美国麦克乔治法学院商法税法硕士，美国亚利桑那州立大学法律交叉学科研究博士。

朱苏力教授是我国著名的法学家。他的主要研究方向是法理学、法社会学、法律经济学、司法制度等。他著有《法治及其本土资源》(1996年)、《送法下乡》(2000年)、《道路通向城市——转型中国的法治》(2004年)以及《法律与文学》(2006年)等著作以及发表上百篇学术论文，曾多次赴美国哈佛大学、耶鲁大学法学院做访问学者。

我今天讲演的题目是"司法制度的变迁"，因为中国正在进行一个空前的社会转型。为什么说它是空前呢？因为在中国历史上大概只有春秋战国时期的转型可以同目前的转型相比较，另一方面从人类历史上看，中国多于13亿人口，960万平方公里，而且在短暂的一百多年时间内完成这个转型，可以说是非常艰巨的转型，这个转型带来了司法制度的变化，因此我简单地就几个问题讨论一下。

第一是司法政治功能的强化。我们今天通常讲司法要独立，要尽量排除政治的影响，实际上司法在历史上从没有完全脱离过政治，只不过政治在司法中变成隐性的。在现代社会当中政治功能是更加强化了，而不是弱化了。

司法首先要解决纠纷，但是如果仅仅就解决纠纷而言，司法并不具有我们今天赋予它的那么高的地位，即使司法是正义的最后一道防线，那也既没有说它是唯一的防线，也没有说它是最好的防线。但为什么法律人会感觉它这么好呢？社会当中其实有很多机制是可以解决纠纷的，比方我借了张老师的钱不还，张老师不必去法院打官司，张老师可以拿把菜刀跑到我们家，我就还了。或者是告知他人，今后所有人都不借给我钱了，此后为了在这个社会中生存下去，我也会逐步地改邪归正。社会当中有许多解决纠纷的机制，司法为什么今天变得如此重要了？

变得重要是因为今天司法解决的问题多了。我们首先要了解一下为什么传统社会司法较少。这主要是在传统社会当中，国家是没有能力解决绝大部分纠纷，不仅因为财力，还有信息的问题。我借了张老师钱，何兵来审理这个案件，他怎么知道苏力借钱没有？古人说清官难断家务事，就是这个道理。国家没有足够技术能力解决这些纠纷，农业社会，也没有足够的财政力量解决这些纠纷。因此传统中国只能集中某些国家财政到相对有能力解决的纠纷上头。由此，就有了国家与民间社会的区别。其他纠纷，甚至是绝大部分纠纷则交给社会管理，国家只关注那些最重大的问题。这在世界各地都差不多，尽管程度不一样。例如，罗马法中有一个规则，法律不理会琐屑之事，就是因为确实很难处理。

因此在传统社会条件下，司法总是政府中比较小的一个部分，是解决纠纷的一个机制，很难构成一个独立的部门。比如在雅典就可以看到处死"苏格拉底"的500人议事会就不是一个法院，而更像一个立法机构。历史上英国的最高法院则在上议院。在传统中国，司法只是行政的附属，在历朝历代每个县都有一个师爷来协助县官处理社会当中的重大民、刑事纠纷。

这样的制度有利有弊，弊端我不讲了，大家可以想到；但是它还是有很多好处的，好处是减少了官员贪污腐败的可能。如果我和张老师发生纠纷，张老师提着菜刀来找我，他和我都清楚我们之间的纠纷；但如果找舒国滢老师来处理，就可能有麻烦，舒老师会说我们研究研究，一拖就是一周，因为不是他自己的事，他不着急。这还可能算是好的，严重的甚至会出现腐败，因为我借了张老师500块钱，如果我贿赂舒老师300，我还可以剩200，这比我还500还是好些；张老师也会有这样的想法，只要能让我苏力还500块钱，他情愿贿赂舒老师300，我们可能竞争贿赂舒老师。因此，一旦需要第三方来解决纠纷的时候，就一定容易出现懈怠，也容易出现腐败。而在传统农村社会当中，两个人自己解决纠纷不会出现腐败。

在一个国家中，政府或中央的统治者还要考虑：我设置那么多法官，该如何来监督他们，还有如何监督监督者的问题。这样一来，问题就会非常大。古代怎么来解决这个问题，这就是"小政府"，政府越小贪官总量就会少一些，就是减少官吏，这就是小政府大社会的道理。

监督不行，是不是可以通过其他方式？选拔官员，可以，但不保险，没有选拔之前他很清廉，当了官以后他就不清廉了，因为别人都来贿赂他。不当权的时候可能不贪污腐败，当了官别人有求于他，他就会受到诱惑。这就是我们今天说的小政府大社会的问题。

但是这样做也会有问题。有些纠纷得不到解决，民间会有以强凌弱的问题，但相比之下，也许防止官员贪污腐败更重要。因此在中国传统社会，正式领薪水的官员总是特别少。

但到了近现代之后，就不能仅仅这样考虑问题了，因为社会背景变化了，司法一定要扩大。在西方各国，国王是当地最大领主和地主，有许多封建力量可能与国王竞争。很多领主为了使自己强大起来，采取各种手段吸引老百姓，其中重要的手段之一是提供解决纠纷的机制；如果一个地方政府可以提供解决纠纷的机制，国王没有提供这些权力，国王的权力就岌岌可危。因此国王就要许诺国王下的和平，这是他对老百姓的许诺，是君主为了建立或维系统一的一个重要的功能，司法成了王权削弱地方势力的一个重要工具。

从历史上看，法制的统一实际上是中央集权的产物，而并非我们想象的那样是民主的产物——法国民法典在拿破仑时代完成的，德国民法典是俾斯麦统一了德国后完成的。法治的一个功能就是削弱地方力量，建立一个 com-monwealth，字面意思就是"共同的幸福"。美国也是如此，如果没有马歇尔就不可能有这个"共同的幸福"，之后无论是林肯还是大、小罗斯福都在强化联邦政府。

在今天国际形势下，司法的政治功能仍然在强化。20 世纪以后使得任何一个国家的司法功能格外重要，如果一个国家不能向地方，特别是边疆地区提供司法，不无可能，外国的力量就会渗透进来。我在新疆看到，那儿的法官骑着马巡回审理，其实一年也审不了几个案子，为什么还要派法官去那里呢？你就得有这个法官，如果你不能提供相对有效的司法解决纠纷的方式，其他国家的各种政治力量就可能渗透进来，这个地方就有可能成为其他国家的司法统一的领地。此外，20 世纪后半期以后，各国为了扩大自己的影响，都在宣传自己的政治体制好，有意无意地充分利用了现代传媒增强自己的合法性，因此中国当代司法的扩展与国际形势、政治形势也有关。因此，我们今天在思考司法的时候，不能将之等同于政治，但又一定不能脱离政治来思考，不能够忘记司法要始终承担着政治功能。这也就是为什么在发展中国家，司法总是同政治分不开，很难分开。

以此来看，司法下乡就好理解了。司法不下乡，国家就缺少政治根基；国民党为什么垮台，之一因为它在基层社会没有根基，这是黄仁宇说的。而且，为什么美国最好的法律人都要求他同时也是政治家，如果纯粹从专业能力上看，马歇尔大法官其实并不一定很优秀、很称职，但他是政治家，他强调联邦至上，强调联邦宪法的权威和联邦最高法院的权威。

如果这样来看，我们就可以看到，司法统一的背后是国家的政治统一，法律至上的背后是国家的主权至上，最高权力机关至上；强调所有纠纷解决必须服从法律，我们说的是这个社会必须建立一个整齐的结构。这都可以说是司法在当代社会的政治功能。在现代社会，司法的政治色彩可能淡化了，但它的政治功能没有弱化。

我想讲的司法制度变迁的第二点，是地方性事件和普遍性规则的问题。我们看一看，传统的纠纷解决和今天的纠纷解决有什么区别。传统社会的任何纠纷都是地方性的，纠纷的解决也是地方性的，解决的手段也是地方性的。我与张老师的借贷纠纷，影响就在村里，张老师无论是诉诸长辈，邻居调解还是提着菜刀上我家，这些解决问题的办法都是地方的。因为交通不便，一对夫妻的矛盾就是一对夫妻的矛盾，它最多影响两家的父母亲或者邻里。

但同类的纠纷在今天则可能变成全国性的大纠纷。比如去年重庆的某个女大学生怀孕了以后，学校勒令她退学，她要上法庭告，一下子就变成了全国关注的事情。不要以为以前这种事情没有，也有，但处理的方式不一样。以前，父母亲就把这个女孩子领回去，父母打一顿，纠纷就解决了，这是非常地方性的东西。但今天像这样的案件就会引起全国的关注。为什么？因为现在的纠纷解决已经不再仅仅是纠纷解决的问题了，而是有意无意中确立了一个普遍的规则。如果案件仅仅是地方性的话，我们可以用各种方式抹平，未必需要遵守普遍规则，只把周围利害相关的问题解决就可以了。但现在这个问题就变了，大学生怀孕，被勒令退学，可能很多大学生都会想到，如果自己遇到了怎么办，学校、社会都会想。这是一个非常现实的问题，不是说好不好的问题，也不是你希望不希望它发生的问题。因此，我们在解决这一纠纷之际，其实是思考一个相对普遍的解决问题的办法，一个规则，对于未来类似的人都使用这样一个规则，因此这时不同利益集团、利益群体就会投入进去。

如果就事论事，两个人都少说一句就可以解决问题了，那叫调解，是解决纠纷。但现在法院一定要考虑规则的问题，也就是法律的问题，或者说是法律统一的问题，而且法院还要协调社会的公共政策和制度问题。像这个女孩子，20 年前怀孕，她自己悄悄走掉就可以了，而现在的女孩子肯定不是这样了。这个变化是非常重要的。造成这个变化的深层次原因也还有政治性因素，即国家政权要保持规则统一，规则统一对于政府来说便于治理，而且会促使整个国家社会、经济、政治、文化的整合。法律的统一对律师群体，对统治者都至关重要。但具体的民众可能不关心这个问题，因为他只想解决问题，最好对自己更为有利一些。就好比我借了张老师的钱以后，张老师关心的是我是否把钱还给他，因此老百姓更关心的是实际的结果；而法官就要考虑，张老师是否能完成举证责任这样一个普遍的规则。

具体生活环境中的老百姓往往并不真关心规则是否统一，但规则统一却是与老百姓有关的，特别是对于那些流动的人。流动的人更多的是进入陌生的世界，他不可能事先就清楚陌生世界中的规则，因此他希望从日常生活中或者同其他事件中得到启示，这对于他们来说是有好处的。流动者的增加也很容易把地方性的问题变成普遍性的问题。

法律人也起很大的作用，并且对他们也有好处。因为法律人学的东西都是国家法律，相信全国各地都应按照这样的方式解决问题。他们在学校学的都是相对简单的规则，老师不会教给你如何拎一把菜刀上门讨债的。他们既然从书本当中学了很多，他们自然也倾向于用普遍的方式解决纠纷，这就是为什么法律人总是比其他人更强调程序、法律、规则，因为我们是干这一行的，这样做对法律人有利。我到农村调查的时候，判离婚案件，法官怎么说也不行，律师怎么说也不行，结果有一个做妇联工作的老大妈说，姑娘你不信大娘我的话还信谁的话，结果两个人就和好了。我们大学里的老师的话能有这效果吗？因此，要打压地方性的想象和处理纠纷的方式，这样法律人的工作和技术才有价值，我们在法学院学到的技能和知识才能变成可流通的商品，才可以收费，才使我们感觉到学术上的成就和业务上的成就。如果我们遇上这种离婚案件，处理不如这个老大娘出色的话，我们就一点成就感都没有。

关注普遍规则还因为信息的流通。20年前我们不会了解二奶继承案这样的案件，也不会了解女大学生怀孕的案件，为什么？不仅因为这种问题少，其实少更可能有新闻价值，但是当时报纸很少，报道的也都是一些国家大事。现在的报纸多了，媒体多了，网络多了，这样的案件就很容易被知道。20年前我们即使听到这种报道也不会广泛传播，最多口耳相传，影响的范围也很小。而在现代社会当中，信息传播的费用大大降低了，特别是有了互联网，本来一个小问题，一上了网，就变成轰轰烈烈的问题。网上可以找到很多的知音，信息交流会强化我们的信念，促成一些临时性的信念群体。因此现代通信传媒的发达，是使地方性问题变成普遍性问题的一个基本条件。我们发现这些社会条件变了，提出这些普遍性问题的人往往是更有文化的人，更为流动性的人，因此，法官在处理问题的时候，就不一定按以前那样，怎么行就怎么来，他不能仅仅看着面前的当事人，仅仅看当事人的诉讼需求，他还必须关注其他人，他必须注重规则。注重规则一方面是规则可以为其他人使用，另外一方面也是法官为了保护自己。

但仅仅注意规则有时在当代中国还不行。因为中国是大国，各地的政治、经济、文化发展不平衡，城市和农村差别很大。这就使得用司法手段解决某些纠纷时，无论怎么做都会受到各种批评，因此他在判决书上必须说法言法语，有时甚至必须借助各种流行的强势话语来解决这个问题。如果流行的强势话语是法律话语，他会借助法律话语；如果在这个问题上强势话语是政治话语，他又会借助政治话语。因此我们就发现，法官这时候往往言不由衷的情况、虚伪的情况就会增加，心里这么想，嘴巴上不能这么说，要说官话，因此司法和实践在某些问题上都会分裂的。其实美国很多法官也都遇到过这样的问题。法制的变化就是地方性事件转化为全社会的事件或者普遍性的事件，从一个纠纷解决转化成一个规则之治的问题。

司法制度的第三个重大变化是向后看还是向前看的问题。我借了张老师的钱，通过纠纷解决，让我把钱吐出来，双方都恢复到原来的状态，这是以往司法解决纠纷的主要功能，因此法官和当事人都非常注重过去发生了什么事。但向后看隐含了一种向前看的功能，因为如果这个纠纷不解决，我们两个就会老吵架，张老师天天都会来找我苏力；解决了，就会好好过日子了。最典型的例子就是离婚，你不离婚就不能开始新的生活，因此一定要把过去了结了，才能开始新的。因此任何纠纷的解决，即使在传统社会，也有一个向前看的功能。但在传统社会中，你不大容易注意到这一点，因此所有的人在解决纠纷的时候，都是从过去历史的经验来寻求指导，这才有为什么法律一定要稳定，为什么还要遵循先例的说法。顺便说一句，"遵循先例"的翻译其实不太准确，最准确的其实可能是"墨守成规"。

但今天，社会的变迁使得司法在解决纠纷时，就原则而言，从总体上来说是大大改变了先前的状况。纠纷当然还要解决，法院也确实在解决，并且是通过以往发生的个案来解决。但我们前面已经讲了今天的司法有规则之治的倾向，我解决了一个问题，能够给其他人和未来人们提供一些什么启发，所用规则不仅要对这个案件有用，而且还有可能影响到其他纠纷。当一个纠纷解决不再只是把这两个人之间的问题抹平，而且也在宣告我们在未来的时候司法将如何处理，这就凸显了司法向前看的特点。因此，这种变化不是偶然的，也是社会变迁的产物。

另一方面，还有一个财富的问题。传统社会中财富比较少，且以有形财富为主，创造新财富的机会很少，时间、人力都是不值钱的或不大值钱。由于在传统社会当中你没有创造财富的机会，这一特点就使得纠纷一旦发生，往往就会为了纠纷中的利益争执不下，因为时间、人力可能都不值钱。两家可能为了一个鸡蛋，邻居偷了没有，打官司打多少年，这不仅是鸡蛋本身是财产，更重要的是与之相联系的声誉在农村非常重要，如果在陌生人社会，这就不重要了，而且也不太会有人关心。大家要注意《秋菊打官司》的时间背景，那是冬天，时间、人力都不值钱，她在这个时候打官司，除了诉讼费以外，不涉及其他成本，也没有机会利用这一时间和人力来创造其他财富。因此，当事人和法官在解决这个纠纷时，就都会盯着过去到底发生了什么，有什么损害。他们都仅仅考虑过去，过去是衡量一切的标准。

现代社会中，特别是在都市中，这个情况就有了根本的转变。就整个社会而言，创造财富的机会大大增加了。即使诉讼费用没提高，诉讼成本还是提高了。这个成本不再是诉讼本身花费的时间或金钱，而是机会成本。这时候的当事人心态就会变。如果我借了何兵老师500块钱，何兵老师值得为此打官司吗？他一定会算算这笔账了，如果把打官司的时间用来写点文章，讲点课或者干脆出去开个讲座，损失不就补回来了？这就意味着他会不再纠缠于过去的事情，而会更多地面向未来。人们不会为任何伤害或损失马上就去打官司，都会考虑一下自己打官司是否值得，打一块钱、两块钱官司的人一般都是比较有闲的，李嘉诚肯定不会为一两块钱，甚至一两千块钱打官司的。我希望大家注意一下现代社会许多律师自己遇到了问题，为什么会雇一个律师来帮他打官司？不是他打不了，而是因为他顾忌到自己的机会成本。

法官也会因这种社会变迁而逐渐发生变化。我们的法官现在还是停留在比较传统的社会当中，总是以事实为根据，以法律为准绳。其实他应当知道有的时候事情查不清也是可以妥善处理的。太认真，有时反而不利于解决问题。一定要把夫妻之间的过错查清，才判决离婚或分割财产，这就有可能耽搁了感情破裂的夫妻去开始新的生活，如果他们都是在40岁左右，一查三五年，查清了，对他们可能都没有好处。这时法官就必须理解向前看的价值。这是现代社会在处理司法纠纷时一个很重大的变化。因此，有时一些案件不是查不清，而是查清了不值，可能失去了很多的机会。在这种情况下司法也会更多地转向程序正义。

还有一个促使司法向前看的因素是科学的发展。在日新月异、标新立异的社会中，人们没有办法根据过去来判断未来、预测未来，因此过去失去了支配未来的力量。30年前工资什么都是稳定的，农业社会虽然不是静止的社会，但基本是天不变道也不变，往日作为权威对今天有决定性的作用，因此，那时动不动就说过去是怎么样，这就培养了人们一种心态，过去总是好的，过去对今天具有决定作用。如今时代变化了，你再也不可能完全依照过去判断明天。我们现在的人更多发现未来是不可测的，会有更多新鲜的东西，这时候我们就更多地关注未来，更多接触自然科学、社会科学，以此来预测未来。就法律和司法本身性质来说是一个比较保守的事业，强调法律的稳定性，但是在今天中国这样迅速变迁的社会，你没有办法只关注过去，你必须关注未来，因此与时俱进就变成了一个现实的问题。科学技术的发展也使社会有更多的自信心来预测和把握未来。没有科学之际，我们只能根据过去来判断未来，因为天不变道也不变；而如今自然科学、科学技术突飞猛进，因此现代司法就开始大量引进社会科学的研究成果，因此经济学、社会学、心理学等就开始进入法律。这就是为什么布兰代兹会说，法官如果不懂得统计学、经济学，会成为人民的公敌。

所有这些因素都促使司法更多向前看。因此我们可以理解，在20世纪之前美国法律遵循先例是严格的，法官有的时候创造了先例自己也不知道，比如马歇尔创造了司法审查制度，却不自觉。而20世纪以后法官开始自觉地创造先例。今天，几乎每一个美国联邦法院的法官在司法判决时他们都要考虑，我这样一个判决对未来会创造一个什么样的先例。甚至会考虑，我如果推翻某个先例，也可能创了一个先例，使得未来的法官更可能推翻我的这个先例。我们发现遵循先例这个制度其实也已经开始面向未来了。当然了，大多数法官还是会引用先例来处理现在的判决。现在引用先例更多的是一种装饰，一种修饰，因此才会像许多法官讲的，我们与先例保持一致的利益，获得先例信息的资料是为了面向未来。

我今天讲了司法的这三个变化，从中可以看到当代中国不能仅仅是一般地讨论司法改革，司法改革也不仅仅是完成司法独立这样一个重要的任务，更重要的是我们必须看到整个司法制度的变革，是整个社会变革的重要组成部分。因此，中国司法改革可以且应当研究的领域还是非常广阔的，而我们现在司法研究还过分地局限于一些具体的制度，而没有放在现代化视野当中来考察这个问题，在新时代对比下考察这个问题。如果我们以更开阔的视野来看这个问题，对推进中国的法制有好处。从长远来看，对中国法制的理论可能有所推进，可能对世界法学理论来说会有所贡献，我只是说可能，这个贡献能否作出来，还需要通过我们所有人的努力，特别是通过法学家创造性的思维把它表达出来，并且要伴随着中国的经济势力影响的增大，使外国人关注中国的经验，因此这个经验可能会受到社会的关注。

【问题与回答】

1. 你在讲司法的时候，归结到一个规则之治，根据我们一般的理解，规则之治很可能就是一种实体规则的治理，你在这个讲座中是不是把司法制度和实体规则的法治带到一起了？这是第一个问题。在讲到司法功能的时候，一方面强调司法制度社会由纠纷解决到规则之治，但是在您讲演中表露出不鼓励一元钱的官司，这是第二个问题。

规则之治包括程序规则，是一个普遍实用的规则。我们每个人都希望规则之治，就像走路都靠左走或者靠右走都没有什么，关键是要统一，所以这是规则之治的一个重要问题。

不鼓励一元钱官司，是不是就不注重规则之治了？并非如此，司法只是第三方解决的纠纷。比如你苏力这次借了钱不还我，你下次还要有借钱的时候吧，我不借了，逼着你必须遵守规则。

2. 是否主张中国使用判例法？

我当然不主张，它是非常复杂的一个程序。我觉得从中国总体上来说，必须坚持大陆法系的制度，这不是因为我自己偏好，从我个人偏好来说我喜欢英美的判例法，我觉得它更有智慧，更有挑战性，让人看了以后更热血沸腾。但对这个问题的回答不在于我是否喜欢，而是一个制度选择。法律移植的普通法国家，除了殖民地的方式来移植，没有成功的例子。所以我觉得判例法在中国流行是不大可能的。

3. 你提倡不打一元钱官司，是否忽视了一元钱的社会价值，您有更好的方法吗？

我没有忽视一元钱官司的社会价值。许多一元钱的官司，是有利益群体参与的，例如媒体，结果打官司的人打得倾家荡产或精疲力竭，最后发现不就是一块钱吗？值得吗？我不是说一元官司不打，如果他愿意打，为什么不打？我们应当尊重别人的选择，如果我有这个偏好，我就愿意打这个官司，那你就打吧，也许这会给别人带来好处。但这是个人选择的问题，我们不应当蛊惑别人这么做；蛊惑别人等于是让别人为你的利益支付费用，而他没有得到足够的回报。这是不太公平的。

4. 从创造学的角度来说，材料的占有与创造学成反比？

确实，许多富有创造力的天才都是在年轻时，那时他占有的材料并不多，像牛顿、达尔文、爱因斯坦，他们创造力都很丰富，但不能说他们是因为占有材料少才有了创造力。得不出材料占有率与创造力成反比的因果关系。而且要注意，我们绝大多数人是创造力不够的人，我们可能做的固然是要努力创造，但不能忽视对材料的占有，也许我们从中会发现一些问题。要注意，天才是极少的。

5. 从功利主义方面理解司法，如何评价？

每个人都有一定的功利主义，也就是希望有某个好的结果。两个人谈恋爱，如果热恋中，你对女孩子说，我们两个就不要登记了，就这样过就行了，她肯定很难受，因为她渴望有个确定的结果，这就有功利主义的因素。完全放弃功利的考量肯定不行。

6. 您是否赞成废除死刑？

我不赞成中国现在废除死刑，我觉得废除的结果有可能导致更多的人被杀。如果我杀了崔教授，崔教授的家人抓到我，就更可能先把我打死算了，而不是交给政府，交给司法，因为他们知道我不会被司法处死。有人说死刑没有威慑力，这个说法不准确。如果说死刑都没有威慑力的话，那什么还有威慑呢？其他刑罚也没有威慑力。这个说法应当是，死刑并不能防止某些犯罪，例如激情犯罪，这我同意。但是死刑仅仅是为了威慑犯罪吗？这是否又太功利主义了。

如果考虑民意的话，在中国你觉得有多少人会支持废除死刑？注意不是在理论上，而是在情感上，本能上，包括我们自己内心的直觉。

罪刑法定的司法化

演讲人：陈兴良

  北京大学法学院副院长

  教授

  博士生导师

陈兴良，法学博士，教授、博士生导师，教育部"长江学者"特聘教授，现任北京大学法学院副院长，兼任中国刑法学研究会副会长、中国犯罪学研究会副会长、教育部社会科学委员会委员、国家社会科学基金项目学科评审组专家。

陈兴良教授是我国著名刑法学理论专家，著有专著十多部，其中《刑法适用总论》获 2002 年司法部优秀科研成果一等奖、《正当防卫论》获 1994 年北京第三届哲学社会科学优秀成果一等奖、《刑法的人性基础》获 2000 年北京第六届哲学社会科学优秀成果一等奖、《本体刑法学》获 2002 年第六届哲学社会科学优秀成果一等奖。他于 1997 年入选"教育部跨世纪人才培养计划"、1999 年被评为"全国杰出中青年法学家"、2001 年获"教育部高校青年教师奖"。

罪刑法定的司法化主要涉及罪刑法定问题。罪刑法定有一个逻辑前提，即在我国的立法中已经实现了罪刑法定的立法。在罪刑法定立法的基础上才有可能提出罪刑法定的司法化问题。我认为在我国刑法中确认罪刑法定原则只是刑法在刑事法制的道路上迈出的第一步。如果罪刑法定原则不能在司法过程中得到现实的贯彻落实，尽管在刑法中规定了这些原则，也只能停留在书面上。因此我更关注罪刑法定的司法化问题。罪刑法定司法化的实现主要涉及三个方面的问题：一是司法体制的问题，二是司法理念的问题，三是司法技术的问题。下面我从这三个方面对罪刑法定的司法化问题逐一阐述。

一

第一个方面讨论的是罪刑法定的司法化和司法体制的关系。我认为司法体制是罪刑法定司法化的制度保障，如果没有司法独立的制度，就难以确保罪刑法定的司法化。大家知道，我国正在进行司法体制改革，这里就包含了刑事司法体制改革，而刑事司法体制改革的最主要目标就是要建立起具有独立性的司法体制，也就是要使司法的行使实现中立性、公开性、组织性、权威性。只有这样才能为罪刑法定的司法化提供制度的保障。在二者的关系当中，我认为应注意以下几个问题：

第一点是要正确处理司法权和行政权之间的关系。在我国目前的国家权力结构当中，行政权是相对至上的，而司法权相对比较弱小，在这种情况下司法权很难独立地对行政权进行限制、加以司法审查的功能，在刑事司法领域也是如此。因此我认为应强调司法权的独立性，首先就应独立于行政权。关于司法权与行政权的关系在我国宪法当中就已经加以明确。我国宪法规定，人民法院独立行使审判权，不受行政机关和其他社会团体的干预。但是长久以来在我们现实生活当中，宪法原则并没有得到充分的贯彻落实。行政机关干预司法机关的审判活动屡有发生。在刑事司法审判过程中也是如此。有些案件可能关系到某个地方的安定，我们的司法机关在刑事司法审判中往往受到来自行政部门的干预，受制于地方行政部门，很难严格按照法律规定进行审查。在现实生活中我们强调既要追求办案的法律效果，又要追求社会效果，但实际上在法律效果和社会效果之间往往存在某种冲突，在这种情况下我们办案人员唯一追求的只能是法律效果，对于地方行政部门来说更关心的是案件的社会效果。当然，如果法律效果和社会效果二者能够兼得，何乐而不为？但当二者冲突时我们是宁可牺牲社会效果也要争取法律效果，还是宁愿牺牲法律效果也要获得社会效果？这确实存在着两难的问题。面对这样的选择，司法机关往往更倾向于选择法律效果，但是地方行政部门更倾向于选择社会效果。如果司法机关独立的话，就能够严格按照法律规定审理案件，从而确保办案的法律效果的实现。但在行政权相对较大、行政权对司法权形成某种干预的情况下，可能就会牺牲法律效果获得社会效果。这种情况恰恰是与法制原则相违背的，与罪刑法定原则背道而驰的。在很多情况下罪刑法定的司法化并不仅仅是司法机关愿不愿意按照法律规定对行为正确的处理，而往往存在着来自行政机关的强力干预。在我们的体制下，有些法院院长感叹法院是弱势群体，这意味着法院在整个国家的权力体制当中处于弱小的地位，司法权的独立性不能得到保障。在这种情况下要求罪刑法定的司法化确实很困难。

第二点是要正确处理司法权与立法权的关系。这也是罪刑法定司法化的必要条件。这个问题在我们国家比较突出。在我国并不是像西方国家那样实行三权分立，而是人民代表大会制度，人民代表大会行使最高的权力。下面我来具体介绍一下。我们的司法机关来源于宪法，因此要受到人民代表大会的领导和监督。但这种监督到底应当采取什么样的方式，这个问题值得研究。考虑到存在的司法腐败，社会上要求对司法机关的司法活动进行法律监督的呼声很高。在这种情况下全国人大常委会正在起草监督法。在监督法的起草过程中就涉及对司法机关如何进行法律监督的问题。这里面存在个案监督的问题。有些同志提出来由人大及其委员会进行个案监督。如果发现司法机关处理的个别案件有严重违法行为，就可以由人大及其常委会进行调查，要求司法机关进行改正。个案监督的做法受到了绝大部分学者的反对，因为个案监督一旦实行，司法机关的终审权将受到破坏，使立法机关混淆为司法机关，是在司法机关之上的又一个司法机关。这将破坏司法和立法之间互相制约的关系。司法机关的独立性受到破坏，从而也将破坏罪刑法定的司法化。因此个案监督的做法是不可取的。

第三点是司法机关的内部关系，尤其是司法机关的上下级关系。就审判机关而言，上下级法院的关系是审级关系，而不是行政机关上下级的行政隶属关系，是不同审级的审判活动。上级法院对下级法院的审判活动进行有效监督。但是目前在法院系统，上下级的关系往往具有很强的行政化色彩，尤其是在目前的司法活动中存在着疑难案件的内部请示制度，下级法院向上级法院进行内部请示，按照上级法院的答复进行判决。这种制度是程序之外的东西，破坏了程序的公正性。这种请求制度之所以在我国的司法活动中存在，和我国司法机关推行的某些制度是有关的。比如司法机关推行错案追究制，其初衷是避免错案，保障公民的权利。但是在推行过程中出现这种现象，即对于错案的标准缺乏客观的把握，有些地方把上级法院的改判和发回重审都看作错案加以追究。基层法院法官根据自己的理解进行审判，一旦与上级法院的理解不一致，就有可能被上级法院发回重审或改判，就会被认为他办的是错案，这直接影响到他的政治前途。在这种情况下他就不敢贸然审判，而是通过内部请示制度力求在判决之前取得上级法院的意见，以便自己的判决和上级法院的理解相一致。我认为这种案件的内部请示制度弊端是非常大的，实际上是剥夺了被告人的上诉权，使得上诉变得毫无意义。一审判决已经包含了上级法院的意见，不利于保障被告人的合法权益。同时，内部请示制度违反司法公正和司法效率原则。一级一级法院地向上请示耗时很长，在刑事审判当中被告人是诉讼羁押状态，因此这种没有时间限制的案件内部审判制度在某种意义上也是导致超期羁押的原因，从诉讼经济上说是在浪费司法资源。我建议应当取消案件的内部请示制度。实际上用最经济的形成规则的方法就是由不同的司法机关根据自己的理解进行判决，允许被告人上诉，如果二审法院维持了判决，就表明判决结果在一审法院与二审法院之间是一致的。以后基层法院遇到类似的案件就可以作出相同的判决而不用担心二审法院改判。如果二审作出另外一种判决，证明原先的结论没有得到二审法院的支持，在这种情况下将来再遇到类似的案件，就应该按照二审改判的结论作出判决。利用诉讼活动形成规则是一种最经济的方法，而通过请示来保持司法审判的一致性恰恰是最浪费司法资源的做法。在上下级法院的关系上，我认为应当纳入法制的轨道上来。这涉及司法解释权的问题。

2007 年的司法考试的题目当中就有一题讲的是判例和司法解释的关系。这个问题有必要进行思考。现在的司法解释是规范性的司法解释，如果通过判例的方式把有关的司法意见写进去，我认为要比颁布一个规范性的司法解释更为经济。这里涉及上下级之间在案件管辖上应当有所改动。如果下级法院认为案情复杂可以提请上级法院审理，上级法院如果发现案件涉及重大的法律问题，也可以主动提审。如果用提审的方法，比较疑难的案件可以通过较高级别法院审理。如辽宁省高院向最高人民法院请示一个案件，就是关于奸淫幼女构成强奸罪是否需要对不满 14 周岁的幼女年龄作出一致规定，实际上当时是在辽宁鞍山通报这个案例，是鞍山基层法院请示到鞍山中院，鞍山中院又向辽宁省高院进行请示，最后是最高人民法院作出一个规范性的司法解释。对于这个案件，我认为由最高法院进行直接提审，进行判决，然后把司法解释的有关内容作为判决理由写进去，使这个案件起到判例的作用，同时也可使这个案件得到有效的处理。总的来说，上下级司法机关的关系只有按照这种原则才能够保证罪刑法定原则在司法过程当中得到切实执行。我们过去将罪刑法定问题往往看作实体法的问题，实际上在司法过程当中是与程序问题密切联系在一起的。这一点应该引起我们的关注。

第四点，罪刑法定原则在司法化过程中还涉及一个问题，就是如何处理司法化和民意之间的关系问题。这直接关系到罪刑法定的司法化。这两年来经常把一些热点的案件在媒体上广泛报道，于是就产生了民意，这种民意在某些案件中表现为民愤，要求把被告人判重刑或判死刑。在另外一些案件中可能表现为对被告人的同情，要求从轻处罚。这里面就涉及法院在罪刑法定的司法化过程中如何处理与民意的关系问题。对于民意的反应也是言论自由的表现。但是我们对媒体反映出来的民意应当有理性的分析。这种民意本身具有某种情绪化的因素，具有非理性的成分。正是这种成分是与司法活动中的要求互相矛盾的。法院在判决案件时要严格按照事实证据和法律规定作出正确的判决。但是媒体对某些案件的报道带有主观的成分，往往有种把复杂的案件简单化的倾向，但实际上案情并不像媒体报道的那么简单，某些细节经过媒体的报道后往往变形，在这种情况下形成的民意对司法机关的影响可能会妨碍司法机关独立地行使司法权。像媒体报道的佘祥林杀人的冤案中，他被判刑 15 年，在关押了 13 年以后发现被杀的妻子死而复生，此时才被定为冤案。但是在 13 年前，有 200 多名村民联名写信给司法机关要求对佘祥林判死刑，这样的联名信也反映了一种民意，但是这种民意并不是建立在对案件客观事实完全了解的基础上的。但是我们不能说当初司法机关造成的冤案是村民写联名信的结果，村民可以表达对案件的意见，但是司法还必须按照事实和法律进行判决。如果司法机关因为联名信而放弃司法职责，没有严格按照适用法律来判决，后果将由司法机关承担。司法机关有其职责所在，如何使司法与民意之间形成一种良性互动关系是非常重要的。要使有权对案件进行判决的这些人与社会上对这个案件的看法之间有一些隔离措施，使他们不受外界的影响，而能够完全按照法律规定和案件事实进行判决。只有这样才能够最大限度地保证案件的客观性和公正性。在这方面我们还应该进一步完善某些规则，既能够保证司法机关独立行使司法权，又能够保证媒体正常代表民意，发挥舆论监督的作用。还有一点必须看到，就是民意所赖以存在的载体。因为民意并没有唯一的载体，并不像审判必须有一个法律规定的正当程序。所谓民意，有些是被害人的反应，有些是被害人家属的反应，但是我们发现一些重大案件中所谓的民意都带有媒体的因素，或者是网络民意，即这些民意的载体是媒体或者网络，在这种情况下，网络民意或媒体民意就有它的局限性，这种民意的特点是使得自身以其他任何载体都无法比拟的方法得以扩散，引起很大的社会反响。正因为其本身的局限性使得民意的内容发生某种失真，继而产生误导。在这种情况下，司法机关可能受到媒体或网络的影响和干扰，在实现个案公正的同时破坏了一般公正，大量类似的案件没有经过媒体报道就不可能像经过报道的案件一样得到公正的判决，因此破坏了司法规则的一致性。即使通过媒体报道在个案当中获得司法公正，我认为也是例外情况，也不是司法公正实现的一般渠道。不可能从根本上解决司法公正性。公正性的最终解决还是要通过程序和规则，而民意的影响只能起到补充作用。以上是我所讲的第一个问题，关于罪刑法定的司法化和司法体制的问题。

二

第二个方面我们讲一下罪刑法定原则的司法化和司法理念的关系。如果说司法体制是罪刑法定司法化的某种制度保障，那么司法理念就是其思想主导。司法理念对于罪刑法定的司法化具有重要的意义。只有在正确司法理念的引导下，司法机关才能在司法过程当中严格贯彻罪刑法定原则。下面我从三个方面谈一谈司法理念与罪刑法定司法化的关系。

第一点，司法理念是人权保障的理念，可以说人权保障是罪刑法定原则的题中之义之一。罪刑法定原则就是以人权保障作为自己的价值内容，因为它意味着在国家的刑罚权和公民的自由权之间划定了比较明确的界限，国家只能在法律规定之内惩治犯罪，不能超越法律界限。尤其是司法机关，只能在法律范围之内行使司法权而不得滥用司法权。对于公民个人来说，只有当他的行为触犯刑律构成犯罪的情况下，才应当受到刑事追究。因此，罪刑法定原则使得刑法成为国家和个人之间的某种约定，使得刑法具有某种契约性。正是这种契约性使得现代法治社会的刑法具有某种正当性，具有宪政的基础。也正因为如此，使得法治社会的刑法与封建专制社会的刑法明显区别开来。刑法是最古老的法律，自从有了法律以来，最早阐释的就是刑法。在专制社会里面存在着刑法，甚至刑法还可能非常完备和完善。法制社会里也有刑法，它与专制社会的刑法到底有什么区别？我认为仅法律的形式上并不能发现两者的区别。这种区分主要在于是否实行罪刑法定。在专制社会里尽管有刑法但不可能是罪刑法定，它的刑法始终是国家单方面地镇压犯罪的工具。而国家镇压犯罪活动本身并不受刑法的限制。在这种情况下，刑法对于公民个人来说是一种外在的力量，是抑制的力量，是恐惧的力量。专制社会最大的特点正如孟德斯鸠所说就是恐怖。因为专制就是少数人对于多数人的控制，而刑罚恰恰是通过某种合法的手段制造恐怖。因此在专制社会里刑法总是以一种鲜血淋漓的形象存在的，所以总是十分苛刻。而在法制社会里实行罪刑法定原则，刑法是衡量罪犯和裁判罪犯的工具。一方面刑法是一种行为规范，对于公民的行为具有引导作用，同时也具有限制和约束的作用。凡是刑法规定的都是法律所禁止的，如果去做了就会受到法律的制裁。从这个意义上来讲，刑法对公民的自由构成了限制，也就是我们所说的刑法是用来管老百姓的。在另一个方面，刑法又具有裁判罪犯的功能，是司法机关在定罪量刑的时候必须遵循的法律规范。同时刑法又是用来约束司法机关的定罪量刑的手段。刑法不仅是用来限制规范老百姓的行为，更重要的刑法是用来限制规范司法机关的司法行为。从这个意义上说，刑法对于公民来说就不是外在的东西，而恰恰是公民个人用来限制司法机关、防止司法权的滥用，从而保障个人权利和自由的法律武器。因此在罪刑法定的条件下，刑法对于公民来说不再是一种恐怖的东西，而是一种可以亲近的东西，可以用来保障自己权利的法律。对于无罪的人来说，罪刑法定是大宪章，是圣经，司法机关不能对其滥用刑罚，从而使无罪的人的权利受到刑法的有效保护。对于那些犯罪的人，刑法对他们来说同样也是大宪章，同样也是圣经，虽然他犯了罪，但是司法机关必须按照法律的规定判刑。因此刑法对于无罪和有罪的人来说都是一种合法保护。这就是罪刑法定原则所具有的人权保障的功能。而罪刑法定的司法化就是使人权保障的刑法职能通过司法活动得以实现，贯彻到个案当中去。我们知道现代刑法都有两种职能，一种是社会保障职能，另一种是社会保护职能。所谓的社会保护职能，实际上就是指打击犯罪的职能。也就是说，刑法同时追求两种价值目标，一方面使公民的个人权利和自由受到合法保护，另一方面也要追求惩治犯罪这样的暴力之目标。我们总是想要使打击犯罪和人权保障这两种目标同时实现。在大多数情况下两者确实可以同时获得，但是我们也不能否认在打击犯罪和人权保障这两种价值目标之间往往存在着紧张关系，存在着此消彼长的关系，也即我们追求人权保障的价值目标可能削弱打击犯罪的价值追求；而我们追求打击犯罪的价值目标也可能会削弱人权保障的追求。在这种情况下我们应当如何选择是一个重大问题。在罪刑法定原则下，唯一的正确选择就是把人权保障置于最高的价值目标上。在某些情况下即使牺牲打击犯罪也要获得人权保障的价值。因为人权保障的价值是刑事法制的最高价值。当我们强调人权保障是不是就要排斥打击犯罪，或者说根本不要打击犯罪？我们说这完全是误解。人权保障并不排斥打击犯罪，而只是说不能以牺牲人权保障来打击犯罪，只能在人权保障的范围之内最大限度地追求打击犯罪的价值目标。两者并不是互相排斥的关系，而是把哪个作为优先地位的关系。我们不能否认这两个价值目标有时候会有矛盾之处，所以就有一个谁优先的问题。但是我们不能把两者看成完全背离的。这个问题是比较重要的问题。过去我们常把打击犯罪作为优先考虑的问题，把我们的刑法看作专制的工具，而对于人权保障的功能或多或少地忽视了。而当前在建设法制社会的大背景下，我认为更应当强调人权保障。这里面存在这样的问题，即在我们的社会里为什么要有刑法，为什么会有刑事诉讼法？我们最直观的概括就是为了打击犯罪。因为社会里存在犯罪，因此需要刑法。我们往往会得出结论，认为刑法和刑事诉讼法正当存在的根据，就是为了有效地制止犯罪。但是有些学者对我们看来正确的回答提出质疑，他们认为没有刑法比有刑法更能有效地制止犯罪，没有刑事诉讼法比有刑事诉讼法更能制裁犯罪。如果没有刑法，统治者认为这个行为是有害，就可以把它作为犯罪来制止。如果没有刑事诉讼法，对待刑事犯罪就可以没有任何程序上的限制。刑法和刑事诉讼法存在的正当根据并不在于有效制止犯罪，而恰恰是对国家统治工作进行限制。在这个意义上，刑法和刑事诉讼法存在的依据就在于人权保障，即使受到法律追究的人的权利也得到保障，这才是人权保障的题中之义。有人会问，法院要保护好人，那么为什么要保护坏人？我们认为好人和坏人的定义权掌握在某些人手里，根据好人、坏人而进行法律保护仍然是人治状态下的权利保护，而不是在法制状态下的法律保护。在法制社会里，那些犯罪的人的权利之所以受到保护，从表面上看是保护犯罪的人，实际上是在保护每个人的自由，也即每个人都是潜在的嫌疑人，佘祥林就是很好的证明。如果制度上的落后没有得到有效的弥补，那还会有许多其他的人受到冤屈。一个社会里刑事法制的完善程度并不取决于这个社会如何保护善良的守法公民，而取决于如何保障被告人的权利。一个社会如果一个善良的守法公民的权利能够得到保护，而一旦成为被告，他的权利就无法得到很好的保护，那我们认为这个社会不是法制的社会。只有那些受到法律追究的人的权利也能得到法律的严格保护，那些善良的守法公民的权利受到保护的程度就不言而喻了。正是从这个意义上说，人权保障是罪刑法定的应有之义。我们只有树立起人权保障的司法理念，罪刑法定的司法化才有可能实现。

第二点是刑法谦抑的理念。所谓刑法谦抑就是要尽可能少用刑法，减少刑法的使用次数来获得更大的惩罚犯罪的法律效果。这种理念对于罪刑法定的司法化具有重要的意义。和刑法谦抑的理念相反的是刑法的扩张、刑法的膨胀，甚至是刑法的滥用。应该说，在我们目前的社会还存在着严重地迷信刑法的心理，往往希望用刑法来解决所有的社会问题。这恰恰是对于刑法的功能缺乏正确的认识，使刑法担当了一些本来无法实现的功能。对于弱势群体的保护问题都是一些社会问题，而社会问题首先需要用社会方法解决。法律是不得已的方法，尤其刑法是一种成本最高的方式，只有在其他任何手段都无法奏效的情况下才能最后动用刑法。而不能像有些人认为的那样动不动就运用刑法。刑法并不能解决所有问题，这是对刑法的歪曲，错误的理解。

十多年前我指导一个在检察院工作的检察官写论文，在当时公房私占的情况下，他就提出来要规定一个公房私占罪，甚至为这个罪规定的最高刑是死刑。可想而知，那些没有法律基础的人对刑法会产生什么样的理解。在1997年刑法修订当中，有许多经济犯罪，尤其是虚开增值税专用发票的犯罪，规定了死刑。但是主持修订的副院长却说了这样一句话，我们现在要靠杀人来治罪，这真是我们的悲哀。前不久讨论的非医学需要的性别鉴定要不要定罪的问题，因为目前社会中人口性别的失调现象非常严重，有些人存在着性别偏好，重男轻女。这种人口性别失调的危害性可能要过几十年才能显现出来，而且是一种结构性的危害。对于个人来说，只是为了满足个人的性别偏好，而不去考虑国家民族的未来。在这种情况下，有些人认为这个问题非常严重，需要以犯罪的方式加以追究。我认为通过医学手段对性别进行鉴定进而满足个人偏好，这是一种社会的进步。在没有这些条件以前，我们只能用"杀人"的方式满足性别偏好。我并不是说进行性别鉴定是好的，只是说像这种情况靠刑法是解决不了的。因为它首先是个思想问题，体力社会容易产生重男轻女的思想。从体力社会向脑力社会发展，从封建社会到科技社会，就脑力和技术方面来说，男女差别并不是很大。因此重男轻女思想才能够普遍消失。目前解决性别选择更重要的措施就是要保证男女平等。如果社会上那些性别歧视的现象不能得到根本解决，而只是通过刑法的强力手段解决，完全是治标的方法，不能从根本上解决性别选择问题。

尤其可怕的是，在现实社会中存在着对于死刑的盲目崇拜，想要运用死刑来压制犯罪。"严打"从产生到现在已经二十多年过去了，这二十多年中，"严打"始终是我们刑事政策的主导思想，在"严打"过程中一个重要的方面就是运用死刑。目前在世界上已经有一半多的国家废除了死刑，限制和废除死刑已经成为一个国际性的趋势。在这种情况下，我们国家的死刑问题也受到了来自国际上的巨大压力。在我国刑法中有 440 多个罪名，其中有 68 个死刑罪名，可见死刑之重。不仅如此，在司法活动中死刑被广泛地使用，以杀人为例，在司法过程中，以杀人致人死亡的，如果没有法定的减刑情节，一般都会判死刑。像我国人口这么多，一年发生的杀人案件就可想而知。我们可以比较一下，韩国刑法中规定的死刑罪名比我们还多，有 100 多个罪名，但是在司法实践中适用死刑的人数是严格控制的，从 1987 年到 1997 年执行死刑的人数是 101 人，总统大选那年都是零死刑。另外日本有 2 亿多人口，它的刑法中也规定了死刑，但是在过去的二十多年间，执行死刑的人数平均下来每年不到 4 人。此外还有印度，9 年来只有一个人被判死刑。这些国家的死刑都是受到严格控制的，但是他们的社会秩序也不比我们差。而我国刑法之重已经成为世界之最。大家知道在清末的时候，当时在沈家本主导下进行刑法改革，通过这次改革完成了中国刑法的近代化，这次改革一个重要的动因就是要收回治外法权。清朝后期，随着列强侵入中国，加之人口与商业活动交流频繁，外国人犯罪也日益增加，应当受到中国刑法的惩罚。但是外国人提出来说中国的刑法太重，西方刑法较轻，因而他们提出不能接受中国刑法的审判，因此出现了治外法权。只有当中国法律修改得和西方刑法一样轻的时候才可以取消治外法权，因此收回治外法权就成为当时推动刑法改革的重要动因。清朝最初的死刑罪名有八百多项，经过清末的改革，在1905年颁布了《大清新刑律》，死刑罪名减到了二十多个，基本上和当时西方的刑法差不多。一百多年过去了，西方刑法的轻缓化程度进一步加深，已经从以自由刑为中心到以财产刑为中心转变，刑罚更加轻缓；而我国的刑法反而进一步加重。按照我的观察，目前我国刑法之重与其他国家刑法之轻的对比甚至要高过清末，这点必须加以改变。值得高兴的是，最近中央提出了轻重宽严相济的政策，这也是和当前建设和谐社会的政治话语相一致的。和谐社会不能通过法律的惩治来获得，而只能通过法制规范司法机关的行为来获得这种和谐与稳定，来获得长治久安而不是暂时稳定。

第三点是形式理性的司法理念，这也是罪刑法定当中所包含的意义。罪刑法定正是以形式合理性作为其价值取向的。在罪刑法定原则下，区别罪与非罪的唯一标准就是法律规定。因此罪刑法定所探讨的形式合理性的司法理念和我们长期以来形成的建立在专政基础上的社会危害性的司法理念是格格不入的。过去在司法过程中往往强调实质合理性，司法人员在司法活动中首先考虑的是这种行为有没有社会危害性，然后再考虑法律规定。在罪刑法定的原则下，我们首先考虑的应该是有没有法律规定，如果没有法律规定，即使这个行为有再大的社会危害性，也不能作为犯罪来处理。只有在存在法律规定的情况下才去考虑社会危害性。如果没有社会危害性即使有法律规定也不能看作犯罪。在罪刑法定原则下社会危害性只能成为充分的理由而不能成为独立的理由。当形式合理性与实质合理性发生冲突的情况下，就应当选择形式合理性，牺牲实质合理性。因此罪刑法定原则的司法化在某些情况下意味着实质合理性的丧失。关键是我们的社会、我们的司法人员能不能承受这种实质合理性的丧失。应该说在我们传统的法制文化中有着非常强烈的实质合理性的渊源，而没有形式合理性的思维方法，而罪刑法定恰恰是建立在形式合理性的基础之上的。我们可以举两个例子，比如说脱逃罪，也即从监狱中越狱逃跑，法国司法的最大特点是明确列举了三种越狱方法，即采用攀墙、掘洞、蒙混的方法。应该说这三种方法基本上囊括了所有的越狱逃跑的方法，但是后来法国出现了一起越狱的案件，恰恰是没有使用法国司法所规定的方法，后来被告的辩护律师要求法院对本案作出无罪判决，法官也采纳了律师的意见对本案作出了无罪判决。另外一个例子发生在英国。英国的制定法中有这样的规定：在皇家飞机场的跑道附近扰乱飞行秩序有罪。而有一个人不是在跑道附近而是在飞机场的上空。这个案件被起诉到法院，律师同样作出了无罪辩护。从这两起案件中可以发现，实质上都产生了社会危害性，但是最后都作出了无罪判决。因为法官并不考虑有没有社会危害性，而主要看刑法有没有字面上的规定。根据法律的字面来判断是不是犯罪，这恰恰是形式合理性的问题。如果法律没有规定，即使有再大的社会危害性也不能判罪。这使得有罪与无罪的判断并不是权力的行使问题，并不是谁有权谁就有权定罪，而变成一个可以看见的东西，变成一个语言学和修辞学的东西，变成可以争辩的东西，而其讨论的共同基础就是法律规定。控方、辩方对法律有不同的理解，然后由法官决定谁是谁非，这正是形式合理性的问题。但这也意味着实质合理性的丧失。这两个案子中实际是使具有社会危害性的行为没有得到惩罚，但这恰恰是罪刑法定的题中之义。如果允许法官超出法律字面对案件进行判断，在这两个案件中可能判断是正确的，就不能排除在其他案件中作出错误判断，从而导致公民的权利和自由受到司法的侵害。为了避免这种情况发生，就应该把是否有罪的判断严格限制在法律规定范围内，也即把形式理性放在更重要的地位。当二者发生冲突时，宁可牺牲实质理性也要选择形式理性。这也是罪刑法定的应有之义。

上述三种司法理念对于罪刑法定的司法化来说都是不可或缺的，如果没有人权保障、刑法谦抑和形式理性的司法理念，那么罪刑法定的司法化也就无法实现。

三

第三个方面，即罪刑法定的司法化与司法技术的关系问题。罪刑法定的司法化固然需要司法体制与司法理念的主导，但同样离不开司法技术。罪刑法定的司法化就在于一套娴熟的法律技术。那么在这些法律技术当中最主要的技术就是法律解释的技术。要对法律进行正确解释，在罪刑法定的条件下尤其如此。因为在罪刑法定的条件下，法律有没有规定成为区分罪与非罪的唯一标准。而法律的规定是非常复杂的问题。法律有显型的规定和隐型的规定，在显型的情况下这种规定比较容易寻找，而在隐型的情况下就需要对法律规定进行逻辑上的分析，根据立法的精神进行追究，把某个法律条文放在整个法律体系中去寻找根源。因此在隐型的情况下正确找到某个法律规定是比较困难的，这里面存在技术和方法问题。如果不能找到法律规定，这样就会出现误有罪为无罪的后果；另一种情况是法律没有明文规定，但是误以为法律是有规定的，这样就会出现误无罪为有罪的后果。无论是哪种后果都是违反罪刑法定原则的。

在罪刑法定的司法化过程中对我们的司法人员的司法技术、司法方法提出了很高的要求。这首先是法律解释的技术和方法问题，它与罪刑法定的司法化有着直接的关联，直接关系到罪刑法定如何实现的问题。法律规定存在着词与物的关系问题。词是思维的产物，是对客观事物的概括，因此任何一个词总是有对应的客观事物存在。在词与物之间存在着某种对应关系。我们通过词可以把握某种客观事物的特征。但是必须看到词与物的对应关系不是永恒的，是可以变化的。这里有两种变化，一种是词本身没有变化，而词所对应的物发生了变化，从而使词没有客观事物与其对应，但是词并没有马上消失，仍然是存在的。美国著名学者摩尔根研究古代社会的亲属制度与婚姻家庭制度，他就发现在某些氏族部落里存在着某些亲属的称谓，但是和这种称谓对应的亲属制度却不存在。他由此推论过去曾经存在过与这种称谓对应的亲属制度，从而揭示了古代社会婚姻家庭的秘密。另外一种形式是客观事物存在，但是词在变化，某些词被赋予了新的含义。如"卖淫"原意指妇女向男性出卖肉体，后来出现男性向女性出卖肉体，甚至是同性间的性交易。但在 1997 年刑法修订时把"卖淫"吸纳进来的时候，当时的立法者并没有想到现实生活中出现的变化，但是能不能把这些解释到"卖淫"的含义中去呢？这里仍然存在着法律解释的问题。我的观点是同意把同性间的性交易解释到"卖淫"一词中去。因为"卖淫"的核心概念是性交易，并没有对主体加以限制，那么同性间的性交易也符合"卖淫"的特征，也应被纳入其中。由此可见在罪刑法定原则下，法律解释的技术是非常重要的。法律解释的问题完全是语言学的问题，与语言密切相关，在不同的国家对相同的问题采取不同的解释方法，由此可以看到语言的重大差异。比如关于窃电能不能作为盗窃罪来处理，盗窃罪是最古老的罪名，而电能是最近一百年来才发明的。窃电能不能纳入盗窃罪中，关于这个问题，法国是通过最高法院颁布判例的方法解决的。他们认为窃电可以按照盗窃罪处理。因为电能也是一种财物，符合盗窃罪的含义。而在德国，法院认为不能把电能纳入财物的范围，因为一旦把电能视作财物，就会使德语中的"财物"的概念变得漫无边界。由此可见，"财物"这个词在法语和德语当中的法律含义是不同的。因此在法律解释中我们应该更加关注语言的可塑性，要看语言有没有解释的余地，如果能被语言所容纳，那么就可以纳入语言体系中。法律解释在很大程度上使罪刑法定问题变成语言学的问题。如所谓婚内强奸的问题，有人认为婚内强奸应该属于强奸罪的一种，他们认为不能把妻子排除在妇女之外。另外一种观点认为可以把婚内强奸理解为强奸，如果认为是犯罪应当有法律另行规定。至于到底能不能解释，怎样来解释，这里面涉及语言学的问题。我个人主张婚内强奸不能解释为强奸罪，理由并不在于"妇女"，就"妇女"这个词而言并没有把妻子排除在外，主要在于"奸"字，只有婚外性行为才能叫奸，因此婚内无奸，如果把它列入强奸范围，在汉语言的话语体系中存在语言障碍。至于外国把婚内强奸视为强奸，因为他们把强奸理解为强制性行为，并没有"奸"的含义。我国台湾地区最早也使用强奸的概念，但是后来通过了修正案改为强制性交，把婚内强奸纳入了强制性交的范围。在这里可以看出来，在罪刑法定的情况下司法技术的使用与语言是有很大关系的。一个德国法学家曾说过，一个法学者应当是实践着的语言学家，而且应当是实践着的逻辑学家。语言、逻辑在司法活动过程中是必不可少的方法。我们只有掌握了这些司法方法，才有可能实现罪刑法定的司法化。

【问题与回答】

1. 我国香港曾通过了一个法律，雇主如果故意拖欠员工薪金达到一定数量，将会面临六个月或者以上的监禁。您刚才提到不能依靠刑法解决欠薪这种社会问题。事实上这项法令在香港收到了不错的效果，雇主恶意拖欠薪金的案件大幅下降，您如何评价这种现象？是否因为内地和香港的经济水平、法制水平不同，解决同一问题的方法就应该有性质上的差异。

欠薪问题从本质说是民事问题，当然在古代也存在用刑事的方法解决民事的问题。就我国目前的欠薪问题尤其是大量民工的欠薪问题，我认为有许多其他的方法可能比作为犯罪来惩罚效果更好。比如说北京市规定雇用大量劳工的单位要预交一部分钱作为薪金抵押金，这些办法都能够比较好地防止欠薪行为出现，有了这些措施能够使欠薪现象减少到最低限度。即使把它定为犯罪，也不可能完全消除，对于刑法功能的局限性我们要有清醒的认识。至于我国香港或其他国家有这样的规定可能有其自身的特点，我们还是应注意到在英美法国家和大陆法国家司法是有很大差别的。犯罪概念本身也具有本土特征。实际上我们中国刑法中的犯罪概念范围是非常小的，我们在对犯罪概念进行比较的时候要看到各个国家刑法规定的范围不同，不能简单套用。我国香港是适用普通法的地区，犯罪的概念非常广。在英国光交通犯罪的罪名就有几百个，和我们国家的罪名完全不是一回事，不能简单地加以比较。我们在比较时尤其要注意到不同国家的司法语境，只有在考虑了它们之间的差别之后，借鉴才是有意义的。

2. 您在刚才的报告中提到了英国的一个判例，在飞机场上空扰乱秩序而法律规定的是在场内，我们知道英国是判例法的国家，是否可以创造一个判例把它定为有罪呢？

这里面可能是我们对英美法系国家最大的误解，我们总是认为判例法允许法官造法，在某种意义上，英美法系国家在刑事法律领域的成文化程度一点也不比大陆法系低，而且19世纪后半叶在英美法系国家，法官不能创制罪名，因此在英美法系国家同样实行罪刑法定，只不过它们实现罪刑法定的方法与大陆法系国家不同。我们必须看到英美法系国家的法官在审判当中不能创制判例，普通法的罪名要根据普通法判定，另外它们还有成文法，所谓制定法上的犯罪，与大陆法系在法典领域内的犯罪是一样的，要根据法律规定来执行。

软法在构建和谐社会中的作用

演讲人：姜明安

> 北京大学法学院教授
>
> 博士生导师

姜明安，北京大学法学院教授，博士生导师，北京大学公法研究中心主任兼任中国法学会行政法学研究会副会长等多项重要学术职务。多年来，姜明安教授先后在美国华盛顿大学、英国剑桥大学、澳大利亚悉尼大学、美国UCLA进修和担任高级访问学者。

　　姜明安教授主要学术旨趣在公法领域，研究方向包括行政法、行政诉讼法、宪法和国家赔偿法、公务员法等，在我国公法领域有重要影响，累计出版专著、教材、译著等30多部，代表性著作有：《行政法学》（山西人民出版社，1985年版）；《行政法与行政诉讼》（中国卓越出版公司，1990年版）；《行政诉讼法学》（北京大学出版社，1993年版）；《外国行政法教程》（法律出版社，1993年版）；《行政法与行政诉讼法》（1999年北京大学出版社和高等教育出版社联合出版）等，另有论文100多篇。

今天我演讲的题目是"软法在构建和谐社会中的作用"。我是从事行政法研究的，为什么到这里来讲"软法"？是不是不务正业？是有一点。但不完全是。因为软法有行政法的内容，行政法有软法的法源，我今天讲软法，有三个理由：

　　第一，"软法"现象大量存在，对人们权利、自由影响甚巨，不应成为被法学研究遗忘的角落。上午我看《新京报》，上面有一则消息：北大最近制定了一个条例，规定北大本科生凡由他人替自己撰写论文或替他人撰写论文，由他人代替考试或替他人参加考试，在提交的论文、实验报告、本科生科研论文中存在抄袭事实，且抄袭篇幅超过总篇幅的50%，或者在提交的毕业论文（设计）中存在抄袭事实，且抄袭篇幅超过总篇幅的30%，或使用他人观点构成该学术作品的全部、核心或主要观点者，将被视为严重作弊或严重违反学术规范，给予开除学籍处分。北大的这个条例实际上具有法的要素，尽管不是硬法而是软法，但对人们权益的影响是不可小视的：北大学生违背了这个条例就会被开除。在北大，远不止这样一个条例，类似的条例还有好几十个。除专门规范本科生的外，还有规范研究生的、规范我们这些研究生导师的，专门规范教学、科研、论文指导、答辩以及行政管理工作的，等等。

　　除高校外，在其他的组织中，类似这样的软法规范也大量存在，如律师协会、医师协会、注册会计师协会等。以律师协会为例，其每年要制定大量的规范律师执业行为的规则。律师违反这些规则，轻则要受到警告、记过等处分，重则要被吊销执业执照。此外，政党也有属于软法范畴的"党规、党法"，党员如果违反"党规、党法"，同样要受到党纪处分。同学们也许会认为这些规则不是法，但不能否认这些规则对个人的行为确实起到了规范的作用。如果人们违反这些规则，是要受到各种不同形式的制裁的。

这些规则在人们的生活中无疑具有重大的影响，且其数量远远超过了人大制定的法律、法规和政府制定的行政法规、规章，它规范着我们社会生活的各个方面。但是我们很多法学研究者却对此视而不见。这些规则的性质、功能、作用是什么？我们应对它们进行怎样的规范？什么样的主体有权制定什么样的规则？制定这些规则要遵循什么程序？这些规则有什么样的效力，国家和社会共同体怎么对之监督？如这些规则违反硬法或社会正义，受到这些规则侵犯的人如何获得救济等，很少有人去研究和思考这些问题。就上述北大条例而言，北大到底能不能制定那样的条例，制定那样的条例应不应该首先听取学生的意见，应不应该听取老师们的意见，条例在执行中出现争议怎么处理？这些问题现在没有人去研究，没有人去思考。同学们虽然主要是研究硬法的，但是对于这个被法学遗忘的角落，应该献出自己的爱心去关注。软法涉及我们每个老师、每个学生、每个人的权利和自由，所以值得我们去研究。这是我今晚讲软法的第一个理由。

第二，目前软法研究中存在"白马非马"式的"不承认软法主义"和"热狗亦狗"式的"泛软法主义"两种非常有害的偏向，必须纠正。软法究竟是不是法？软法究竟包括哪些内容？目前国内外学者对之有两种偏向：一是"不承认软法主义"，认为软法只是一种规则而非法，即所谓"软法非法"、"白马非马"；二是"泛软法主义"，认为一切非硬法的规则皆为软法，即所谓"规则即法"、"热狗亦狗"。前不久我们北大举办了一个关于软法的研讨会，会上即有这两派意见。前者认为"法"只能是国家制定或认可的，由国家强制力保障实施的行为规则，非国家制定和非由国家强制力保障实施的规则就不能叫"法"；后者认为对人们行为有影响的一切显规则、潜规则，都是"法"，只要不是硬法，就是软法，软法包括政策、道德、理念及党和政府的各种指示、文件，等等。我认为关于软法的这两种观点都是偏颇且有害的，软法虽然软，没有国家强制力保障，但仍是法，就像我们说到"人"这个概念，说人是能说话，能思想的动物，但是社会上有些人不能说话，不能思想，我们是否应该将这些人排除出"人"的范畴呢？恐怕不能。甚至一个植物人，不仅不能说话、思想，而且没有知觉，还应认为他是人。但是，我们也不能把人的范畴无限扩大，将机器人、电子人等也归入"人"的范畴。同样的道理，我们不能把任何规则、规范，如政策、理念、道德等，都置于法律的架构之下，视为"法"的一部分。这两种倾向我认为是非常有害的，所以今天晚上我要来谈谈我对软法的认识。尽管不一定正确，但可以引发大家思考。

第三，"法"的概念，即人对法的认识，应与时俱进。"法"的概念不是绝对的，永恒的，在一定的历史时期，法也许是与国家紧密相连甚至是不可分的，"法"只是指硬法或基本上是指硬法。但国家的存在在人类社会只是一个很短的历史时期，在国家建立之前，人类行为是由一些社会规则、习俗所规范、所调整的，这些社会规则、习俗是当时的"法"。在现代社会，由于经济全球化、信息化、市场化与民主化的发展，非由国家制定和非由国家强制力保障实施的超国家法（国际法）和次国家法（社会公权力组织，如行业协会等制定的规则）成为越来越普遍的现象。在这种情境下，对法的认识仍抱住传统的观点不放就显得有些不合时宜了。特别是在公法领域，在行政法领域，作为软法的规则大量存在，我们不能视而不见。我们研究公法，研究行政法，不能不同时研究作为软法的公法、作为软法的行政法，即不能不同时研究公法中的软法、行政法中的软法。这也就是我今晚来这里讲软法的第三个理由。我不是完全"不务正业"，我的研究和讲授既有非正业的因素，也有正业的因素。

下面我言归正传，开始今晚的正式课题：软法在构建和谐社会中的作用——主要以作为公法的软法为研究对象，共分四个问题：①什么是软法？软法是什么？②软法为什么在现代社会呈迅速发展的趋势？③软法对于构建和谐社会有何种作用？④在构建和谐社会中，我们应怎样对待软法？

一、什么是软法，软法是什么

这是研究软法要解决的第一个基本问题，包括两个分支问题：什么是软法？这个分支问题是要对"软法"的概念加以界定；软法是什么？这个分支问题则是要对软法定性。

在目前学界对软法研究尚不深入的条件下，要对软法下一个准确的定义是相当困难的。国内外学者多引用法国学者 Francis Snyder 于 1994 年对软法概念所作的界定："软法是原则上没有法律约束力但有实际效力的行为规则"。①实际上，这个定义对软法概念的描述也并非完全令人满意，人们并不能从这个定义中完全了解什么是软法。当然，任何定义都是蹩脚的，人们不可能从一个事物的定义完全了解该事物。人们要了解和把握一个事物，不仅要明确其内涵，还要明确其外延。有时，人们从经验层面入手，先接触一下事物的部分外延，也许能对相应事物有更深切的感受。关于软法的外延，梁剑兵副教授曾综合国内外学者的各种观点，概括为 12 类：①国际法；②国际法中那些将要形成，但尚未形成的，不确定的规则和原则；③法律的半成品，即正起草，但尚未公布的法律、法规；④法律意识与法律文化；⑤道德规范；⑥民间机构制定的法律，如高等学校、国有企业制定的规范、规则；⑦我国"两办"（即中共中央办公厅和国务院办公厅）的联合文件；⑧程序法；⑨法律责任缺失的法条或法律，即只规定了应该怎么做，但没有规定如果不这样做怎么追究相应法律责任的法条或法律；⑩仅有实体性权利宣言而无相应程序保障的法条或法律，如没有相应程序性保障的宪法序言；⑪法律责任难以追究的法律；⑫执政党的政策等柔性规范。这是梁剑兵副教授对国内外学者有关软法外延主张的归纳。②

本人认为，上述关于软法外延的范围过于宽泛，可以作为软法的研究范围的应仅为以下六个方面的规则（理由后述）：

①行业协会、高等学校等社会自治组织规范其本身的组织和活动及组织成员行为的章程、规则、原则。应该说，在这些社会组织内部，存在着大量

---

① 参阅 Francis Snyder，"Soft Law and Institutional Practice in the European Community"（载 Steve Martin 编：*The Construction of Europe：Essays in Honour of Emile Noel*，Kluwer Academic Publishers）；另参阅罗豪才：《公域之治中的软法》（http://www.publiclaw.cn/article/Details.asp？NewsId＝1076&Classid＝&ClassName＝）。

② 但他本人并不同意所有这些列举的内容均属于软法的范畴，而认为仅有其中的一部分内容属于软法。参见梁剑兵：《软法律论纲》（http://www.law-lib.com/lw/lw_view.asp？no＝6558）。

的规范其组织成员的软法；

②基层群众自治组织（如村委会、居民委员会）规范其本身的组织和活动及组织成员行为的章程、规则、原则，如村规民约等；

③人民政协、社会团体规范其本身的组织和活动及组织成员行为的章程、规则、原则以及人民政协在代行人民代表大会时制定的有外部效力的纲领、规则；

④国际组织规范其本身组织和活动及组织成员行为的章程、规则、原则，如联合国、WTO、绿色和平组织等国家作为主体的国际组织规范国与国之间关系以及成员国行为的规则；

⑤法律、法规、规章中没有明确法律责任的条款（硬法中的软法）；

⑥执政党和参政党规范本党组织和活动及党员行为的章程、规则、原则，（习惯上称为"党规"、"党法"），这些章程、规则在其党内能够起到规范的作用，故亦应列入软法的范围。

本人为什么不把所有影响人们行为的非国家法的规范（社会规则、政策、道德、理念等）均归入软法的范畴，而仅把以上规则列入软法的范围研究呢？这是与本人关于软法的内涵和性质的观点相联系的，因为"什么是软法"取决于"软法是什么"。而关于"软法是什么"的问题，笔者的答案是：第一，"软法是法"（即所谓"白马亦马"）；第二，"软法是非典型意义的法（非严格的法）"，即它不是我们通常所说的典型意义上的法。

为什么说"软法是法"取决于三个因素：①什么是法，法具有什么一般特征？②上述软法（章程、规则、原则）是否具有法的一般特征？③将不具有法的一般特征的事物（道德、理念、政策等）归入软法有什么弊害？

第一个问题，什么是"法"？"法"具有哪些一般特征？哈特认为："在与人类社会有关的问题中，没有几个像'什么是法'这个问题一样，如此反反复复地被提出来并且由严肃的思想家们用形形色色的，奇特的甚至反论的方式予以回答"。① 迄今为止，人们对"法"下过成百上千（不说成千上万的话）个定义，但没有一个定义完全为世人共认。在高等学校法律院系，大学本科生在

---

① ［英］哈特著：《法律的概念》，中国大百科全书出版社1996年版，第1页。

研究什么是法，研究生在研究什么是法，很多教授还在研究什么是法。但是很难达成共识，不同的人对法的内涵有不同的理解。"什么是法"的问题并不像"什么是化学现象"、"什么是医疗"这样的问题有那么明确和唯一的答案。"法"的概念离不开"话域"（研究的时间、地点、目的和场合），所以很难成为下一个为人们所能共同接受的确切的定义，很多学者只是从不同的角度描述法的特征。关于法的一般特征，哈特从不同学者的论述中归纳出法的三个方面特质的争论点①：其一，"在任何时间和地点，法都有一个最为显著的普遍特征，这就是它的存在意味着特定种类的人类行为不再是任意的，而是在某种意义上具有强制性"。② 法规范着人们的行为，这就决定了法必然具有一定的强制性。如果某种行为规范对于特定人没有任何外在约束力，那么这种规范只能是道德或者政策之类的东西。能够称为法的东西必须对人们的行为具有一定的强制性和约束力。当然，法的强制性不一定是国家的，社会约束力同样可以构成法的强制要素。其二，"正义既是适合于法律的善，又是诸善中最具法律性质的善"。③ 很多学者认为，法律应体现一定的正义，如果违背正义，这样的法就是伪法或恶法。这里的正义既包括事实正义，又包括程序正义，违反正义的伪法或恶法如果是由国家立法机关经过正式的立法程序制定出来的，是不是应看作"法"呢？对此，人们是存在广泛争论的。其三，"法律制度总是由规则构成的，这是无可怀疑和不难理解的"。④ 法律是规范社会生活，规范人们行为的，因此它必然以一定的规则形式出现。然而，人们对规则却有不同的理解，规则包括广泛的范围。法是规则，但规则是不是都是法，这是存在广泛争议的。

第二个问题，关于软法的特征。本人就以上三个争论点的不同观点中，倾向于同意以下观点：①法是人们的行为规则；②法是具有外在约束力

---

① 哈特认为，关于"什么是法律"的问题，存在三个主要的经常出现的争论点：其一，法律和法律义务与以威胁为后盾的命令之间有何区别与联系？其二，法律与道德之间有何区别与联系？其三，什么是规则，宣称存在一种规则意味着什么？法院是真正地适用规则还是仅仅自称如此？（参见哈特著：《法律的概念》，中国大百科全书出版社1996年版，第6~14页）。

② 参见哈特著：《法律的概念》，中国大百科全书出版社1996年版，第7页。

③ 参见哈特著：《法律的概念》，中国大百科全书出版社1996年版，第8页。

④ 参见哈特著：《法律的概念》，中国大百科全书出版社1996年版，第9页。

的人们的行为规则；③法是由一定人类共同体制定、协商、认可的人们的行为规则，法具有民主性、公开性、普遍性、规范性。法的这三项特征，使软法的定位得以确立：软法亦法。因为软法规范人们的行为，规范社会关系，从而是人们的行为规则；软法不是对人们的内在心理，而是对人们的行为具有约束力，从而这种约束力是外在的；软法是一定人类共同体通过其成员参与、协商方式制定或认可的，从而其内容具有相应的民主性、公开性、普遍性和规范性。

法的这三项特征不仅使软法姓"法"，同时也使软法与道德、习惯、潜规则、法理、政策和行政命令相区别。

第一，软法区别于道德。软法是人们的行为规则，具有外在约束力，而道德首先是一种社会意识形态，其次才是人们的行为规范，[①] 其对人们行为的影响主要是通过人的意识、观念和社会舆论的作用。因此其约束力主要是内在的而不是外在的。当然，道德可以蕴含在软法和硬法中，但蕴含在软法和硬法中的道德仍然是道德，道德本身并不是法。关于道德与法（主要指硬法，但也可适用于软法）的区别，学者一般认为有以下五点：其一，表现形式不同，法的一般表现形式是规范性文件，且依法定程序制定或认可，而道德的表现形式主要是社会舆论，其形成无法定程序；其二，违反的后果不同，违法要受到法律制裁（软法的制裁手段包括纪律处分及共同体内部确定的其他制裁形式），而违反道德的后果通常是受到社会舆论的轻蔑、批评、谴责；其三，调节人们行为的方式不同，法是通过确定人们的权利和义务来调节社会关系，而道德则主要是通过确定人们的义务来调节社会关系；其四，调整的对象不同，法是直接调整人们的外在行为，道德则是通过影响人们行为的内在目的、动机来调整人们的行为；其五，规范体系的结构不同，法制规范体系是由不同部门、不同位阶、层级的规范系统构成，而道德规范体系则是由道德规范直接组成。[②]

第二，软法区别于习惯和潜规则。习惯是指人们在长时期里逐渐养

---

① 参阅《现代汉语词典》（修订本），商务印书馆 1996 年版，第 259 页。
② 参阅张文显主编：《法理学》（第二版），高等教育出版社 2003 年版，第 472~474 页。

成，不能轻易改变的行为倾向或社会风向。① 习惯不同于软法在于：其一，软法一般是制定的，而习惯是"逐渐养成"的；其二，软法是行为规则，而习惯是"行为倾向或社会风向"；其三，软法需一定外在约束力保障，而习惯则是人们自然而为，不需外在或内存约束。当然，习惯经过一定共同体认可后可以使之具有法的效力，谓之"习惯法"。但习惯本身不是法。至于潜规则，它是指一定共同体的人们在一定时期内逐渐形成的，为大多数人遵奉的，但秘而不宣的地下规则。潜规则虽然是行为规则而不是行为倾向，但它是"逐渐形成"而不是共同体通过一定协商程序制定的，而且它的作用往往是消极的，而软法的作用通常是积极的。软法虽然也有不成文法，但不成文法是公开的而不是潜规则。

第三，软法区别于法理。法理是指法律（包括硬法和软法）中所体现的一般的、普遍的、抽象的理论。② 法理不是法，因为法是由具体的规则和原则组成。法虽然也具有普遍性，但这种普遍性是指适用对象的不特定性，而不是指内容的抽象性和概括性。法理是从法（硬法和软法）中所抽象和概括出来的，但法理本身不是法。

第四，软法区别于政策。关于法（主要指硬法，但也可适用于软法）与政策（主要指执政党的政策）的区别，学者一般认为有以下四点：其一，法由立法机关（包括软法制定机关）依法定职权和法定程序制定，且必须公开；而政策可由执政党制定，政策文件可公开，也可不公开。其二，法主要体现为规则；而政策可以主要或完全由原则性规定组成，可以只规定行动的方向而不规定行为的具体规则。其三，法以一定制裁手段为其实施的保障；政策则主要靠宣传教育和纪律保障实施。其四，法具有相对稳定性；而政策具有较大的灵活性。③

第五，软法区别于行政命令。软法是由一定人类共同体通过其成员参与、协商等方式制定或认可的人们行为的规则，而行政命令是行政机关给行政相

---

① 参阅《现代汉语词典》（修订本），商务印书馆1996年版，第1348页。
② 参阅张文显主编：《法理学》（第二版），高等教育出版社2003年版，第32页。
③ 参阅张文显主编：《法理学》（第二版），高等教育出版社2003年版，第450页。

对人、行政首长给下属、管理者给被管理者下达的命令。① 前者体现民主性，具有普遍性、规范性，后者体现单方性，具有具体性、特定性；前者表达的是共同体成员的意志，后者有时虽然也反映共同体成员的意志，但这种反映因没有共同体成员（或至少有其代表）参与的制约，是没有保障的，而且，个人自己的意志由他人反映与由自己表达是有质的区别的。

当然，软法虽然是法，但软法不是一般意义的法，软法是非典型意义的法（非严格的法）。为什么说软法是非典型意义的法呢？说到非典型意义的法，我们就不能不回答什么是典型意义的法的问题，典型意义的法是什么样子的呢？对于典型意义的法，哈特曾描述道：任何受过教育的人都可能在某些基本的方面识别出法律制度（典型法律制度）的下列显著特征：①以惩罚来禁止或命令某些行为的规则；②要求人们对那些被自己以某些方式伤害的人予以赔偿的规则；③规定为了设立授予权利和创设义务的遗嘱、契约或其他协议而必须做些什么的规则；④判定何为规则和规则何时被违反并确定刑罚或赔偿的法院；⑤一个制定新规则和废除旧规则的立法机关。②

典型意义的法首先表现为强制性规则，由正式的立法机关制定或认可，有刑罚和赔偿等法律责任保障实施，由法院裁决法实施过程中的纠纷等。而对于非典型意义的软法来说，则不具上述特征。尽管软法（非典型意义的法）与硬法（典型意义的法）同属于法，但软法与硬法的区别仍然是明显的，而且是重要的。

第一，软法的制定主体一般不是国家正式立法机关，而是非国家的人类共同体（超国家的和次国家的共同体）。一般学者研究的软法，有时虽然也包括国家正式立法机关制定的，没有法律责任条款的，从而不以国家强制力保障实施的法律规范，但通常是指非国家的人类共同体（超国家的和次国家的共同体），如 UN（联合国）、SC（安理会）、WTO（世贸组织）、ILO（国际劳工组织）、WIPO（世界知识产权组织）、EU（欧盟）、ASEAN（东盟）等超国家共同体，以及律师协会、医师协会、注册会计师协会、高等学校、村民委员会、

---

① 关于"命令"的含义，可参阅《现代汉语词典》（修订本），商务印书馆1996年版，第892页。
② 参见哈特著：《法律的概念》，中国大百科全书出版社1996年版，第3页。

205

居民委员会等次国家共同体制定的规则或达成的协议。主体不同是软法与硬法区别的重要标志：硬法通常是国家法，软法则通常是超国家法或次国家法。

第二，软法不具有国家强制力，不由国家强制力保障实施，而是由人们的承诺、诚信、舆论或纪律保障实施。软法之所以称"软"法，其重要的原因就是其不具有国家强制力，不由国家强制力保障实施。软法不具有国家强制力的原因有三：①因为它的制定主体一般不是国家，即不能由国家强制实施；②软法一般是共同体内所有成员自愿达成的契约、协议，每个成员通常都会自觉遵守，无须强制；③软法不具有国家强制力并不等于其没有约束力，软法一经形成，相应共同体成员必须遵守。如果违反，他会遭到舆论的谴责，纪律的制裁，甚至被共同体开除，被迫离开相应共同体。

第三，软法的争议一般不是由法院裁决，而是由民间调解、仲裁机构处理或争议当事人自行协商解决。软法争议虽然不绝对排除法院裁决，在软法本身与硬法冲突，当事人人身权、财产权因此受到侵犯的情况下，其当然可以请求国家司法救济。但是，在一般情况下，当事人因软法实施发生的争议，主要是由民间调解、仲裁机构处理或争议当事人自行协商解决，而不是诉诸法院解决。

由于软法不具有典型意义的法（严格的法）的基本特征，所以，我们将之定位为非典型意义的法（非严格的法），它不一定要由国家立法机关制定，不一定要由国家强制力保障实施，不一定由法院裁决其实施中的纠纷。

第三个问题，前面我们大致界定了软法的内涵，确定了软法的性质。我们之所以要花这么多笔墨来界定软法的内涵和确定软法的性质，一方面是为了明确软法的外延，明确哪些社会规则属于软法的范围；另一方面是为了纠正目前软法研究中存在的"白马非马"式的"不承认软法主义"和"热狗亦狗"式的"泛软法主义"两种非常有害的偏向。"法"的概念不是绝对的、永恒的，在一定的历史时期，法也许是与国家紧密相连甚至是不可分的，"法"只是指硬法或基本上是指硬法。但国家的存在在人类社会只是一个很短的历史时期，在国家建立之前，人类行为是由一些社会规则、习俗所规范，所调整的，这些社会规则、习俗是当时的"法"。在现代社会，由于经济全球化、信息化、市场化与民主化的发展，非国家制定和非由国家强制力保障实施的超国家法（国际法）和次国家法（社会公权力组织，如行业协会等制定的规则）成为越来越普遍的现象。在这种情境下，对法的认识仍抱住传统的观点不放就显得有些不合时宜了。特别是在公法领域，在行政法领域，作为软法的规则大量存在，我们不能视而不见。我们研究公法，研究行政法，不能不同时研究作为软法的公法、作为软法的行政法，即不能不同时研究公法中的软法、行政法中的软法。

当然，我们也不能把软法的外延无限扩大，把任何规则、规范，如政策、理念、道德、领导人的指示、命令等，都置于法律的架构之下，视为"法"的一部分，这就如同我们不能把人的范畴无限扩大一样，我们不能把机器人、电子人等也归入"人"的范畴（我们最多能把克隆人归入"人"的范畴，如果未来有一天有人敢冒天下之大不韪，克隆出人的话）。同样，我们不能把"热狗"归入"狗"的范畴。"热狗亦狗"式的"泛软法主义"（将不具有法的一般特征的事物归入软法的范围）如同"白马非马"式的"不承认软法主义"一样，是非常有害的。"泛软法主义"的危害主要表现在三个方面：①"泛软法主义"将所有非硬法的规则、政策、命令、指示，乃至一些潜规则都归入软法，可能危害法治，导致人治。因为如果将领导人的命令、指示等都打上"法"（尽管是软法）的标记，就很可能为其以言代法、以言废法的行为提供合法的根据，使法治名存实亡。②"泛软法主义"可能危害民主，导致专制。前已述及，法的重要特征之一是体现共同体成员的意志，这就要求法的制定必须有共同体成员的参与，软法尤其应是全体成员或其代表协商的产物。如果我们将未经任何民主程序制定出来的规则均认定为软法，必然会助长专制，危害民主。③"泛软法主义"将所有现行规则（正义的和非正义的，显规则和潜规则）合法化，可能导致人们的价值观念混乱，进而导致社会秩序混乱。

二、软法为什么在现代社会呈迅速发展的趋势

近年来，软法在社会生活的各个领域都大量出现，并呈现不断增长的势头。为什么会出现这种趋势？我认为，原因有以下五个方面：

（1）软法的迅速发展是人类社会、经济的发展导致对法律需求的急剧增长与硬法因立法和实施成本过高导致法的供给严重不足的矛盾使然。在现代社会，无论是我国还是外国，法律需求与法律供给的矛盾都不同程度地存在。我国这方面的矛盾尤为严重：①由于历史的原因，我国法制在20世纪80年代以前极不健全，极不完善。改革开放以后，国家虽然加快了立法步伐，但适应市场经济需要的法律体系仍远没有建立起来。②我国立法机关的现行运作机制决定了立法供给难以满足人们对法律的需求。全国人大每年开一次会，会期一般不超过两周，通常只能制定一部（最多两部）法律；全国人大常委会每两个月开一次会，每次会期不超过十天，通常只能制定（修订）两至三部法律。① 当然，全国人大和全国人大常委会可以增加会期，如全国人大每年开两次会，每次会开两个月；全国人大常委会每月开一次会（全国人大开会时不开），每次开半个月，但这需要增加多大的成本啊。对此，我们只要看一下每年全国人大开会给北京市交通的压力就可以感知这种成本的一二。然而，在法律的需求方面，我国由于现阶段正处于经济体制和社会的转型期，各种新的社会关系都迫切需要法律调整，而国家法律（硬法）供给却严重不足，导致社会生活的许多方面无法可依。正是在这种困境下，软法应运而生，并快速发展，得以填补硬法调整社会生活的许多空白。②

（2）软法的迅速发展是经济全球化对国际统一规则的需求不断增加与民族国家因主权而各立各法的矛盾使然。自20世纪中期以后，经济全球化成为世界经济发展的一个强劲趋势，各国之间的经济、贸易，乃至政治、文化的交流加强，势必要求有统一和相对统一的国际规则调整，WTO就是很好的例子。但这些国际规则由哪个国家的立法机关来制定呢？这涉及国家的主

---

① 例如，2005年，全国人大只制定了一部法律，即《反分裂国家法》，2004年至2005年度，全国人大常委会只通过了25件法律，平均每月2件（参见《全国人大常委会公报》2005年第3号）。

② 就"三农"问题而言，要正确处理涉及农村、农民的各种相互关系，解决他们之间的各种矛盾、纠纷，就需要有大量的法律规范调整。对此，如果没有农民通过自己组织的共同体（如村民委员会等）制定的各种各样的村规民约，农村社会关系的稳定是不可想象的。同样，高等学校的正常运作，如果不依靠自己制定各种校纪校规，其教学研究秩序的维持亦是不可想象的。

权，即使有某个国家的法律特别公正，别的国家也不会同意将该国的法律自然适用于国际关系（包括国际经济关系）的调整。在这种情况下，只能是大家协商，形成相应国际共同体成员都能接受的规则（如 WTO 规则①）。这些规则即属于国际软法的范畴。毫无疑问，经济全球化为国际软法的广泛和快速发展提供了广阔的空间。

（3）软法的迅速发展是人们追求公平、正义的美好理想与硬法因种种条件限制而实现公平、正义不足的矛盾使然。人们制定法律，其一般动机和目的都是追求符合公平、正义的某种秩序。但是，硬法一方面由于要兼顾范围广泛的共同体成员（通常是全国公民）的利益，从而有时不得不牺牲共同体少数成员的利益（少数服从多数是硬法立法的基本原则）；另一方面由于要兼顾不同时空的客观条件，保持法律规范的稳定性，从而有时不得不放弃在部分时空条件下可能实现的公平正义。此外，硬法有时在形式和内容上确实很完美，但是因现实经济、政治和社会条件的种种制约而很难实现。对于硬法的这些不足，软法恰恰有用武之地。作为规模远较国家为小的次国家共同体，其制定的软法所调整的人、时、空范围均较硬法为窄，故所受制约、限制条件较少，且立法方式多采用共同体全体成员参与、共同协商的方式，从而有利于补硬法受限过多而致公平、正义不足的缺陷，能较好地实现人们在一定范围、一定领域内的公平、正义理想。②

（4）软法的迅速发展是现代社会关系和事物的多样性、复杂性、变动性与国家立法者认识能力的有限性的矛盾使然。现代社会由于经济和科技的迅猛发展，新的事物层出不穷，各种社会关系越来越呈现多样性、复杂性的特点。而相对来说，人的认识能力是有限的，立法者的认识能力是有限的，而这种认识能力的有限性往往导致立法机关制定出来的法律跟不上社会发展的脚步，难以解决社会中不断出现的新问题。作为硬法，由于其安定性的需

---

① 参阅《中华人民共和国法库·国际法卷》第一编第四节"国际投资与贸易·世界贸易组织规则"，第 9697~9989 页。

② 例如，就户籍制度的改革而言，由于各种条件的限制，目前由硬法来统一规定全国各地居民的迁徙自由自然是不现实的。但是，各不同地方、不同单位、不同行业完全可以通过自己的软法，创造条件，促成一定范围的共同体成员的迁徙自由。

要，又不能频繁地予以修改、补充，正是针对硬法的这种矛盾，具体领域的软法因其内容的灵活性和制定、修改程序的简便性为解决或缓和硬法的这种困境提供了可能性。明智的现代人不可能不充分和有效地利用这种可能性：运用软法来克服硬法适应社会生活的迟缓、僵硬的弊端，提高法对社会发展变化的适应性。[1]'

（5）软法的迅速发展是人们追求自由、自治与自由、自治需要规则、秩序的保障的矛盾使然。人生来是追求自由、自治的，不愿意有过多的清规戒律约束，包括法律的约束。但是常识告诉我们，人又不能没有约束。如果每个人都按照自己的意志任意行为，其就会失去自由，整个社会将会陷入一片混乱之中。因此，人们构成共同体，必须有法律：构成国家共同体必须有国家法，构成国际共同体必须有国际法，构成社会共同体必须有社会法。但是国家硬法过于僵硬，对个人自由和社会自治限制太多（尽管它是必不可少的）。从而人们需要有社会共同体制定和认可的、适应于各相应共同体成员的法（软法），缓和国家硬法的僵硬和对人们自由、自治的限制力度，以既构建社会的和谐与秩序，又在此基础上最大限度地满足人们追求自由、自治的愿望。[2]

以上五大矛盾的存在和运动，即软法在现代社会人们生活各个领域大量出现，呈现不断增长的势头的基本原因。

三、软法对于构建和谐社会有什么作用

要认识软法对于构建民主法治与和谐社会有什么作用，首先要弄清楚什么是民主法治与和谐社会。关于民主法治与和谐社会，胡锦涛同志曾在中共

---

[1]　以《国家赔偿法》为例，该法在制定时，立法者受当时人权保障意识和国家财政支付能力的限制，规定的赔偿范围、赔偿标准都是低水平的，而且随着时代的发展，越来越显得不近情理。例如，陕西麻旦旦"处女嫖娼案"，受害人身心受到那么大的损害，国家仅赔偿她76元钱。对于这种情况，软法（通过与相对人谈判、协商，确立一定的规则）完全可以有所作为：当地政府、有关部门、有关单位可以以其他形式、其他途径对之予以救济，缓和硬法的不公。

[2]　例如，各种行业协会制定的自律规则就是介于国家硬法与无约束自由、自治之间的软法。相对于国家硬法，自律规则使相应行业共同体成员感觉有较大自由空间，因直接参与规则制定而感受自治；相对于无任何约束的自由、自治，自律规则使相应行业共同体成员的行为得以规范，不至于妨碍其他成员的自由、自治和损害公共利益。

210

中央党校的一个会议上将二者视为密不可分的一体：民主法治是和谐社会的一个要素，和谐社会是民主法治追求的目标之一和民主法治运行的结果之一。他指出，"实现社会和谐，建设美好社会，始终是人类孜孜以求的一个社会理想，也是包括中国共产党在内的马克思主义政党不懈追求的一个社会理想。根据马克思主义基本原理和我国社会主义建设的实践经验，根据新世纪新阶段我国经济社会发展的新要求和我国社会出现的新趋势新特点，我们所要建设的社会主义和谐社会，应该是民主法治、公平正义、诚信友爱、充满活力、安定有序、人与自然和谐相处的社会"。① 按照胡锦涛同志的讲话，和谐社会的要素包括上述六项。这样，我们讲软法对于构建民主法治与和谐社会的作用，就不能不具体分析软法对于促进和谐社会上述六项要素的实际作用。

1. 软法对于推进民主法治的作用

软法对于推进民主法治的作用主要体现在三个方面：

（1）促进社会自治、公民自治，逐步减少国家对社会的干预，建设公民社会。② 在我国，曾经有两千多年的专制社会历史，国家权力非常强大，很少有社会自治和公民自治的传统。新中国成立以后，又实行了一个相当长时期的计划经济体制。在计划经济体制下，国家对社会生活的方方面面实行严密地控制，不可能允许社会和公民有多少自由、自治的空间。只是到 20 世纪后期，我们的社会才开始向市场经济转型，社会治理方式才开始向公民社会转化。与这种转型和转化相适应，要求国家权力（包括国家立法权力）逐步向社会转移，发展民间自治规则。而健全、完善社会软法，正是国家权力向社会转移的体现和保障。没有民间自治规则的发展，没有社会软法的完善，就不可能有公民社会的兴起，而没有公民社会的兴起，就不可能有现代民主法治。

（2）加强对公权力的监督和制约，防止公权力腐败和滥用。无论是国家公权力，还是社会公权力，如果没有法律对其行使加以规范，没有法律对之

---

① 胡锦涛 2005 年 2 月 19 日在中共中央举办的省部级主要领导干部专题研讨班开班式上的讲话。
② 关于"公民社会"，可参阅［美］James N. Rosenau：《没有政府的治理》，江西人民出版社 2001 年版；［美］Robert D. Putnam：《使民主运转起来》，江西人民出版社 2001 年版。

确立完善的监督和制约机制，就必然产生权力滥用，产生腐败。在这方面，软法虽然没有硬法那样的刚性，但软法的形成有社会公众更广泛、更直接的参与，其实施有更公开、更透明的机制，从而在某种意义上能对公权力形成更实际有效的监督和制约作用。此外，就立法权本身而言，国家立法在很多时候是由政府部门起草的，行政法规、部门规章、地方政府规章更是直接由政府或政府部门自己制定的。在这种情况下，硬法的权力色彩、部门保护主义和地方保护主义色彩更是严重。而作为民间自治规则的软法，无疑有利于冲淡立法的上述色彩，有利于保护公民和公民组织自身的合法权益。①

（3）补充硬法的不足，满足现代社会对法的不断增长的需求。如前所述，在现代社会，无论是我国还是外国，法律需求与法律供给的矛盾都不同程度地存在。我国这方面的矛盾则更为严重。在法律的需求方面，我国由于现阶段正处于经济体制和社会的转型期，各种新的社会关系都迫切需要法律调整，而在法律供给方面，由于种种主客观原因，国家法律供给却严重不足，导致社会生活许多方面无法可依。因此，发展软法，填补硬法调整社会生活的空白，有利于促进法制的完善和法治的加强，有利于健全我国民主法治的整体机制。

2. 软法对于构建公平正义的作用

软法对于构建公平正义的作用主要表现在下述三个方面：

（1）软法对社会关系的调整有利于不同情况不同对待，缓和硬法过分的"普遍性"可能导致的不公正。硬法具有普遍适用性，这是其很大的优势，但是社会生活往往是千差万别的，正因为如此，它就可能因未顾及社会中存在的不同的情况，导致不公正。而软法因为是由各种不同的共同体根据其自身情况量身定做的，故可以照顾到不同地区、不同行业、不同单位、不同个人的具体情况，有利于实现个别和具体的正义。

（2）软法的灵活性有利于法的调整，与时俱进，缓和硬法过分的"稳定性"可能导致的不公正。硬法的安定性、稳定性是其优点，亦是其缺点。因

---

① 当然，软法也会产生行业保护主义、单位保护主义和社会权力滥用，因此，硬法对软法的制约同样是必不可少的，软法需要硬法的规范。软法的规范化是软法研究的重要课题之一。

为时代总是不断发展的，任何事物都是不断变化的。作为法律调整客体的社会关系也不可能固定化，其同样会不断出现许多新的问题使法律原有的规定不合时宜，如不适时对这些规定加以修正，就有可能导致不合理、不公正。然而硬法由于具有相对的稳定性，故在很多时候不得不容忍一定的不合理、不公正。对硬法的这种缺陷，软法恰恰可在一定程度上予以弥补。因为软法具有相对灵活性，通常能够根据环境的变化不断调整与修正，从而能较好地防止规则过时导致的不合理、不公正现象。

（3）软法有利于缓和硬法过分的强制性可能导致的对人的尊严的损害，以更有效地保障和尊重人权。硬法虽然在大多数情况下是靠公民、法人和其他组织的自觉遵守而得以实现的，但在某些情况下，国家的强制力的介入乃是不可避免的。而国家的强制力的介入就有可能造成对人的尊严的侵害，有可能侵犯人权。而软法通常是由非国家的人类共同体制定和认可的，一般通过共同体全体成员的协商和同意，其实施一般不需要强制力，更不会有国家强制力介入，从而能够尽可能避免对人的尊严的损害，较有效地保障人权。①

3. 软法对于培植诚信友爱民风的作用

软法对于培植诚信友爱民风的作用主要表现在两个方面：

（1）软法本身是共同体成员协商、同意的产物，诚信是其存在的基础，其实施必然进一步促进诚信。如前文提到的北大学生考试自律规则和对抄袭行为的处罚规则，该规则如果是北大学生共同协商制定的(作为软法，其制定应该有学生的参与、协商、讨论)，那么它通常会得到同学们较为自觉的遵守。尽管有此软法也仍会有抄袭行为发生，但这种行为肯定会较大限度地减少。因为学生对规则制定的参与和协商，其过程即培植了他们的诚信精神。从整体来说，各种软法通常都是相应共同体成员通过参与和协商形成的，从

---

① 就治安管理而言，拘留、罚款、扣押、没收等处罚和强制措施是硬法确立的重要的治安管理手段。这些手段虽然是保障社会治安所必要的，但是它的适用，即使是依法适用，都可能对人的尊严和权利导致一定损害，如果滥用，则会对人权造成严重的侵害。因此，社会共同体通过有关软法措施，规范共同体成员的行为，就会减少人们违反治安管理行为的发生，从而减少硬法制裁和强制措施的适用。

而其对社会诚信作风的培植和激励作用显然要优于硬法。①

（2）软法的内容即在于调整共同体内部的各种关系，从而有利于促进人们友好相处。各种自治组织、各种行业协会制定的章程、规则，除了在少数情况下也调整外部关系外，在大多数情况下是调整内部关系，规范内部成员的行为的。这种调整和规范显然有利于消除共同体内部成员可能的争议、矛盾、纠纷，促进其友好相处，维护共同体内部的和谐。

4. 软法对于建设安定有序且充满活力的社会的作用

软法对于建设安定有序且充满活力的社会的作用主要表现在四个方面：

（1）软法有利于增强公民的主体意识，调动公民参与社会治理的主动性、积极性和创造性，避免硬法实施过程中可能发生的公民和国家、政府的矛盾。人，作为政治动物，天然有参与社会治理的要求和积极性，但是硬法（特别是全国人大和全国人大常委会制定的法律）由于是国家层面的法律，公民直接参与的可能性较小。公民由于其不能或很少能直接参与，其主体意识就难以充分体现，从而其参与法律实施，实现法律确定的目标、任务时也就不会有那么大的主动性、积极性和创造性。而软法则不同，它是由共同体成员直接参与协商、制定的，它能够最大限度被参与者所理解，从而使其主体意识能够最大限度地得到体现。这样，他们在参与相应规则实施，实现相应规则确定的目标、任务时就会充分发挥其主动性、积极性和创造性。从而亦可以尽可能避免硬法实施过程中公民与国家、政府间可能发生矛盾和冲突的情形。

（2）有利于加强行业自律、市场主体自律，减少市场各行业相互之间、市场主体相互之间的矛盾。市场主体之间往往由于利益关系，往往会因竞争产生种种矛盾、纠纷。这些矛盾、纠纷虽然可以部分通过硬法得到避免或减少，但是，当事人有时会故意规避硬法。对于软法，当事人规避的可能性则较小。因为作为软法的规则、协议，是他们自己相互协商制定或达成的，而

---

① 就目前的现实而言，有些社会共同体制定软法并没有充分吸收其成员参与讨论、协商，而是由少数负责人或管理机构的工作人员闭门造车造出来的。严格来讲，没有共同体成员参与协商制定的规则不具有"法"的品质，从而不能称为"软法"。因此，硬法要对软法的立法程序加以规范。

不像硬法，会有一种是国家、政府强加于他们的感觉。因此，软法有利于约束市场主体的行为，减少行业之间、市场主体之间的摩擦。

（3）有利于加强国际经济、贸易和文化交流秩序，建立和谐的国际关系。在国际经济、贸易和文化交流中，如果没有相应的规则，不可避免地将会产生许多摩擦、争议、纠纷。而国际规则只能由国际共同体成员相互协商制定，任何国家的法律不能自然成为国际规则。在现代社会，在经济全球化的今天，各国只有加强协商、合作，不断健全、完善国际经济、贸易和文化交流规则（即国际软法），才能够避免不必要的摩擦、争议、纠纷，维护彼此的利益，促进交流与合作，促进共同发展。如目前东亚地区、东南亚地区、南亚地区以及亚洲以外的其他地区的经济、贸易和文化交流、合作，均需要大量的规则规范。各国只有通过平等、友好协商，达成各方都能接受的共同规则，以规范相互关系和各方的行为，才能使合作和谐有序。

（4）有利于减少立法、执法成本，促进公民自觉守法的法秩序的形成。立法、执法均需要成本，人大制定法律要经过反复的调查、讨论，行政机关在执行法律时亦要花费大量的人力、物力，任何硬法的立法和执法均需要耗费大量的社会成本。而软法的制定则不需要硬法那么复杂的程序，在执行过程中也不需要国家强制力作为保障，它依靠共同体成员的自觉遵守，因而相比之下可节省大量的社会成本，从而更有利于和谐社会秩序的形成。

5. 软法对于促进人与自然和谐相处的作用

软法对于促进人与自然和谐相处的作用主要表现在下述三个方面：

（1）通过各种环保组织的规则，补充硬法对人与自然关系的调整。现在国际上有各种环保组织存在，他们制定各种规则，预防、抵制、阻止人们破坏生态环境的行为、活动。当然，在保护环境方面，硬法的作用也是或更是不可忽视的。但是，我们必须看到，一些国家、一些地区，为了自身的经济利益，不愿意制定和实施严格的环保硬法。他们的行为，不仅破坏了他们自己地区、自己国家的环境，而且破坏了与他们相邻地区、相邻国家，甚至整个地球的环境。因此，在环保方面，特别需要软法对硬法作用的不足予以补充。

（2）通过各种人类共同体的规则，补充硬法规范人对动物、植物、海洋、太空等外部世界的行为作用的不足和缺陷。每一个共同体组织，通过其自身的规则，规范其与自然世界的关系是非常重要的。最近，我国神舟六号飞船升空，这标志着人类对太空等外部世界的探索进入了一个新的阶段。但是，人类进入太空，其行为也必须加以规范，克服盲目性和无序性，否则，同样将导致灾难。例如，飞船、卫星、航天飞机等航天器留在太空的垃圾日益增多，将给未来人类航天造成极大危险。怎么办？这就需要各有关国家共同协商，制定出有关共同的规则，以规范人类的航天行为。

（3）通过软法的制定和实施，不断增强人们的环境和生态意识。软法是共同体成员协商制定和认可的，每一位成员都有遵守的义务，如果违反，就会受到共同体的谴责、惩罚。毫无疑问，在软法的这种制定和实施过程中，人们自觉保护环境和生态的意识将不断得到加强。软法的发展和软法所体现的人们环境和生态意识的增强将是一个互动的过程：软法促进人们环境和生态意识的增强，而人们环境和生态意识增强则会推进相应软法的进一步发展。

四、在构建和谐社会中，我们应怎样对待软法

软法是现代社会广泛存在的现象，并深刻地影响着我们的生活，影响着我们的权利和自由，但是到目前为止，尚没有引起我们法学界足够的重视，我们很多法学研究者对之视而不见，或见而不甚了了，不知道软法究竟是什么，有什么功能、作用？我们应怎样对待它？怎样规范它？我们应否通过硬法确定什么样的主体方有权制定什么样的软法？不同主体制定软法要遵循什么样的程序？不同主体制定的软法各具有什么样的效力，国家和社会共同体应怎样分别对软法进行监督？如相应软法违反硬法或违反社会正义，受到这些规则侵犯的相对人应如何获得救济？软法在实施过程中发生争议、纠纷，应怎样处理和通过什么途径处理？等等。目前，学界对这些问题都缺乏深入的研究，甚至缺乏基本的研究，致使软法在发展过程中出现了种种问题，影响了软法积极作用的发挥，甚至有时不仅不能发挥积极作用，反而可

能发生消极的和负面的作用。①

因此，我们必须对软法加以研究，并在研究的基础上对之加以规范。关于对软法的规范，本人认为最重要的有以下三个方面：

1. 正确界定软法的制定主体及其制定权限

软法是一定人类共同体制定或认可的规范共同体组织和共同体成员行为的规则。因此，一定共同体软法的制定主体只能是该共同体的全体成员或其代表，其他任何组织、个人不能代表别的共同体制定软法。而且，一定共同体一般只能制定规范本共同体组织和成员行为的规范，即一定共同体的软法一般只适用于相应共同体，不能将党章、党规、自治团体的规则等不加区分地适用于任何公民、法人或其他组织，不能把北京大学制定的规则适用于中国政法大学的学生，不能把律师协会制定的规则适用于注册会计师协会的会员，不能把中国共产党的党规适用于民主党派，等等。软法是由特定的共同体制定并在特定的共同体范围内实施的，如果超越这个范围，软法就不具有效力。此外，软法与硬法应有适当的分工，该硬处即硬，该软处则软，硬法要给软法留下发挥作用的适当空间，防止国家法干预一切，防止机械法治主义。同时，软法也不能抵触硬法，不能违反硬法。如果允许软法在没有硬法授权的情况下，可以作出与硬法不一致和相冲突的规定，国家法制的统一就会被破坏，整个法治大厦就会被动摇。

2. 规范软法制定的程序，保障软法规制对象对软法立法的参与

软法较之硬法最大的优势是规制对象对立法的广泛和直接的参与。软法如果失去这一优势，软法的积极功能和作用就会大打折扣，甚至可能沦为相应组织、单位负责人专制、独裁和侵犯共同体成员合法权益的工具。因此，软法的制定一定要遵循正当法律程序，保障规制对象的广泛和直接参与。

---

① 关于软法的消极作用，梁剑兵副教授认为主要有三个方面：其一，有些软法因为无法在社会生活中实施，在客观上造成了有法不依的社会问题，导致了人民群众对法制不健全的抱怨和不满；其二，上述抱怨和不满又造成了法律完美主义的病态期待。法律完美主义的缺陷在于，它试图把千丝万缕、纠葛不清的各类社会事务都用一条刚性的法律条文予以界定；其三，有些软法在事实上与硬法是冲突和矛盾的，却在社会中使用直接的柔性强制办法和非正式暴力强行实施，造成了激烈的法律冲突甚至是法治危机（梁剑兵《软法律论纲》，http://www.law-lib.com/lw/lw_view.asp? no=6558）。

所谓规制对象对软法制定的"广泛和直接参与"，是相对硬法规制对象对硬法立法的参与而言的。二者相比较，前者通常是全体参与，后者则通常是代表参与；前者参与的方式通常是通过直接协商达成协议，后者参与的方式则通常是通过座谈会、论证会、听证会听取意见；前者参与的结果通常是以全体一致的形式通过，后者参与的结果则通常是以少数服从多数的形式通过。为了保证软法的民主性和规范化，对于软法制定的基本程序应通过硬法加以确定，使之具有一定的"刚"性。

此外，软法规范化还有一个新规则制定和旧规则清理的问题。所有共同体都要定期对现有软法进行清理，废除其非法（非正义的或与硬法相抵触的）之法、过时之法，同时要不断健全、完善相应共同体良性运作所需之法，使其运作规范化、法制化。例如，高等学校每年都要制定那么多规范学生和教师行为的规则，校方应定期对各种规则进行清理，修改不合时宜的规定，废除过时的规定。各个共同体只有对自己的软法不断立、改、废，才能使之更好地发挥作用，否则，让那些不合时宜的规则继续存在、无限期存在，将破坏法制，侵害相对人的权益。

3. 完善对软法的监督机制，保障国家法制的统一性

软法是国家统一法制的组成部分，但由于软法制定主体的多元性和制定主体的利益驱动，其各自制定的软法有可能违反国家法制统一的原则，制造出各种非法之法、非正义之法，导致国家法制的混乱。因此，国家不仅应以硬法规范软法的制定主体及权限范围、软法的立法原则和制定程序，还必须建立对软法的完善的监督机制。这种监督机制应包括国家监督和社会监督两个层面：国家监督主要包括行政监督和司法监督；社会监督主要包括软法规制对象（即相应共同体成员）的监督和社会专门自律组织监督。行政监督主要指政府法制部门主动和应请求对各种软法规则的监督；司法监督则主要指由利害关系人向法院提起诉讼和法院通过司法审查的方式进行的监督；软法规制对象的监督指相对人通过行政申诉和司法诉讼实现的监督；社会专门自律组织监督则指通过建立软法争议、纠纷的专门民间仲裁机构或裁决机构等相应机构通过行使仲裁、裁决职能实现的监督。

总之，软法在规范人们行为和调整社会关系方面，有其长，亦有其短，有其利，亦有其弊。我们只有对其加以科学规范，才能有效地用其长，避其短，趋其利，避其弊，以充分发挥其对构建民主法治与和谐社会的积极作用。

【问题与回答】

1. 您讲座中提到北京大学制定关于考试抄袭处罚的规定。我们知道，北大根据法律、法规的授权，在学校范围内有一定的行政职权。在制定规则的过程中，它可以被看作是一个行政主体，它的行为应被看作是法律授权下的行政行为。那么它制定的规则是不是意味着可以纳入硬法的调整范围？我是不是可以说硬法和软法就没有区分了呢？是否可以说北大制定的规则是硬法同时也是软法？

社会科学领域内的问题不像数学中 $1+1=2$ 那样简单，有时会没有特别明确界限。社会组织的规则有的可能是硬法授权社会组织制定的，甚至还可能会以一定的国家强制力保障实施，但这些规则是相应社会组织实施的，它们在性质上属于软法，虽然具有硬法的个别特征。硬法是由国家立法机关制定和实施(有时也授权或委托社会组织实施，但不可能授权或委托社会组织制定)的，软法则一般是由非国家的(超国家的或次国家的) 社会组织制定和实施的。因此，北京大学制定的、在北大范围内实行的就一定是软法，而全国人大和全国人大常委会制定的法律基本上是硬法，但有些没有制裁措施，没有法律责任保障的法律也可以归入软法的范畴，这里的边界可能会有些模糊。

2. "软法"这一概念目前在中国还不是一个普遍接受的概念。根据您刚才的讲座来看，您对软法和硬法的区分是以有没有强制力来判断的。据我的感觉，软法并不软，硬法也并不硬。北京大学的校规可以直接剥夺一个学生受教育的权利，但是硬法有时候根本无法得以有效实施。如果这样看，是不是可以说您刚才的划分存在一定的问题？还有您刚才论证软法和硬法的观点是从法律概念入手的，把"法"的传统概念予以颠倒。依照我们传统的观点，"法"必须是国家制定的具有强制力的规范，而您刚才对"法"的定义与传统定义很不相符，我是否可以用另外一种方法对软法与硬法进行划分，即主流法与非主流法的划分。是否能够这样理解？

我的观点只是一家之言，软法与硬法划分首先是看制定主体，硬法是由国家制定的，而软法可以由社会组织制定，也可以由国家制定。其次才是看强制力，硬法是以国家强制力保障，软法有时也有国家强制力保障，但一般情况下没有硬法那样的强制力保障。虽然北大的规则很厉害，可以把一个人驱逐出学校，但是它不能规定人身强制措施，更不能规定刑罚，不能规定没收个人财产。又如中央纪委曾经规定对腐败党员有"双规"措施，涉及一点人身自由，之后，国家很快出台了《行政监察法》，以硬法代替了软法。关于对"法"的概念的定义，究竟什么是"法"这样的问题，学者争论很多，没有绝对的标准。我建议你也可以写一篇文章论述你自己的观点。至于软法的定义和与硬法的划分，学界更没有形成统一的共识，目前的研究尚处于初级阶段。当然，软法与硬法的概念早已被学界提出来了，而"主流法"与"非主流法"的概念我还是初次听到，如果要获得人们认同，恐怕你还要做一些论证工作。

3. 最近，房屋拆迁、土地征用等发生了很多冲突，从河北定州到广东的汕尾，造成了许多官民对抗的事件，这让我们匪夷所思。我想问的是如何高扬宪法精神来遏制这些现象？还有一个就是在行政法规中有许多不利法制统一的问题，您是如何看待的？另一个就是现在许多部门，如建设部和交通部等，制定的软法，到了地方难以有效执行，发生了许多扰民事件，老百姓的权益受到了损害，您认为如何高扬宪法的精神，遏制一些地方利益集团打着房屋拆迁等旗号关照地方官员和土地商的利益。老百姓要么是默不作声，要么是上访。您是怎样看待这个问题的？

这个问题主要不是软法的问题，而是硬法的问题。目前硬法有许多规定不完善，或者规定不统一。拿房屋拆迁、土地征用来说，这涉及公民的基本权益，但是没有具体法律去具体规范，所以造成一些政府部门往往打着国家利益、公共利益的旗号征用土地，拆迁房屋，其实施往往取决于行政机关的意志，征用、拆迁很随意，没有基本的程序制约。这主要是硬法的问题。当然这里面也存在一些软法问题，如不同法律原则之间相互冲突的问题，应当如何选择适用？例如，政府有时采用 BOT 的方式修路、修桥，允诺投资人 30 年的收费权，但是没到 3 年政府就予以取消，理由是收费站影响交通，损害群众利益。但是这样做的结果是违背了诚信原则。保障交通顺畅是公共利益，信守承诺涉及政府公信力和投资人的财产利益。这两种价值发生冲突时应当如何选择？这就涉及软法的问题，而非能完全依靠硬法解决。有些硬法无法解决的问题，通过软法可以得到很好的解决。因此，不能仅以硬法作为调整社会关系的唯一手段，要在运用硬法的同时正确发挥软法的作用。

自由、法治和美国宪法

演讲人：肯尼迪

美国联邦最高法院大法官

肯尼迪，美国联邦最高法院大法官，曾就读于美国斯坦福大学、英国伦敦经济学院，1961 年获美国哈佛大学法学院法学硕士学位，曾任独立执业律师、合伙人、美国律师协会会员、太平洋大学麦克乔治法学院宪法学教授。1975 年 5 月，肯尼迪经福特总统提名任美国第九巡回上诉法院法官。1988 年 2 月，经里根总统提名任联邦最高法院大法官。

我那生活在一个追求和平、自由与民主并将使后代之精神变为现实的世界里的公民们，非常感谢你们的欢迎！众所周知，在人的感情或心理中有一种节奏，一种平衡，一种韵律。在学术界中，也有一种完美的节奏：暑假是你们放松、休闲的时候；而现在你们回到学校来学习，我感觉到了你们对开始新一学期的兴奋与期望。老师们也同样感觉如此。

我以前在秋天回到学校开始新学期的时候也会感到和今天下午这里相似的激动和兴奋。与此同时，我也感受到了贵国开启一个繁荣、开放、振奋人心的新纪元的激动与兴奋。同时，来到你们中间，来到你们的伟大的国家是我本人的荣幸。

我们今天在中国感受到的激动与活力可能仅是一个序言。但是历史令人着迷的一点是我们并不知道今天的所见到底是一个序言还是一个结尾。我们究竟是在终结还是开启一个纪元？人类的情感通常如此——会自认为这是一个开始，而我也希望这是真的。而且我希望这是一个友谊、理解、互信的开始，是我们两国进步和友谊的开始。在此精神之下，我想我今天将做一个发言，然后希望能够听到你们的问题。那么下面，我想和你们谈一下美国宪法。在一些国家里，可能中国也是，人们认为美国人总是在谈论他们的宪法，他们的讲座总是以此为题。为什么美国人总爱讲这个话题呢？我不得不告诉你的是：美国人尊敬、敬爱他们的宪法是有原因的。

偶然间我发现坐在后面的一些人，如果他们愿意，欢迎他们到前排就座，我发现前排有空座位，除非他们想保留拥有那个狭小出口的特权。

美国人如此着迷他们的宪法是有原因的，让我来告诉你吧。正如你们从历史课上所知的，美国人反抗英国人的统治，而这是一项非常危险的事业。

英国人凭借他们强大的海军控制着各个大洋，而我们只是一个小国。当我们反抗英国的时候，全世界的人都想知道，美国人到底想怎样呢？他们究竟出什么问题了？（欧洲的）人们想知道原因，而我们不得不反馈给欧洲一个答案。

1776 年的时候，我们可没有电子邮件或者传真机。但这个问题的答案是有关于我们事业的原因，我们的任务，我们的命运的。这个答案即我们要自由。我们对自由的理解是人民来主导政府而不是政府统治人民。政府的权力来源于人民。人权并不仅是存在于政府的容忍范围之内的，它是人与生俱来，不可分割的。因此我们写下了《独立宣言》，我们创立了美国宪法，自那以后，美国宪法赋予了美国人民对于自我的定义。美国人民来自不同的人种，不同的文化，以及许多不同的种族团体，但是对美国宪法的共同信仰使我们团结在一起。我们的国家相对于贵国来说非常年轻。我们只有大约二百二十多年的历史。美国人民非常钦佩、着迷于贵国的历史和那些令人崇拜的制度。

另一方面，我国的宪法却是人类历史上最悠久的一部。我们热爱我们的宪法，这也是我为什么想以此为题的原因。你们可能对美国人的观点有一些了解，同时也可能知道为什么美国人总是在谈论这个话题——这是因为它定义了我们究竟是谁。美国宪法有许多不同的方面，但我今天下午主要想讲一下言论自由、表达自由、思想自由的美式含义。

如果你问我言论自由的目的是什么，我得说这个问题很难回答。一种形象的理解是把它想象成三个不同的目的——如果有黑板让我来解释一下就更好了——也就是三个同心圆。它们表示着不同的目的和不同的任务；虽然彼此不同，但却能互相兼容。想象一下三个圆，每一个都代表言论自由的一个目的。

第一个圆圈意味着如果我们想要控制我们的政府，言论自由就是必需的，即说我们如果想要拥有民主责任，言论自由则为之必要条件。我们必须清楚我们的政府在做什么；如果我们想控制我们的政府，那么就得让政府知道我们的观点是什么。美国人对此深信不疑。如果你跟一个美国人说你不可以说这，不可以说那，他可能马上就会和你吵起来。

让我来给各位讲一个案例。几年前，这个被称为"焚烧国旗"的案子一直打到了最高法院。美国人热爱他们的国旗。它是这个国家统一的卓然脱俗的象征——就像我说的我国没有任何一项如我们宪法一样悠久的制度（所以，国旗就更显得珍贵）。我们认为它非常美丽。如果有人在街头焚烧国旗来抗议的话，美国人会被气疯的。我不知道在中国情况是否也是这样。欧洲人不理解，他们会说："有什么大不了的？"但相反，美国人对此行为就会感到非常气愤。几年前，在得克萨斯州，一个年轻人可能是对什么事情感到愤怒了——我至今也不知道他究竟是生什么气了——反正他对政府的某个方面感到不满。当时，二三百个年轻人举行了抗议游行。其中有个年轻人划了根火柴，把国旗给烧了。这件事情发生在得州，当时的那些人愤怒地叫喊着。有一项得州法律将该行为视为犯罪。那个年轻人被捕，被定为有罪，并被处以罚款。

我们最高法院受理了这起案件。我们认为：焚烧国旗事件仅仅是一种表达，一种言论，一种意愿，而且他应当受到保护。因此我们认为这个年轻人应该被判无罪。我们并不愿意看到这件事，我们也不愿意听到这件事。但是我们认为是他的人权和他的政治权利赋予了他抗议的权利。

成千上万的美国人对我们的判决持不同意见。许多人对于这九个大法官告诉那个年轻人他可以焚烧星条旗的事实感到愤怒。这项判决尤其对那些在战争中扛着美国国旗的老兵们是一种侮辱。那些曾经在欧洲、在太平洋为自由而奋战过的"二战"老兵对此项判决感到十分愤怒。但当美国人对此思考一阵子之后，他们改变了想法。有一次，也就是那个"焚烧国旗"案6个月之后的一天，我在加州，也就是我的故乡的一个高速公路旁的餐馆和我的两个儿子吃早餐。

一个陌生人走到我们近前说："你是最高法院的肯尼迪大法官吧？"我想这个人电视真是看多了，因为实际上并没有多少人知道我们长什么样子。

我说："是的，我是肯尼迪大法官。"

"我想给你讲一个有关焚烧国旗案的故事。"

"好，你说吧。"

他说："我是个律师。我在附近的小镇上有个律师事务所。所有的业务都由我一个人来做。我来这是来照顾我父亲的。他从来不去我的律所。但是当报纸登出你们的判决时，他很生气地来到我的办公室。他破门而入，把报纸摔在桌子上，报纸上登着你们的判决。并说：'你应该为自己是一个律师和有这样一个允许你焚烧国旗的最高法院而感到羞耻。'"

他又说："我不知道该怎么和我正在气头上的父亲说，于是我给了他一份你的意见书。"在那份意见书上，我写道我理解美国人民对这项决定感到十分气愤。这种扭腕的同感是痛苦的，但却是基石一般的——因为国旗保护了那些手持国旗却对它感到厌恶的人们。国旗保护了那些和政府持不同意见的人。他又说到，故事继续，也结尾了："两天后，我父亲回来，他说他认真思考了一阵子，并读了最高法院的决定，说：'没关系，你可以以自己是名律师感到骄傲了。'"

这件事有几层含义。它表明了一开始看来可能是一个有问题的主张，当你仔细想过后，会发现它其实是有事实依据的。它表明了大法官们的教化作用；它表明了争辩、讨论、不同意见可能又是会导致一致的意见甚至和谐。

这就是言论自由的第一个目的。这第一个圆就是我提到的在民主体制内保证政治责任。在美国的每一个州、每一个小乡村、每一个大城市，我们都有审计人员、监察人员、检查人员来监督我们的政府。如果有警官不忠、贪污，或者一个贪财的官员受贿，或者立法者为了通过某项法律而收受贿赂，这些监察人员就会告诉我们。而且这些监察人员是免费的，政府不给他们开工资。这些监察人员被称作媒体。

我们相信我们想拥有一个自由开放的媒体。其实如果你在政府工作的话，你有时会被那些媒体气疯了的。它们卑鄙、讨厌、捣乱，侵犯你的隐私，甚至对民主和自由进行谴责。然而除了给媒体很大的自由度以外，我们找不到什么其他的方法来保证我们的政府是开明、正义、诚实的。好了，这即第一个圆。

言论（自由）并不只是保护一个政治系统。言论同样使我们可以对问题展开争辩，去讨论我们感兴趣的事物。这就是文明社会的生活多姿多彩的原因。我们可以讨论音乐，你喜欢勃拉姆斯音乐，我喜欢 Hip-Hop（并非真的喜欢）；你喜欢柏拉图，我喜欢亚里士多德；你喜欢某种食物，我喜欢粤菜，我们在这些事情上总是各不相同的。这很好啊！

我那次坐车经过天安门，看到那个巨型建筑，我问："这是什么？"我的司机说："是个蛋（指正在兴建的国家大剧院）！"我说："谁下的蛋？是什么东西？"然后他说那是一个有人喜欢有人不喜欢的建筑。我和我的妻子就开始就那个建筑谈论起来了，我们喜欢它什么，不喜欢它什么。这很好啊！这正是我们生活有趣的原因啊！你不应该住在一个不能谈论你所见到的建筑物是好是坏的城市里。这就是言论。我听说你们有个电视节目叫"超级女生"。我没法投票给我喜欢的超级女生。我的选择可能与你的有些不同。但是正是这种交流——我们可以探讨这些事情——使得我们的人类社会变得丰富多彩。

我要讲的第二个圆，实际上它包含了艺术、建筑、体育、文学、电视等，我们想要一个开放的对话。在美国法哲学中，这叫做"思想的自由市场"。在思想的自由市场里，各种思想为了能够让别人接受而互相竞争。一种思想被接受，另一种被拒绝，我们就是这样前进的。因此第一个隐喻（指同心圆）保护了我们在此进行探讨的能力。但是如果我就讲到这，仅提到思想的自由市场，这是不完全的。而且这个隐喻是有些误导性的，在法律上你得倍加小心，免得成为你自己的类比、隐喻、寓言的"俘虏"。思想的自由市场可能会帮助你理解思想的竞争，但是这个隐喻有缺陷。这个缺陷就是在市场可能会有规则。而我的哲学认为，对于言论来说，永远，永远不应该有任何（限制）的规则。

我要讲的第三个同心圆要超越一点思想的自由市场。这个对言论的第三种类型、第三个目的、第三个解释就是：言论定义了你自己是谁，使你拥有了你独一无二的人格。你就是你读的、说的、想的、信的。你由那个你祈祷的神和那个你不祈祷的神所定义，也就是你信的神和你不信的神。这是你人格的核心的一部分。在天安门广场有个奥运会倒计时钟，它计算着离奥运会还有多少天，多少分钟，多少秒。你们这代人也有个倒计时钟，它计算着离你们可以定义你们自己，定义你们的使命，定义你们自我的陈述，定义你们的命运将是什么，还剩多少时间。为此，你需要言论自由。我来给你举个案例，可能会解释一下言论自由的第三个目的。

在美国的 50 个州中，每个州都有自己独特的机动车车牌，根据你所在州的不同，有不同的颜色、设计。有些州有些宣言、格言或者口号在上面。我来自加利福尼亚，我们叫它金州，对于我们来说，它是阳光之州。纽约，帝国之州。在新罕布什尔州的车牌上写着："不自由，毋宁死"。其实对于美国人来说，这也是非常有趣、搞笑、很特别的。"不自由，毋宁死"这个棒极了的新罕布什尔州的个性箴言，他们把它印在了车牌上。有个男士叫伍德礼先生，他不喜欢这条箴言，他在他的车牌上面贴了个胶带。这样你就只能看到车牌号，而看不到那个箴言了。有一次他在开车的时候被警察拦了下来。警察亮起了红灯，让他停下，给他开了罚单。警官说："你不可以在车牌上贴胶带。"罚款金额是 15 美元。我们最高法院受理了此案——这只不过是一个 15 美元罚款的小案子。我们听取了伍德礼先生的陈述。他认为："我不需要在我的车牌上贴上这个州的箴言。这是你们的箴言，不是我的。我才不贴呢。新罕布什尔州可以想说什么就说什么。但是我没必要也得这样说。"最高院裁决这位司机（伍德礼先生）获胜。这只不过是一个 15 美元的小案子，一个车牌子，不会有太多人注意到它的。但是它却阐释了一个重要的原则，这个原则即你的信条、信仰、理念、信念、宗教、想法、政治观点是你自己的，不是别人的。我想，对于完成你的使命来说，这是非常重要的。所以，我们大家齐聚一堂，听美国人来讲言论自由，来讲美国宪法——这些美国人整天思考的事情。而且我们认为，言论自由深深植根于法治之中。

你们一直听得很认真。我真希望你们吃了午饭，我想让你们多问些问题。但是我想既然我提到了法治，我就这个问题再讲几分钟，我希望你们能够在你们的学习中也能够多探讨一下。我不懂中文，我不知道 rule of law（法治）在中文里怎么翻译的。但是在英语里，这并不是一个很清楚的表达。在某种意义上会说，法治，听起来有点极权主义的味道，不是吗？我是说，希特勒也有自己的法律。你得按他说的做。那就是法治吗？他让它确定下来，他让所有的法律确定下来。但是，这是法治吗？绝对不是！我认为法治应该包含三个方面。（我今天对数字"3"比较着迷。）

第一，政府要受到法律的限制。政府必须遵守法律。政府不能说我喜欢你，我不喜欢你。政府不能说它可以置身正义和诚实的约束之外。这是法治的一部分，但还不够。

第二，我认为法治应该是法律面前人人平等，不管你是富有、贫穷、年老或是年轻，你们将被平等地对待，而不管你的肤色、血统、宗教信仰、信念或者性别，你们必须被同等地对待。你们一定会对下面这个确立这一原则的著名的案例感兴趣。最高法院在大约19世纪80年代受理了此案。它是由一个中国人提起的而不是美国人提起的案件。他住在加利福尼亚的旧金山。他叫伊克·吴，这就是伊克·吴诉霍普金斯案。每一个美国法学专业的学生都得知道这个案例并牢记在心。这即法治的第二个部分——平等地保护所有人。伊克·吴有一家洗衣店。我得说，我相信你们知道那时在加州有针对华人的歧视和偏见甚至仇恨。旧金山通过了一项法律，规定所有的洗衣店必须有营业执照。想要开店的话，得到政府取得许可。于是，所有的洗衣店主去政府申请许可，当他们出来时，所有的美国白人都拿到了许可，而没有一个中国人拿到许可。于是伊克·吴把官司打到了最高法院。最高法院说："你们有一项看似中立公平的法律，但是却用一双邪恶的眼睛和黑手来执行它。在法律的执行过程中，你们造成了巨大的伤害，导致了人们的愤怒。这不是你们应该做的。"于是在1886年的时候，我们确立了这条主张，同时也是中国人确立了这条基石般的、基础性的法律。它阐释了每一个人都可以到最高法院来寻求我们美利坚合众国宪法的保护。这就是法治的第二部分，法律面前人人平等。

第三，法治即那些你作为人而享有的人权不能被政府剥夺。这就又回到了我刚开始讲的言论自由部分。我认为这点很重要，甚至高于一切。世界上的其他人民理解，我们争取自由并不是为了我们自己，而是为了全世界的兄弟姐妹。我们想让他们知道，我们不是帝国主义，不是自私自利的。我们只是想要人们拥有和我们一样的自由。我们的自由不是完美的，我们的体制不是完美的，我们的法律也不是完美的，但是我们是充满善意的，而且对我们的信仰深信不疑。

我有幸结识里根总统并与其一起工作。我和他最后的一次会谈是在他离开白宫之后。那是在他生病之前。他邀请我们到纽约和他及妻子南希共进晚餐。我说："总统先生，我非常荣幸和自豪可以感谢您的领导，感谢您结束冷战以及为苏联重新带来自由的勇气。"他说："我仅希望一件事——我希望历史记住我们所做的事情，我们是为了苏联人民的利益而非我们自己的利益。"他非常激动地说："那些是苏联的公民们本应该享受到的与我们同样的自由，控制自己命运的能力，以及选择自己未来的机会——这些都是人类自文明社会以来所不懈追求的。"

谢谢大家！很荣幸与大家交流！

【问题与回答】

1. 能否告诉我一个无国籍的法律人是否可以在美国提起诉讼？

你的问题的答案实际上很复杂。像其他国家一样，美国也不允许一个人随随便便入境。你得到政府的批准才能成为一个居民。不过如果你一旦踏上美国国土，你就有权利要求得到保护。

关于公司这方面的法律就有些不同了，并且变得更复杂了。在美国，公司也有一定的法律权利：你不可以随便进入一家公司就拿走它的财产，也不可以拿走它的资料。但是公司相应的权利大小必须由户籍法来决定。我不知道你提的那个案例。但是如果英国法律或法国法律说它不是一家公司，我们只好承认了吧。

2. 布什总统已经提名约翰·罗伯茨为奥康纳达法官的继任者。有报道称他是一个极度的保守派人士。请评价一下，并预测对中国的影响。并请预测约翰对 Roe vs. Wade 一案的影响，因为有报道说他将推翻此案先前的判决。

首先，美国最高法院不会干涉外交政策。外交政策是政府部门的特权，属于行政部门和议会。所以不管我们几个对外交政策有何看法，我想这都是无关紧要的。

你们知道我们只有 9 个成员。现在只剩下 8 个。而且有一个已经要辞职了，所以实际只有 7 个人了。在我们的体系中，我们 9 个人每一个案件都要共同审理。在许多其他的最高法院，他们分成了几个小组，3 个人审理这个，5 个人审理那个；而我们总是在同一间屋子（法庭）里，所以好像我们永远住在一起一样。我们彼此非常熟悉。当我们中有一个离开我们的时候，我们会感到非常不确定。我们会问：还会和以前一样好吗？这个新任会高效地工作吗？他是一个有礼貌、容易相处、拥有良好法学知识的人吗？

怀特大法官曾经和我说过："每次一个新的大法官加入到最高法院，最高法院就成为了另外一个新的法院了。"我起初觉得这并不是真的。但他是非常正确的。新加入的大法官会产生一种新的热情、新的力量。你将会有一个新的成员，一个新的团队。对于制度来说，这是件好事。虽然我不喜欢改变，但我得承认改变对我们有好处。

新法官对案件的裁决直到他审理的时候才能为大家所知。我想有些时候我们的议会和某些媒体对司法过程的本质理解有误。新法官发誓他将不抱成见。难处在于，我们在一生中作决定时总是很迅速。比如你会说我喜欢这，喜欢那；不喜欢她，喜欢他。我们都是这样很快地作出这种决定。但是如果有一天你不能这样了的话，你就会感觉很难熬。但是法律教育的本质、律师的职责，使你必须不停地问自己为什么要作这样的决定。尽管我长得年轻，但我已经做了 30 年的法官，我惊诧于我多么频繁地回顾我审理的案子，并不断地问自己为什么我这样做？

作为一名律师或者一名法官，你首先要做的是你构建、撰写、设计和写出你的主张、句子或原则。你给出一个原因，一个正式原因。有些时候，法学院的教授说："我们教学生们怎样思考。"这有点自命不凡，夸大其词了。律师们并没有垄断思考（的方式）。每一个好老师都希望激励学生们去思考。但是我们却有一套正式的方式来思考一些简单的东西。为了能这样做，你得掌握使用词汇的正式原则。这是第一步。

第二步是你得问这有意义吗？这符合法律、宪法、自己的正直的品格和道德，以及自身的良知吗？这是公平的、正义的吗？如果在这条漫长的路上，在某些意义上，你开始时有些疑惑，后来知道该如何去做了，接着你又回到起点重新开始。这样，你会发现一个新的原则——评价你的作为的原则。我的观点是，议员们问一个候选法官他们将怎样在甲案、乙案或丙案中裁决是非常错误的。法官其实根本不知道。如果这个法官已经做好了打算，在他的心中有一个既定的态度或信念，那他就不是一个好法官。你将在讨论会议、听取观点的时候再作你的决定。你应用法律来重新检查你自己的原则。这就是一个好法官所做的。

我们有些时候和其他法官一样不喜欢被人贴上保守主义、自由主义的标签。我知道这是人们用来解释某种态度的宽泛的用法。诚然，经过很长时间，当你作决定时，你就开始构建自己的法学（体系）了。在英美法系，你将被你（先前）的决定所束缚，除非特殊的环境要求他们改变。有个拉丁短语叫：Stare decisis。意为法律是确定的。当我刚当上律师时，我听说过 Stare decisis，对于我来说这有点老古董的味道了。听起来就像拿着一本布满灰尘的破旧的法律书籍，对过去刨根问底。法律是非常具有前瞻性的，那么你就会自问："我能固守这一原则吗？"

新来的法官都要发这样的一个誓言：他们将参与到司法功能之中，并不持偏见。我想这是非常合适而且重要的。对于美国的参议员来说，向罗伯茨法官或者其他的候选人问一些问题，来考察他们的公正的态度和气质、法学知识以及是否公正和开明，这是非常重要的。关于我们的任命近来逐渐频繁且不规则，没有固定的模式。而且在每一个个案中，参议院都有宪法赋予我们的最高法院避免卷入政治旋涡的职责。它是参议院的职责。其实，在罗伯茨成为法官之前已经在我们最高法院作为律师参与过不下 30 次辩论。我们就各人坐在一张大长椅上，律师们离我们都很近，甚至比离第一排观众还近。

律师离我们很近。我们提出问题，检验观点，对某种主张予以试验。这都是非常公开的。每个人都可以来到这里。如果我倾向于作出有利于某个律师的裁决的话，我有些时候会对这个律师很严格、很苛刻，因为我想看到我认为对的事是否经得起考验。所以一个法官了解这一活力，因为法律中充满了这种活力。

3. 从你的讲话中可以体会到你对个人主义和个人自由的尊崇。但是在中国这样一个十分复杂又尊崇和谐和妥协的国家中，你能和我们分享一下您就中国精神和美国精神的精华的共同点和不同点的看法吗？

这是一个好问题。我不愿意告诉中国人他们的文明是什么，将是什么。我知道统一和谐地创造一个美妙的生活中的价值。但是统一和谐大多处于稳定。人们对于那些经过重重考量的人的观点、价值显然更有信心。（美国）政府在衡量公民的兴趣时是开放的，正义的。政府是正义的，所以它可以公开它过去的错误。所有的政府都会犯错。（如果）政府对过去的行为非常坦诚，我想这会创造和谐的。不要将争论、讨论、对话和缺少对基本原则的共识混淆。这些基本原则在美国人之间是有共识的。在这些基本原则上，我们是达成共识的，我们对我们自己、我们的家庭、全人类都有责任做到正直、可敬。

如果在我们共同关心的问题方面达成了共识，我想我们之间的文明、文化远比我们想象的要接近得多。我们的关心是：所有人类制度都是有缺陷的。我们的美国宪法之父之一，詹姆斯·麦迪逊曾经说过："如果人类是天使，我们就不需要宪法了。"但是他们不是，所有权力都倾向于滥权。尤其是在一个核时代，我们必须小心政府作出的那些自己的人民并不同意的表态或决定。所有的政府都有这个问题。我认为，如果在所有的公民和政府之间有自由辩论的话，那么战争将不复存在。

4. 通过三年的学习，我认识到美国的政治法律制度可能是人类历史上最为出色的，最为先进的。可是在现实中各国存在诸多不同，美国在推行自己价值时也遇到了很大阻力。您怎样看待这个问题？在中国法治进程中，我们应该如何借鉴美国的制度设计呢？

我想美国人因所谓的"帝国主义的思想"被不公正地指责。当然在经济领域，工业力量的殖民主义会来到欠发达国家掠夺他们的资源，将这些带回到殖民地。这的确是对全世界的严重创伤。回顾历史，殖民力量在向他国提供架构和基础，并使他们建立自己的制度时应该更加小心。中国正在崛起中，你们期望得到更多的权力，并且理应得到更多的权力。

我们不应该担心帝国主义的观点。我想在市场领域、法律的概念、价值观方面我们变得愈加接近了。

对下面这个问题，扪心自问，我并不知道答案。你们能在一个相对封闭的政治体制下，却享有公开自由竞争市场的经济吗？我倾向于"不能"。我倾向于认为如果一个政治系统是平等公开的话，那么它将是更加稳定的。但是对此我们得非常小心：不能仅仅因为时机很好，贵国就要接受我国不完美的法律体制。（我们）不要像卖惠普笔记本电脑一样来推销自己的体制。我认为我们一直在讲的人类价值观很自然地将会比经济利益更长久地生存下去，且更加美妙，更加卓越，更将得到满足和回报。我（有资格）这么说，是因为我来自一个非常富饶的国家。但是我们越来越频繁地自问："究竟什么才是真正更好的生活？"我要你们也思考这个问题。对你的问题，我仅能回答到此了。

5. 从您的演讲中，可以发现您是一位理想主义者，对美国宪法充满信任。尽管如此，你的温和保守主义的态度还是更出名一些。和一个典型的保守主义者以及其他罗马天主教成员不同的是，当涉及有关公民权的问题时，比如说，Roe vs. Wade，您认为堕胎是妇女的权利，您甚至支持同性恋行为。那么，当您的政治信念和宗教信仰与您对美国宪法的信任不一致时，在您内心深处是否会产生这样一个哲学的冲突？

你以一种非常巧妙，富有技巧，值得尊敬的方式问了我一个很难的问题。对我来说，把我的信仰施加给其他人是很危险的。我必须非常小心，时刻牢记"上帝的物归上帝，恺撒的物归恺撒"（意指不要让你的宗教信仰影响你的公民责任，来自《圣经》："凡事各有所归"）。生命源于何时，是一个非常吸引人的哲学问题，我想你恰当地指出了罗马天主教廷对人的生命尤其是无辜的生命的高度保护的态度，当然这也是我的态度。

有个案子好像是 S 诉 V.，是有关于一个母亲是否可以在怀孕后期要求堕胎，几周后就要出生的胎儿是否能够再活下来，胎儿是否可以被从母体中取出剁成碎块。我想，我国对此非常重视并有严格的规定。我不同意法院允许这样做的决定。但是正是(少女)怀孕使得国家面临着一个日渐增长的对保护无辜生命的要求。这个问题使得美国人民感到很震惊。美国人从未讨论过这个问题。法院也没有，但法院却得对此作出决定。

我们依然坚持我们的看法。法律是在错误中学习的。这很有趣。在所有英美法系的律师法的书上，写了很多有关人类道德生活的故事，有许多关于人们追求一些事情但却事与愿违的故事，有关于善恶的故事。我们是从经验中学习的。案例法系律师的老师们对过分强调和忽视判决非常小心。法官们也对不把自己的观点强加给别人非常小心，否则正义就得不到伸张，反之亦然。如果一个法官发现他的作为有违他的道德时，那么这个法官必须辞职。

6. 集团诉讼中为什么选择了 opt-out（决定不参加）？这样的话，最高法院认为就得把所有资料寄给每一个公民，这样的话，成本太高了吧？不知道您的意思如何？

有两三个这样的案子打到了我们最高法院。相应的法规还未确定下来。集团诉讼有利有弊。有利的是：当你遭受了很小的损害时，你仍可以得到赔偿。而如果你个人进行诉讼的话，你可能打不起这个官司。即使你受到了很严重的伤害，想要获得赔偿还是很难的，因为你的对手是那些雇了优秀律师的大公司。许多案件都需要科学家、生物学家的专家证词，那么采用集团诉讼就要高效一些。缺点是：那些代表控方的律师会将此作为一个要挟大公司的手段。有些公司说："这简直是敲诈。"那些公司的诉讼费甚至要高于他们将要支付的赔偿。这些公司担心被恐吓、打劫、要挟。我们必须在此找到一个平衡点。在集团诉讼中的确有效率的优势并能伸张正义，同时它们也有可能被滥用。我们正努力攻克这一难题。我们希望得到更多的法律建议。我希望法学院和教授们能就此问题进行研究。这个领域的确很困难。我对你对这个领域的知识感到很惊讶。

7. 有个困扰我很久的问题：陪审团的成员来自各行各业，并没有法学知识。同时，被告有权指定陪审团（原意）。怎样才能保证陪审团作出公平的抉择呢？

首先，法官喜欢陪审团。因为难活都让他们干了。很难说法庭上谁撒谎，谁没有。假设我是一个法官，我得审理一个来自于不同文化，和我不是一代人的两个年轻人之间的案件。我是说我晚上并不去跟那些男孩子们喝啤酒。我不知道外面的世界发生着什么。我们法官喜欢陪审团。一个陪审团通常有12个人，有时是6个或9个。如果有12个人的话，在法庭上他们会在一起发现一些个人注意不到的事情。"你注意到作证的那个女士在鼻子上有眼镜压出的印痕么，但是她怎么不在法庭上带呢？"也许她根本看不见发生了什么事情。有些人发现了，而有些人没有。我们喜欢这个陪审团合作的活力。有个非常棒的美国电影叫《12怒汉》，我向我的学生们推荐这部电影。还有一部有趣的电影叫《我的表兄维尼》，它是讲关于陪审团的。

律师和法官们就你的问题争论不休。双方律师都要陪审团投票支持本方。我们有一些规定。你不能因为一个陪审员的种族、性别来申请让他回避。那什么是申请陪审员回避的正当理由呢？有人认为没有任何律师与此毫无干系。你选择了12个人，被免去的那个陪审员可能是有利益关系或认识其中一方的。我认为法律在此问题上将会更加小心。

关于陪审团，有件事真的让我很烦：在重大诉讼案件里，集团诉讼中，双方都会聘请理疗学家或心理医生。他们将对此作出研究并上呈法庭，"瞧，这才是你要的陪审员！"我觉得这对我简直是个侮辱。这是对陪审团制度的滥用。我相信"抽签全看运气好坏"。我做律师时对要求免去陪审员非常小心，我不喜欢这样。我会站到法庭前边，说："法官大人，这是个非常棒的陪审团，我喜欢这个陪审团。"其他的律师对此看法可能不同。对此问题有许多不错的著作。我们审视我们的体系时，会发现许多缺陷。但我们还是喜欢陪审团制度。它把人民带入到了诉讼程序之中。它是一种使法院民主的方式。但是它也存在问题，我们也已经意识到了。许多法学院正在对此问题进行研究。我们将会看到一些改变。我希望这回答了你的问题。

8. 你对中国传统和现状了解吗？你觉得西方法律能适用于中国国情吗？

对中国的了解我肯定不如你多。但我知道一点点。中、美两国的共同点远比我们想象的要多。我读过孟子的一些书。他提出了一个非常好的问题：一个人走在乡间，看到一个小孩就要掉到井里了，但他并不认识这个小孩或是他的家人。这时他有义务救这个小孩吗？我有些惭愧地告诉你们：在英美法系里，我们的答案是"没有"。在英美传统中，该行人被看作是志愿者。志愿者是没有义务的。我想在绝大多数的英美法系国家中，志愿者是没有法律义务的。但是请记住，在美国我们也有和"里"相同的长度单位（暗喻）。

当然道德义务会使得那个人冲过去救小孩。而且如果他不这么做的话，他将会受到谴责，并被人们所排斥。正是这个道德责任和人类义务使我们联系在一起。我们的这些相同点要比我们想象中的多得多。这个屋里的每个人都认为当然那个行人得去救人。他必须这么做，不这样做是不人道的。法律的目的就是使一个伟大的社会融入道德价值和传统。我今天的演讲是有关宪法的——律师们要学习的成文文件。但如果你学习了柏拉图、亚里士多德、孟子的理论，他们用"天性"（constitution）一词来指我们作为社会一分子的所有责任——正派、正直以及诚实、道德的责任之和。

9. 中、美关系最初发展很顺利。但是近来美国经常有关于中国人权的批评。请问你是否认为人权的概念应该多样化？

我在刚才已经跟你的同学讲过这个问题了。我认为有许多把我们联系在一起的事情，因为我们是人类社会的一员，我们享有相同的价值观。当然我们之间也有不同，也应该有不同。多样化使得生活变得美好。我来到中国看到很多麦当劳，我有点失望。我喜欢多样化。

但是在人类的重大事务上，我想联系我们的事情要远多于分离我们的事情。我不想讲外交事务，这不是我的领域。我的客人是一个普通的公民，但是我们的关系还是会有火花的。我们将会是非常好的朋友，彼此争论。有时，我们的领袖也会犯错，我们都可以理解。但重要的是，对于法律、历史、政府和道德的学习将会使你认识到人类当中那些怀着美好信念的人们总会找到更多的同路人，更多的使我们联系在一起而不是彼此分离的事情。

【演讲原文】

President Xu, and my fellow citizens in a world which seeks peace and freedom and democracy, and which will fulfill the spirit of the future generations to come. Thank you very much for your welcome!

You know, there is a rhythm, a balance, a cadence, to human emotions and to the human psyche, and in the academic world, there is a wonderful rhythm. You have the summer time to relax and to reflect. Now you are back to begin your studies, and I sense the new excitement and the anticipation as you commence another academic year. Teachers feel the same way. I was always excited to come back to my university in the fall and I sense that feeling of the dynamism and excitement here this afternoon. I sense also the feeling of dynamism and excitement as your country begins what may be in a new era of prosperity and openness and excitement. And as a honor to be here with you and to be in your splendid and magnificent country.

The excitement, the dynamism that we feel in China is probably a prologue. But one of the fascinations of history is that we are never assured what we are watching is prologue or epilogue. Are we closing an era or are we beginning it? The human spirit is such that we all think that we are beginning and I hope that is true. And I hope that what we are beginning is a new era of friendship and understanding, and mutual-commitment and progress and friendship between our countries. And in that sprit, I thought today I will make a few remarks, and then solicit your questions. And I would like to talk to you about the American Constitution.

Now in some countries and perhaps in China too, people say all those Americans are always talking about their Constitution, they are always lecturing this about their Constitution, why are they always talking about that subject? What I have to tell you, there is a reason that Americans revere and respect their Constitution.

Incidentally, I see some young people in the back, and if they would like to move forward, they are certainly welcomed to do so, I see some chairs; there are some vacant chairs in the front, if they wish to come, unless you are preserving the option for a narrowly exit, though.

There is a reason that Americans are fascinated by their own Constitution. And let me tell you what it is. As you know from your history, the American colonists rebelled against the English, and this was a very risky, very dangerous undertaking. The English ruled the seas with their great navy and we were just a small country. And when we rebelled against England, people around the world said: "What does the Americans want? What are their problems?" And people wondered what the cause was, and so we had to get an answer back to Europe.

In 1776, we hadn't got an E-mail or Fax back to Europe. This is what our cause is, what our mission is and what our destiny is? And this answer was that we want freedom. And freedom we know as it means that we direct our government; the government does not direct us. The powers of the government come from the people, that the rights of human beings exist not just by sufferance from the government but rights here and herein human personality. And so we wrote the Declaration of Independence, and we wrote the American Constitution, and since that time, the Constitution gave the Americans their own self definition. Americans come from many different races and many different cultures and many different ethnic groups, but we are united in a belief in our Constitution. Our country is very young compared to yours. We are less than two and a quarter centuries' old. And Americans admire and are fascinated by ancient history and your venerated institutions.

On the other hand, our Constitution is the oldest Constitution in the world that protects freedom. And we love our Constitution and that is why I thought that I talk about our Constitution today.

You might have some appreciation for the American point of view and a better understanding of why Americans are always talking about this subject, and that's because it defines who we are.

Now there are different parts of the Constitution but I thought that I would spend some time this afternoon discussing the American concept of free speech and free expression and free thought. If you ask what the purpose of free speech is, I think there is no simple answer. One way to think about it(I don't have a blackboard).One way to think about it is to think of three different purposes.

This would be three concentric circles. On computers you sometimes will see what I called a van graph there are circles that are intersected with each other. They indicate multiple purposes, different missions, different purposes but all are compatible with each other. So think of three circles, each is expressing a purpose of free speech. The first circle expresses the idea that free speech is necessary if we are to control our government—free speech is necessary if we are going to have democratic accountability. We must know what our government is doing and the government must know what our views are if we are going to control it. The Americans feel very strongly about this. If you tell an American that he can't speak or she can't speak, you are going to have a quarrel on your hand.

On your hand, let me tell you a case that came to our court, a few years ago, it is so called Flag Burning Case. The Americans love their flag. It's a transcendence symbol of nation unity for a country as I say that does not have any institutions other than its Constitution that are old. We think it's a very beautiful flag, and if someone burns the flag in the street to protest, the Americans get infuriated.

Europeans, I'm not sure how it works in China, don't understand this, they say: "Well, you know, what's the big deal?" But the Americans get very angry about this. In some years ago in Texas, a young man was mad at something, and I have never known what he was mad at. He was angry with the government about something. There was a big protest, maybe two or three hundred young people. And he took a match, and he burned the American Flag. This was in Texas and people shouted with anger. There was a Texas law that makes this a crime. And the young man was arrested and convicted and ordered to pay a fine.

And our Court took the case. Our Court said: "The burning of the flag was a pure matter of expression, it was a pure speech, it was an idea and it was protected. And so we say that the young man must go free. We didn't like what we saw; we didn't like what we heard. But we recognized that it was his human right, his political right to make that protest."

Thousands of Americans would disagree with my Court's decision. The Americans, many of them were infuriated by the fact that these nine judges would tell this young man that he could burn a flag. The decision was particularly offensive to our veterans who carry the flag in battle. The World War II veterans who fought in Europe, and who fought all over the pacific for the idea of freedom were infuriated with our decision.

But after the Americans thought about it for a while they changed their mind. I was visiting with my children in my home state in California with two of my children six months or so after the Flag Burning Decision. And I was eating my breakfast with two of my boys where we met in a highway restaurant so that I could visit with them.

A stranger came up to us and asked: "Are you Justice Kennedy on the Supreme Court?" I thought this man in some years watch too much TV, not too much people know what we looked like.

But I said: "Yes, I am Justice Kennedy."

"So I want to tell you a story about your Flag Case."

So I said: "Ok, I will hear the story."

So he said: "I am an attorney. I am a lawyer. I have an office in a small town near here. I practice all by myself. And I am here in this small town in California to take care of my dad, of my father.

And my father never comes to my office. But the day after your decision was reported in the newspaper, he came in great anger to my office. And I had some clients, some people that I was working with in the office. He burst right through the door, and he had your decision on a newspaper copy of the decision, and he threw it down the desk. and he said: ' You should be ashamed to be a lawyer to have this Court saying that you can burn the flag. '"

And he said: "You know why my dad was so angry. " He said, "For three years, he was a prisoner of the war in Germany, and he and his fellow prisoners would collect little bits of cloth, red, white, and blue, and they made a little flag. Then the German guard would find the flag and they disciplined the prisoners then they made a new one. And they kept their spirits up. And so my father was infuriated when you said this flag can be burnt. "

He said: "I don't know what to do with my angry father so I gave him a copy of your opinion. (The opinion that I wrote) "

And in that opinion, I said that I understood why the Americans would be angry with this decision. I said this poignant touching and moving is poignant but fundamental that the flag protects those who hold it in contempt. The flag protects even those who disagree with the government.

And the said, the story continues, the story ends, "Two days later, my father came back. And he said he thought about it and he said he read the Court's decision. And he said: ' It is OK. You can be proud to be a lawyer. '"

Now this shows several things. It shows what initially appears to us as a questionable proposition may have a ground of truth when you think about it. It shows you that Mr. President, Judges teach too (we teach). And it shows you that the debate, the discussion, the disagreement can sometimes lead to consensus, to harmony.

So the first purpose of free speech, this first circle what I mentioned is to insure political accountability in a democratic system.

Let me tell you this, in the United States, in every little village, in every big city, we have auditors, inspectors, examiners who are watching the government. And if there is a police officer who is dishonest and corrupt or there is a bullion officer who is taking bribes, or if there is a local legislator who is taking money in order to pass laws, these inspectors tell us them about it and these inspectors are free—the government doesn't pay for them. These inspectors are called the press.

We have the belief, and we want to live with a free and open press. Now if you work for the government, you are sometimes very irritated by the press. They are mean, they are nasty, they get it wrong, (and) they invade your privacy. And there is a censure for democracy. There is a censure for freedom. We have found no way of ensuring an open, decent, honest government other than to allow the press great freedom and great latitude.

OK, the end of the first circle.

Speech, though, is more than just protecting a political system. Speech enables us to debate ideas, to talk about things that are interesting for us. This is what makes civilization a life exciting. We can talk about music, you like Brahms, and I like Hip-Hop, not real. You may like Plato, I may like Aristotle. You may like such one food, I may like Cantonese food. We are all unique about this. That's good.

I was walking, or driving down the great huge blurb bar by Tian'an men Square and I saw a building, I thought: "What's that building?" And my driver said: "That's the egg. " And I said who lay that egg? What is that? And he told me that was a building some people like; some people don't. And my wife and I started to talk about the building—what do we like it? That's good. That is what makes life interesting. You shouldn't live in a city where you can't say as a good architecture or a bad architecture as watching it-this is what speech is all about.

I understand you had a TV program called "Super Girl". I wasn't allowed to vote for who was the Super Girl. My choice might be a little different than yours. But this is the kind of interchange that makes for a rich human society. We discuss these things.

This second circle that I am talking about... and this contains art, music, architecture, sports, literature, (and) television. We want an open dialogue. And in the

United States' legal philosophy, this is called the market place of ideas. The market-place of ideas, ideas compete with each other for acceptance. One product is going to be accepted and another will be rejected. And that's how we move forward. And so the first metaphor preserves the ability for us to have this debate. And if I end up with that second circle and the said market place of ideas, that would be incomplete. And metaphors are a little bit misleading and in the law you have to be very careful not to become the captive, the creature of the servant of your own analogy, of your own metaphor, of your own allegory. And the market place of ideas makes certain a-mount of sense you can understand the competition idea. But there is a flaw in the metaphor. And the flaw is that most marketplaces have some regulations. And my own philosophy is that there may be no regulation of speech, never, ever.

So I need a third category to go a little beyond marketplace of ideas. And this third category, this third purpose, this third explanation for speech is this: It is that speech is necessary for you to define who you are, for you to establish your own u-nique personality. You are what you read, what you say, what you think and what you believe. You are defined by the God to whom you pray or the God to whom you do not pray, the God who you believe or the God who you do not believe.

That's part of the essence of your personality. There is a clock on Tian'an men Square that is taking down the days, the hours, the minutes, and the seconds before the Olympic starts. Your generation faces a clock, it's taking down and you only have so much time to define who you are, and what your own personal mission, your own personal statement, your own personal destiny is going to be. And you need free speech in order to do that.

I give you a case, which explains perhaps, one small aspect of this third purpose of speech.

In the United States, each of our 50 different states has a different license plate for automobiles, and depending on your state, and depending on your color, and de-pending on your design. And some states have mottos, aphorisms, slogans. I come from California; we call it the Golden State, for us, it's the Sunshine state; New York, the Empire state. And on the license plate, the state of New Hampshire had an ancient motto. And it's "Live free or die." And even to the Americans, this is a little amusing, this is very Yankee, this is very individualistic. "Live free or die", this wonderful New Hampshire individualism, and they put that on their license plate.

And a man, whose name is Mr. Woodley, didn't like this motto, so he took some tape and he put a tape over the motto. So you could read the number, but you couldn't read the motto. He was driving down the street and the policemen stopped him. The policemen put on the red light, stopped him, and gave him a ticket. He said: "You put tape on your license plate. You cannot do that." And the fine was 15 dollars.

And the case came to the Supreme Court of the United States. The Supreme Court of the United States heard the case with a 15-dollar-fine. And we heard Mr. Woodley's argument. He said: "I don't have to carry the state's message on my license plate. It's your message not mine. I do not carry the state's message. The state can say what it wants. But I don't have to say it." And the Supreme Court ruled in favor of the citizen, of the driver. It was a 15-dollar-case. It was a license plate. Not many people noticed it. But it established an important principle. The principle is that your beliefs, your convictions, your ideas, your creeds, your religion, your thoughts, your politics are yours not someone else's. This is necessary, we think, to fulfill your human destiny. So you and I hear Americans talk about free speech, and the Constitution. These are the things they think about. And we think that free speech is inherent in the rule of law.

And you have been very patient; I know I hope you had lunch. I want to you ask some questions.

But maybe I will just spend a few minutes, because I mentioned the phrase, rule of law and explain about that. I want you to discuss it in your studies here.

I don't know Chinese; I don't know the translation of rule of law. But in English, it's not a very clear phrase. In one sense, rule of law, sounds rather totalitarian, doesn't it? I mean Hitler had a law. You had to do what he said. Is that a rule of law? He had it written. He had the law all written.

But was that a rule of law? It can't mean that. I think rule of law as three (I was stuck on three today). They have three parts.

One, the government is bound by the law. The government must follow the law. The government can't say I like you, I don't like you. The government can't say that it is immune, or exempt from being decent and honest, that's part of the rule of law. But that's not enough.

There's a second part, in my view, the rule of law means that all persons are treated equally before the law, rich, poor, old, young. You are treated the same regardless of your skins, your ancestry, your religion, your creed, and your gender. You must be treated the same.

You must be interested to know that the leading case in our Court to establish this was a case that came to us in 1880s, 150 years ago, and the case was brought, not by an American citizen. It was brought by a Chinese national. He wasn't even a citizen of the United States. He was living in San Francisco, California. His name was Yick Wo and the case was called Yick Wo vs. Hopkins, and every American law student knows this cast by heart.

Yick Wo had a laundry. And I must tell you and I think you know that in California, in those days, there was discrimination and prejudice and victory and hatred directed against persons of Chinese descendants. So Yick Wo had a laundry. The city of San Francisco passed a law, and they said all laundries must have permits. You must have permission by the government before you have a laundry. So all the laundry owners went to the government office for the permit, and when they came outside, all of the American white citizens had the permits and none of the Chinese had permits. And Yick Wo came to the Supreme Court of United States. And the United States Supreme

Court said that: "You might have a law that looks like neutral. The United States Supreme Court is humiliated." The United States Supreme Court said, "You might have a law that looks like neutral, but you are applying it with an evil eye and an unseen hand. In the application of the law, you are doing great injury and great hurt and causing great human indignity. And this you may not do."

And we established this proposition in 1886, and the Chinese national established this and his dead rock foundational, fundamental law. And it illustrates that any person can come to our Court in claiming the protection of the Constitution of the United States.

So that's the second part of rule of law. It protects all persons equally.

The third part of rule of law is that there are certain human rights, certain privileges that you have as a person that cannot be taken away by the government. And that brings back free speech where I began. So those are some comments on the rule of law and the Constitution as an American citizen, and we think it of great importance, we think it of overriding importance. The rest of the world understands that we want freedom not for ourselves but for all our brothers and sisters in human kind. And we want them to understand that we are not being imperialistic or unadventurous or selfish. We simply just want other people to have the same liberties that we think we have. Our liberties aren't perfect, our systems aren't perfect, our laws aren't perfect, but we are of good will and believing in what we believe.

I had the privilege of knowing and working with the President. Ronald Regan, one of the last conversations I had with him was after he was out of the White House. It was before he was ill. He invited us to New York City to have dinner with him and his wife Nancy. And I said: "Mr. President, I am so privileged and honored to be able to thank you for your leadership and your strength in bringing down the Iron Curtain and bring the beginnings of freedom what was once the Soviet Union." And he said: "I just hope one thing. I hope the history remembers that what we did, we did for the sake of the Soviet people not for our own sake." He felt very strongly, "The citizens of what was then the Soviet Union should have the same opportunities the same freedom, the same capacity to control their own destiny and to shape their own future that human kind had sought since the beginning of civilization."

Thank you, it is a great honor to speak with you.

澳大利亚的司法制度

演讲人：安东尼·墨里·格里森

澳大利亚最高法院首席大法官

安东尼·墨里·格里森，毕业于悉尼大学艺术和法律专业，1963年获新南威尔士律师执业资格，1974年任皇家大律师，1984~1985年，任新南威尔士州律师协会主席，1989~1998年，任新南威尔士州副总督。1988年5月以前，格里森任新南威尔士州最高法院首席大法官，1988年11月任澳大利亚最高法院首席大法官。

我很荣幸到这里来谈一下大家共同关心的澳大利亚的法律体系。虽然区分公法和私法两者的界限并不明显，但我分开来说可能会有用一点。我们所说的澳大利亚公法包括宪法、行政法；私法包括合同法、侵权法、继承法和家庭法。当然，刑事司法具有公法和私法之双重性质。

支撑我们整个法律结构的基础性原则是法治原则。也就是说，所有的权力，包括政府权力都是由法律所赋予的，并使之合法化。所有一切都要服从于法律，政府和公民一样都要服从于法律。而我们法律的基础是我们的宪法。为了更好地了解澳大利亚的宪法和公法，我们有必要先来介绍一下联邦主义。

也许有人知道，欧洲对澳大利亚的殖民仅仅开始于 18 世纪，到 19 世纪澳大利亚才成为英国的一些比较独立的殖民地。英国人也理所当然地给澳大利亚带来了普通法系。所以相对于贵国的大陆法系，我们是普通法系。它们是世界上主流的两种法系。伴随着欧洲人的定居，普通法系被引入澳大利亚，殖民当局逐渐发展了自治政府，并确立了他们自己代表的政府。在 19 世纪后半叶，由于多种原因，当然这些原因现在已经不重要了，澳大利亚在 19 世纪末统一了，并且成立了一个联邦国家。澳大利亚与不列颠议会不同的是，我们保留了联邦制的宪法，这部宪法生效于 1901 年。事实上我们在不久前刚刚庆祝了我们统一 100 周年。

在 1901 年，许多州或地方议会已经发展了各自的代表民主制，最后融为一体，形成了澳大利亚联邦。在联邦时期，所有的成年男性都有选举权。但是在 1901 年，并不是所有的女性澳大利亚公民都有选举权。差不多是在这之后的二三十年，澳大利亚才成为世界上最早赋予女性同等选举权的国家之一。

百年来，澳大利亚所有的议会都是通过普选产生。

联邦只是一个系统，在此系统之下，各种政府权力被中央政府和地方政府所分享。在 1901 年生效的联邦宪法划定了中央政府和地方政府之间的权限。在澳大利亚形成联邦制的时候，世界上仅有三个联邦国家，即是说只有三个澳大利亚可以参照的模型，它们分别是美国、加拿大和瑞士。澳大利亚宪法之父们选择了与加拿大不同的美国式的联邦制——此后，澳大利亚的中央政府的联邦议会限定了立法权。也就是说，在宪法之下，它可以在确定的领域制定法律，而其他领域的立法权属于各州。

在美、澳宪法之间有一大相同点和两大不同点。相同点是，澳大利亚宪法包含了严格的分权制——政府权力被分为：①立法权，由议会执行；②行政权，由行政部门执行；③司法权，由司法部门执行。美、澳宪法同样以政府的三个分支中的分权作为各自的精髓。和美国一样，澳大利亚主张分权而不是集权。

19 世纪英国伟大的宪法律师戴西认为联邦政府是一个"弱势"政府——那也是我们澳大利亚所选择的政府。也就是说，政府权力被各种不同的、分隔的元素所分离。任何一个（元素）不能凌驾于其他之上。

美、澳宪法的两大不同点是，你们可能知道我们还是一个君主政体，英格兰的女王同样也是澳大利亚的女王。她在宪法意义上是最高领袖，这通过任命政府总督来体现；在各州通过任命地方总督来体现。

在美国行政权属于总统；在遵循不列颠体制的澳大利亚，我们的体制是责任政府。在该体制下，实际的行政权，不同于正式的行政权，它属于国家各部部长；部长们的决议，政府总督必须执行。但是这些部长们都是议会的议员，这一点是与美国不同的。而且他们的权力仅在赢得议会信任（实际上，就是赢得下院的信任）的条件下才能行使。因为我们实行的是两院制体制，即众议院和参议院。所以行政权由以下议院多数党的领袖——总理为首的各部部长们行使。

政府的第三个分支，就是以我为首的司法部门。每个州在联邦时期都有各自的最高法院。在被任命为现任职务之前，我曾经是新南威尔士州的最高法院首席大法官。宪法造就了一个被称作是联邦最高法院的澳大利亚高等法院。它只有 7 名成员，是各个州最高法院的终审上诉法院，同样也是处理宪法纠纷事务的法院。澳大利亚法院，尤其是高等法院，处理的宪法事务主要涉及政府之间的权限。在我们法院，比如说，我们通常处理联邦政府和州政府之间权力分配的纠纷。同时我们也处理公民和政府对政府权限的纠纷。宪法中所规定的这些权力只有司法部门才有权解释。

法治要求所有的权力，立法的、行政的、司法的都是受限制的并且由法律控制的。当公民与政府之间，政府与政府之间产生分歧时，正是司法部门解释决定使用的法律是什么。显而易见，我们很重视司法权独立于所有权力来源，包括那些社会内部的政府权力。不管是联邦还是各个州，法官是由行政部门任命的。他们一旦被任命，将只能因为行为不检而被议会免职，而实际上，澳大利亚历史上还没有任何一个法官被如此免职。在这样的条件下，他们一直会任职到强制退休为止，比如我们法院是 70 岁，有些是 72 岁。

在我们的宪法中，有一项规定对于确立和维持法治是非常重要的。我们宪法中有一部分规定了赋予高院作出不利于联邦长官们的法院指令的权力，以使他们遵守法律。这些联邦长官们包括那些在澳大利亚法律体系内行使行政权的总理、各州州长。高等法院有权对那些破坏法律、不遵循法律规定而行使权限的联邦官员作出指令，这一规定是法治在我们的法律体系中得以维持的根本基础。公众对于法官的信任基于这样的假定：在政府与公民之间的一个案件中，法官将公允地把持正义的天平。没有这个假定，对法治的信任将不复存在。

和许多普通法系国家一样，澳大利亚的法官通常是在自己中年的时候以法律从业者的身份被任命的。我在 50 岁的时候被任命为法官，在此之前我一直是一名律师。这是普通法系国家的一个特点；而且是一个与大陆法系国家不同的地方，后者的法官们通常从大学毕业时起就从事这项职业了。在贵国、法国、德国、日本，在各大陆法系国家里，你们的法官通常在相对年轻的时候就成为法官了，并且终生从事这项职业。在我们普通法系国家，比如美国、英国和我国，通常在中年被任命为法官。

这种制度的结果之一是，这些法官都具有职业背景，通常具备独立的职业经历。我从未受雇于任何人，也未有过合伙人。在我被任命为新南威尔士州的最高法院首席大法官之前，我一直是一个独立的律师。

两大法律渊源是普通法和制定法——由议会制定的法规。联邦议会行使由宪法规定的权力，其余权力由各州议会行使。大陆法系的特点是法律的法典化。我们也有一些带有法典性质的制定法来处理比如货物买卖合同的案件。在澳大利亚的某些州，就有刑法典，新南威尔士州（我所在的州）就没有。所以，大部分法律是判例法。但是在近几年，澳大利亚和其他许多普通法系国家一样有这样的一个趋势：越来越多的法律由立法机构来制定。

我应该特别提一下刑事司法。澳大利亚和美国以及中国的最大不同之一是我们没有死刑。正如与美国一样，在澳大利亚大多数严重的刑事犯罪案件由陪审团审理；而相对较轻微的或简易罪案件是由法官或司法行政官独立审理的。

我得说在大陆法系和普通法系国家间的一个重大区别是，后者的法官数量要远远少于前者。在澳大利亚，我们有二千万人口，却仅有一千余名法官。

刑法主要由州法院实施，虽然联邦法院也有专门处理毒品走私的法庭。严重违法犯罪的案件由陪审团审理。如果你在澳大利亚被指控杀人，并且被起诉，你的案件将会由一位法官负责主持。而案件的事实部分将由 12 名公民组成的陪审团审理。他们是从社区里随机抽选的人，而且在作出决定后他们将回到原来的生活中去，他们的姓名也是保密的。

刑事审判的陪审团决定事实部分的审理；而法官的角色是为陪审团作出裁决提供适用法律的原则。如果一个人被定为有罪，法官的职责将是为其量刑。比如，谋杀罪将通常被处以 15 年甚至终身监禁。但是通常假释制度使得那些在关押期间表现符合要求的重案犯得以提前出狱。不像美国，我们没有所谓的强制量刑。我们倾向于保护法官对量刑的裁量。在美国，量刑的规则常常是非常具体、描述性的。当然在澳大利亚我们有最高量刑，我们也有量刑的相关规定或法律。但是和英国一样，我们的量刑体系的核心是在于量刑法官的自由裁量。

另一个跨越公法与私法的界限并在当今日趋重要的法律是环境法。一些州，比如新南威尔士，设有专门的环境法庭。新南威尔士州土地与环境法庭负责实施有关于清洁空气、清洁水、土地发展及土地使用等问题的法律。

商业和合同法非常重要。我们有涉及保险、货物买卖方面的法规。但是我们的法律原则主要是普通法原则——由法官来发展并应用。我们的合同法在大多数地方与美、英是相似的。而美、澳合同法之间的一个主要的不同点是，在美国的最高法院并没有一般管辖权来受理源自各州最高法院的上诉。因此，加利福尼亚州可能有一套（自己的）普通法，华盛顿州也有一套，佛蒙特州也有一套。相对来说，澳大利亚（仅）有一套普通法，因为澳的最高法院对来自各州的最高法院的上诉有一般管辖权。结果是，澳大利亚的普通法系统在全国范围内都是同一的，最终由高等法院裁决。

根据我们的合同法的一些法规和普通法的一些原则，有些合同必须以成文的形式来确保它的实施，但是一般原则是口头协议也是有效的。当然，关于是否可实施的问题是人们就之前所说难以取得一致。如果争论被诉诸法院，那么就由法官来决定事实部分的争论。在美、英、澳，关于合同的解释的原则在本质上是一致的。我们所应用的最基本的原则是当人们将协议以书面形式表示时，我们首先就认为他们要表达的意思就是他们所说的意思，而且我们达成一致的方面。我们合同法的实质就是保证人们必须依照自由签订的合同履行对另一方的职责。在这一假定中包含了实际上往往不现实的一点——合同双方具有对等的谈判能力。我们知道在世界上没有一个社会的人们具有相等的谈判能力。大多数合同是由具有不同的谈判能力的双方签订的。如果你对此有怀疑，那你就去买张飞机票，试试跟他们讲讲价、谈谈条件。

因此，在平等的原则之下，法院可以出于善意进行干涉，以期保护合同双方的交易公平性。这些原则或是源于普通法原则，或是由法规规定，都在所谓的消费者合同方面起着重要作用。消费者合同，当然，在绝大多数显而易见的例子中，合同双方的谈判能力是不相等的。类似于美国，我们也有严厉的反托拉斯法。联邦议会已经通过一项针对类似卡特尔的大型公司的旨在保护正当交易的商业运作法案。

你们将明白，在当今社会，法治的原则之一——司法的独立性——这一原则不仅在人权，在政府、在商业部门都扮演着很重要的角色。法治对于保护人权是至关重要的，同样它也对政府和商业部门是有益的，因为商人总想在一个有可预见的法律体系的安全背景下进行投资，这样，争端的结果就是可预见的了。当人们不管是在资本领域，私人商业还是政府商业或是乡村投资时，他们总会在投资之前算计一番的。他们想要得到资本的回报。同时他们愿意在可预见的投资环境下，承担低的回报率，也就是说低的利息率。如果投资环境不可预测，就会产生投资者们所说的主权风险，但是总得有人要来承担这一风险。如果想在商业交易中纵横驰骋，当与交易对方出现争端，而我又不知道接下来将发生什么时，相对于在那个我对争端结果的确定性有信心的环境，我期望得到一个较高的回报。如果我期望获得高回报，总要有人得为此掏钱——通常都是消费者。这就是澳大利亚政、商两界都支持法治的原因，因为它促进了一个政府和投资双赢的氛围，在根本上，这将对整个社会有益。

　　规定公民义务的法律在澳大利亚法律体系被称为侵权法。Tort 是古法语词汇，是错误的意思；它在诺曼征服时期被引入英国法律体系中。政府或公民有可能犯一些民事不当行为，而典型的救济就是损害补偿。最重要的侵权法是关于过失侵权行为的。在美、英、澳，如果你关注法律进程的话，你会发现它们的法律都面临着侵权法改革的压力。侵权法改革是当今普通法系国家的一个主要的热门政治话题。过失侵权法的精要是，一个人在某种情况下对他人的安全负有责任。如果这样一种责任存在，并且负有责任的人未对他人的安全负责，那么此过失的受害人就可以得到损害补偿。

　　你们知道大部分的争论是在那些一个人对另一个人的安全必须负责的情况下发生的。举个简单的例子，如你开着车，一个行人过马路，世界上任何一个人都知道司机应对行人的安全负责。但是更多的情况是复杂的。在什么情况下，一个人有责任防止另一个人的财产受到损失呢？答案是这种情况非常有限。因为如果一个人必须留意他的行为不会对他人造成经济上的损失，这将对人们的日常生活施加一个无法承受的重担。但是在少数特定的情况下，这种责任确实存在。即你知道某人的商业投资将依据你的建议时，你就有义务关心他的投资。如果你没有意识到须对其有一定程度的关注，你就有责任对所产生的损失进行赔偿。

一个有趣的且是当今澳大利亚与美国法律制度不同的方面就是关于隐私的问题。美国多年以来都通过一部成熟的法律来保护所谓的隐私权。但是，英、澳两国却不想走同样的道路。但是在今年，在英、澳，为了保护隐私权，保密法已经得到了发展。你们可能听说过前几年在英国一件有名的案子：一名模特在走出毒品康复诊所时被报社记者拍下来。她起诉了该报，认为这是对她私生活的干预，并且基于人的健康等问题具有自然的私密性的原因而获得了赔偿。报社记者将她从戒毒诊所走出来的场景拍下，并撰写文章来报道她的身体状况侵犯了她的隐私权。在接下来的十年，在侵权行为中的隐私部分，澳大利亚和英国的法律是否会与美国的法律趋同是值得关注的。

另一个美、澳法律体系之间的不同是关于诬蔑、诽谤方面的法律，即口头诬蔑他人或撰写有损他人名誉的文章。在这一方面，美国与英、澳法律之间的最主要的不同是：美国人相对于英国人和澳大利亚人来说，给媒体对公众人物的有污损性的文章保留了更多的自由空间。对此，相对于美国的法律，我对此有不同的看法。但是我们的法律原则在某些方面是允许媒体或其他人对公众人物有更多的批评的。但总体上我们保护包括公众人物在内的所有公民的名誉。

私法中另一个重要领域是继承法。美、英、澳所适用的核心原则是（公民）有权自由处分其遗产，但是却通过要求人们对家庭成员遵守道德责任对这个自由权加以限制。所以事实上一百年来我们从来没有过绝对地处置遗产的自由权。人们及其遗嘱都被要求对寡妇和孩子负有道德责任。这些要求都可以在所有澳大利亚司法管辖内的法律中找到，被称为家庭抚养立法。

家庭法或离婚法（案件）是由专门法院来审理的。这些案件大部分不是处理那些已婚人士的离婚请求，而是关于财产和子女监护权的争议。在澳大利亚，我们要求结婚和解除婚约都要具有正式性。婚约只能由法庭指令解除。解除婚约并不是基于过错，而是基于婚姻破裂。但是如果一个婚约被解除，双方通常会就子女监护权或财产，以及抚养费等问题产生纠纷，这种案件是由家庭法院来处理的。

其他一些涉及公法和私法领域的案件是那些包含了近年来日趋重要的特别问题的。首先是土著人对土地的要求问题。在18世纪欧洲殖民时期的澳大利亚，土著人被欧洲定居者们剥夺了土地。近年来，高等法院和立法机构出台了一些政策，联邦以及州和地方政府也有针对被剥夺土地的土著人应得利益的特别法律。的确有一些可供选择的争端解决机制使得大部分的纠纷得到解决，但是还是有一些被诉诸于冗长的法庭案件审理当中。

另一个导致澳大利亚法院不得不处理的大量诉讼问题是难民问题。自然，澳大利亚是国际难民协议的成员国之一。你们可能知道，有关于难民的协议是起草于"二战"后，它的问题是一些有关定义有些过时了。那些难民协议起草于那个认为典型的难民是为了免于迫害而逃出欧洲的人的时期。在当时，世界范围内的大量人口的迁徙带来了诸多问题，同时也使得难民的定义依据这批人而定，这些定义大多在现在已经过时了；而有些时候，难民协议中关于难民的定义显得很糟糕。由于澳大利亚四面环海，并且远离世界其他人口密集地，所以它并没有欧洲国家的那些人口迁徙问题。但是让人感到很惊奇的是，还是有那么多的人来到了澳大利亚。我们澳大利亚有针对吸纳移民和申请避难的人的政策，但是非法移民还是涌向澳大利亚的海岸线。他们中的许多人说："根据难民协议，我们的确是难民。"如果他们符合条件的话，他们就有权在此居留，那么，我们有责任给他们提供庇护和签证。但是许多案件是有关于他们是否符合条件的。

我将回到我开头的话题。当你思考一个复杂的法律体系时，律师和法官对于社会其他成员来说，尤其对政府官员来说是带有侵扰性的，这是不言自明的。我们将自己归于一个以制衡为原则的社会。而众所周知，那些被制衡的人却并不喜欢这样。所以澳大利亚政、商两界将此视为律师和法官对他们领域的侵扰。但是那些仔细考虑过法治的重要性的人将会明白，虽然这种侵扰很恼人，但却是社会法治精神之精要。十年前，一名英国法官曾经认为这些是合法性原则（的体现）——实际上这是对法治的重新阐释。但是正是这一原则使得政府将其权力归结于合法性，因为法治的反面就是"谬治"。商业将其运营的环境归功于合法性，因为成功的投资只有在一个尊崇这一原则的环境中才能得以实现。最重要的是，人权只有在这种情况下才能得以"兴盛"，除非有一部可以让人权得到保障的法律，否则人权是毫无意义的。

尽管人们对律师或法官对公、私领域的干预经常感到气恼，但是它却是整个系统运作的基石。我相信在未来的 10 至 20 年，政府和公民将会越来越意识到法治和司法独立的价值。

【问题与回答】

1. 请问在澳大利亚法院系统内部有几类职员，他们是怎样保持法院正常运作的？

以我所在的新南威尔士州最高法院为例，我们每一个法官都有一些自己的员工。每个法官都有一个助理。首席大法官有一个研究助理。法官的助理通常是法学院的学生或毕业生；他们为帮助法官写判决而提供法律调研。另外，每个法官都有一些相当于负责诸如接受来电来函等职责的秘书一类的职员。法院有一个行政主管、一些登记员和文秘等。他们的职责是为法庭审理而完备诉讼双方提交的资料，做一些相关行政工作。

2. 您刚才提到了合同法。我们知道在普通法系，澳大利亚的合同法法典是合同法的精华。那么平等性在合同法中扮演什么样的角色？因为我们知道即使知道合同双方不平等，法官也不可以更改合同。

在合同法中，平等性得以运行的核心原则是显示公平原则。平等性不允许一人因他人的残疾而获得恶意的利益。如果甲、乙两人签订一份合同，其中甲方有严重的残疾，比如智障或经验严重不足（未成年），重大谈判能力失衡，那么乙方因此而获得的利益是有失公允的。极端但却简单的一个案例（它同时也是在澳大利亚具有引导性的案件之一）：某人与一个极度酗酒者签订合同，后者将土地卖给前者。也就是说，卖土地的那个人因为酗酒而使得脑部严重受损，同时由于酗酒影响使得合约是非常不公平的。在这种情况下，公平性的要求将视该合约为无效。许多其他的严重不平等的例子都可以想象得到。但是我想强调一下"重大"（gross）这个词。我重申一次，谈判能力不平等的情况绝不是没有，就像我刚才说的你去买张火车票或飞机票，你就有机会试试和人家讨价还价了。

3. 澳大利亚的反腐系统很有效。请介绍一下。

澳大利亚腐败问题并不严重。在新南威尔士州和其他州都有独立的反腐机构。我们处理潜在腐败问题的方法就是透明化。我们认为公共事务向公众越透明，越不可能腐败。我很高兴地说在澳大利亚历史上没有发现任何一名法官犯有腐败罪，或曾经腐败过。虽然并不是未发生过，但是人们不经常向法官行贿，因为他们知道这是严重的犯罪，并将予以严肃处理。应对腐败的最好办法是阳光政策。

4. 考虑到澳、美之间的宪法，历史有诸多共同点，为什么美国不是第一个实现女性选举权的国家，反而是澳大利亚呢？

我想新西兰才是第一个。但是在联邦时期，南澳大利亚就有针对妇女的普选权了。我不知道为什么相对的，新西兰、澳大利亚的女性选举权赢得的如此之早。但是你说得很对，我们与美国有一个重要的不同点，美国是武装独立；而澳大利亚至今还是将英国女王视为自己的女王。当人们谈论女性平等问题时，统治者就恰恰是女的。一百年前恰好也是维多利亚女王执政。这一点，人们总是忽视。我不知道为什么各国之间的步伐（女性普选）不一样，或者为何第一次世界大战大幅地促进了这一进程。我是说战争使得女性地位有了极大的改变。

5. 仲裁是澳大利亚法律系统的一部分吗？商业争端怎样通过仲裁来解决的？

在商业领域，仲裁是可选择的解决争端的重要方式。事实上，在当前，不只有仲裁，协调和调节作为可供选择的方法也变得越来越受欢迎。但是仲裁和法院的裁决之间的关系是由成文法予以规定的。在澳大利亚我们有这方面的立法来处理法院强迫人们遵守仲裁决定的情况，法院在某些情况下解决仲裁判决的情况，以及仲裁的裁决由法院执行的情况。我得说在澳大利亚甚至全世界，这些其他可选择的解决争端的方式将越来越受到欢迎。

6. 您刚才说律师的角色在澳大利亚的作用很重要。据我所了解，律师在中国没有引起与澳大利亚相同的重视，这究竟是法制制度的差异，还是法制进程的不完善？

我对中国的法律职业的历史不太熟悉。因此我不能评价它的原因是什么。但是我得承认吸引人们成为律师的一个原因是金钱。事实上在澳大利亚的律师们挣得都很多。当然我相信一定有不少人从事这个职业是出于助人为乐和维护人权的目的，我就认识好多这样的人。因为这是一个非常值得尊敬的赚钱方式。我来自一个资本主义国家，我们认为利益的驱动是好的驱动。对于我来说，如果律师们收入可观的事实使得许多律师可以保护人权和公民权利，那么这是一件好事。

7. 法官对于律师的干预，对于诉讼的控制在最近澳大利亚有何发展？在这方面和大陆法系国家有何区别？您作何评价？

你的问题实际上是关于大陆法系的职权进行主义和普通法系的当事人进行主义的区别。后者以给予诉讼当事人自主性和正义的实现最有可能是竞争的结果的理论为基础，即是说，在当事人之间，由律师争得最大的利益。

在澳大利亚的民事审判和刑事审判中，法官应该扮演一个中立的仲裁人的角色。律师决定传问什么样的证人和辩论的内容；法官依据证据和双方律师各自的辩论来判决。相同的刑事审判中采取政府和公民间"争论解决"的模式。

事实上刑事审判在澳大利亚被描述为"女王诉张三"。在刑事审判中，法官不参与任何取证调查或者要求出具证据的过程。法官的角色是完全中立的。检控当局与独立的法官是相分离的。检控当局是政府行政部门，与司法部门没有任何联系。在我们的体系中检察官不可以成为法官，反之亦然。调查、举证的职责是检控部门的；而辩护律师的职责是作出回应、举证和陈词。

如果该案由陪审团裁决，那么法官的职责就是主持案件的审理，向陪审团提供有关判定当事人是否有罪的法律原则上的建议。所以不管是民事还是刑事审判，法官在调查举证中不扮演任何角色，这都是由律师来完成的。同时，法官干预律师办案的行为被认为是最不合适的。

8．请您介绍一下集团诉讼的基本原则，比如怎样的一个案件才能成为集团诉讼？

澳大利亚在联邦层面有专门允许人们提请集团诉讼的法规。同时州也有专门的法规来处理它。在这个问题上，美、澳之间差异很大。我们并没有像美国那种程度的集团诉讼。但是我们的确有集团诉讼。如果你对集团诉讼感兴趣的话，你可能知道有的集团诉讼的诉讼程序是基于 opt-in（决定参加）有的是基于 opt-out（决定不参加）的。比如说，如果你是那些为隆胸所带来的问题而困扰妇女中的一员，她们（包括你）将会对隆胸填充物的制造商提起诉讼。在美国这是一个很主要的集团诉讼，在澳大利亚也有相同的诉讼。在美国针对烟草公司的集团诉讼很盛行，但是在澳大利亚却并非如此，因为我们的集团诉讼的规定在这方面是很冗长烦琐的。我想在澳大利亚如今虽然有某种抵制美国式的集团诉讼的趋势，但是它的确越来越受到欢迎，越来越普遍了。当然，这是一种相信法治的人们伸张正义的方式。

9. 2001 年中国加入了 WTO，机会与挑战并存。那么请问加入 WTO 对澳大利亚产生了怎样的经济和法律制度的影响？

WTO 对澳大利亚很重要而且我认为它对经济的实质影响要大于其在澳法律体系的影响。我国主要生产初级产品和农产品，那么自由贸易就对我们尤其重要。但是，就澳大利亚而言，所谓的政治（话语）"农业补贴"在全世界范围内还是一个非常敏感的话题。我们的许多重要商业伙伴都会对本国农民实行农业补贴的。澳大利亚对此有一些反对的声音。WTO 内部有一些争端处理机制，诸如涉及农业的申诉将会在 WTO 内部被处理。反倾销的诉讼在澳大利亚时有发生，而它们实际是在联邦法律的保护下予以审理的。那么这就对法律体系产生了影响。我认为全球化对法律体系最重要的影响主要集中在商业领域，以及那些人们想要实现全球贸易的领域，这使得法律面临趋同的压力。但是我认为 WTO 的影响主要是在政治和经济领域，主要是因为它解决争端的机制决定了这一点。

10. 在西方国家律师收入很可观，而法官将会意味着诸多限制，比如在酒吧喝酒将会受到限制；请问为何还有那么多的律师热衷于成为一名法官？

直到最近，我不得不遗憾地说这被认为是一项责任。当我被任命为新南威尔士州首席大法官时，我 50 岁，我的薪水只是我之前当律师的 1/8。在澳大利亚和英国（当法官）被认为是一种回馈你从你的职业（律师）中所索取的那部分东西的方式。因此人们接受法官任命是一种出于责任感，并且这被认为是一项值得尊敬的还债方式。500 年前，英国一个著名律师曾说过："每个人都因其职业而欠下一笔债。"他的意思是，那些从事某种职业的人因此获得了体面的生活的机会，那么他们应该在职业生涯尾声的时候找机会作一些回馈。虽然在外边你不能喝酒，但你在家喝多少都没人管。

11. 请问澳大利亚法院在审判时是否还在援引别国判例？

你的问题实际上提到了枢密院这一话题。20 年前，澳大利亚的终审上诉法院还是英国的枢密院。这种情形直到 20 年前才被废除，使得高等法院成为终审法院。但是伦敦的枢密院是澳大利亚的终审法院这一事实曾经使得澳大利亚的法官们不得不援引英国的判例，因为英国的法院才是我们法律体系的终审法院。现在由于不再是枢密院作为高等法院，我们不必再被英国法院的裁决所束缚。但是我们也还对外国判例感兴趣。因为他们都和我们面临着同样的问题，而他们对问题的解决对我们有建设性意义。因此你的问题的答案是我们不再受英国判例的束缚，但是我们对所有其他普通法系的司法判例都感兴趣。

Members of the faculty and stuff of students, ladies and gentleman, it's a great honor to be with you and to have been asked to say something for your information concerning the Australian legal system.

It may be useful if I talk about public law and private law, although the dividing line between the two topics is not a bright line. Included in what we would describe in Australia as public law is constitutional law, and administrative law; Included in what we would describe as the private law is the law of contract, the law of tort, or civil wrongs, the law of succession and the family law.

And of course the administration of criminal justice has aspects of a both public and private nature.

The fundamental principle that underpins the entire structure of our legal system is the principle of the rule of law. That is to say, that it is the law that confers and legitimates all forms of power, including governmental power. And that are all subject to the law, governments and citizens alike, the basic law is our constitution and to understand the structure of Australian constitutional and public law, it is necessary to begin with the concept of federalism.

As some of you may know, European settlement in Australia commenced only in the 18th century, and Australia was settled in the 19th century as a number of separate British colonies. The British, of course, brought with them to Australia the common law. And so ours is a common law system as compared with yours which is a civil law system. They are the two great law systems in the world.

The common law was introduced into Australia by European settlement and as self-governing colonies were established, the colonial authorities gradually developed forms of self-government and established their own representative parliaments. During the latter part of the 19th century, for various reasons, they don't now matter; there were moves to the formation of a union. And that union became what was a federal union. Australia became united at the end of the 19th century and dissevered out of the active the British parliament, we attained a federalist constitution which came into effect in 1901, we have relatively recently celebrated our centenary of our u-nion.

At 1901, there were various states and provincial parliaments which had developed representative democracies. And they came together in a union, forming the Australia Federation. At the time of federation in Australia all adult male Australians had the right to vote. But in 1901, not all female Australians had the right to vote. That came some 20 or 30 years later, and Australia was one of the first countries in the world in which women were given equal voting rights with men. For 100 years all Australian parliaments have be elected by popular election.

Federalism is a system of government under which governmental power of all kinds be shared between a central government and states or provincial governments. And the Commonwealth Constitution which came into effect in 1901 defines the boundaries of governmental power between the central government and the state governments. At the federation in Australia, there were only 3 federations in the world. There were only 3 other models of federalism for Australia to look to, and they were United States, Canada and Switzerland. The founders of the Australian Constitution chose to follow the United States model which was different from the Canadian model in that in the United States and in Australia, the central government and the federal parliament has defined legislative authorities, that is to say, under the Constitution, it might make laws on particular identified topics, and the rest of the legislative power belongs to the states.

There was one great similarity between the Australian Constitution and that of the United States and two great differences. The great similarity between the Australian Constitution and that of the United States is that like the United States Constitution, the Australian Constitution involves a strict separation of powers, governmental power is divided into legislative power—exercised by the parliament; executive power—exercised by the executive; and judicial power—exercised by the judiciary. And it is the essence of our constitutional system as it's the essence of the United States' constitutional system that power is divided between those 3 branches of government. Like the United States, in Australia, we want divided power not concentrated power.

The great English constitutional lawyer, Dicey, in the 19th century, said federal government is a weak government. And that is the kind of government we prefer in Australia, weak government. That is to say government in which power is divided between various, separate elements. No one of them can dominate the others.

The two great differences between our Constitution and that of the United States are these, you may know we are still a monarchy; the queen of England is also the queen of Australia. And she is in constitutional terms the formal head of state, represented in Australia by her appointing the government general; and in each state of Australia, by her each representative governor.

In the United States executive power is in the president; in Australia following the British model, we have a system that is called responsible government. Under that system, practical executive power as distinct from formal executive power is in ministers of state upon whose advice the government general must act. But those ministers in our system unlike the United States' system are members of parliament. And their right to exercise the executive power remains only so long as they have what is described as the confidence of the parliament, in practice, the confidence of the lower house of parliament. Because we have a bicameral system—a House of Representatives and a Senate. So executive power is exercised by ministers headed by the prime minister, whose political party enjoys majority support in the lower or popular house of parliament.

And the third branch of government is that of which I am the head that is the judicial branch of government. Each state at the time of federation had its own state's Supreme Court. And I was the chief justice of the supreme court of New South Wales before I was appointed to my present position. And the Constitution created what is called a federal supreme court to be the High Court of Australia. It has only 7 members, and that Court is a final court of appeal from all state supreme courts. And it's also the court that decides constitutional issues. The constitutional issues that Australian courts and in particular the high court decided include disputes between governments as to the limits of their respective powers. In our court, for example, we commonly deal with cases in which there is a dispute between federal government and the state governments about the division of their respective powers. And we also deal with disputes between citizens and governments about the limits of governmental power. Because the essence of our constitutional structure is that all power is limited. And the limits are defined in the constitution and declared by the judicial branch of government.

The rule of law dictates that all power legislated, executive and judicial is limited and controlled by a law. And it's the judicial branch of our government that declares what the law is when there is a dispute between governments or between citizens and government about that. Plainly therefore, we attach great importance to the independence of the judicial branch of government from all sources of power including governmental power within the society. Judges are appointed by the executive branch of government in the federal area or the state areas. And once appointed, they maybe only be removed, and no judge in Australia ever has been removed in this way, but they maybe only be removed by parliament for serious wrong doing. Subject to that they hold office until they reach the age of compulsory retirement which in the case of judges of my court is 70; in some courts it's 72.

There is a provision of our Constitution which is of special importance in establishing and maintaining the rule of law. There is a section of our constitution that confers upon the high court power to grant orders against what is called officers of commonwealth in order to make them to conform to the law, and the officers of common wealth are the prime minister, the ministers of the state and all who exercise executive power within the Australian legal system. That jurisdiction in the high court to direct orders to officers of the commonwealth who are re-alleged to have broken the law to fail to comply with the limits on their power set by the law is the fundamental basis upon which the rule of law is maintained in our legal system. The confidence of the public in judiciary depends upon the assumption that in the case of a contest between a citizen and the government the judiciary will hold the scale of justice evenly. Without that assumption, there could be no confidence in the rule of law.

Like most common law systems, judges in Australia are usually appointed in middle age from the ranks of legal practitioners. I was appointed a judge at the age of 50 before that I had spend my professional life as an advocate. And that's typical of common law system and that's a major difference between common law systems and civil law systems where the judiciary is a career upon which people enter after having graduated from university. In your country, in France, in Germany, in Japan, in the great civil law systems in the world, your judges are judges who have become judges at a relatively young age and stay there throughout the whole of their lives. In our system, in the common law system, as in the United States, as in Britain, judges are typically appointed in middle age.

One of the consequences of that is that they are people from professional background who have normally lived in independent professional lives. I have never been employed by anybody in my life and had never had a partner in my life. My professional career has always been a sole practitioner until I was appointed chief justice of New South Wales.

The two great sources of law are common law and statute law; the statues are made by the parliament—the federal parliament, acting within the limits of its power as defined by the constitution and the state parliaments, exercising their residual power. As in most common law systems we tend not to have codes. Typical of a civil law system is codification of the law. We have some statues that are in the nature of codes dealing for example with the sale of goods. In some states of Australia, there are criminal codes, not in the state that I come from. So, much of law is judge made law. But there has in Australia, as in most common law countries been a increasing trend in recent years towards legislative intervention in law making (Excuse me, coughing).

I should say something particular about the matter of criminal justice. One of the great differences between the Australian legal system and the United States' system and the Chinese legal system is that we have no capital punishment. As in the United States most serious criminal offenses are tried by juries, relatively minor or summary offenses are tried by a judge or a magistrate sitting alone.

I should say in passing one of the great differences between common law countries and civil law countries is that in common law countries there are fewer judges than there are in civil law countries. Australia has a population of 20 million people and the total number of judges and magistrates in Australia is a little over 1000.

The criminal law in Australia mainly is administrated in state courts, although there are federal courts particular dealing with importation of prohibitive drugs. Criminal trials for serious offenses are tried by jury. If you are charged with murder for example in an Australian state and are committed for trial, then the trial will be presided over by one judge. And the facts of the case will be decided by a jury of 12 citizens who are chosen at random from the community and who retreat anonymously into the community after making their decision.

The juries at criminal trial decide the facts; the role of the judge is to instruct the juries about the legal principles to be applied to the determination to the case. And if the accused person is convicted, the role of the judge is to sentence the accused person. A typical sentence, for a person convicted of murder would be imprisonment of some years, say between 15 years and life. But there are systems of parole under which people who commit serious crimes can ordinarily qualify for earlier release depending on their behavior in custody. Unlike the Untied States, in Australia, we don't go in for what they called in United States mandatory sentencing.

We prefer to reserve sentencing discretion for judges. As you may know in the United States, rules about sentencing are often highly detailed and prescriptive. Of course in Australia, we have maximum sentences and we have rules and laws about sentencing, but the essence of our sentencing system like that in the United Kingdom is that it remains in the discretion of the sentencing judge.

Another aspect of law that crosses the dividing line between public law and private law and that is increasingly important in modern times in environmental law. Some states, such as New South Wales have specialist environmental courts. The land in environmental court of the New South Wales, for example, enforces the law in relation to issues such as clean air, clean water, land development and land usage, and matters of that kind.

Commercial and contract law is important. We have legislation on subjects such as insurance or sale of goods. But our legal principles are mainly common law principles, developed and applied by judges. Our law of contract is very similar in most basic aspects to that of the law of the United States and also United Kingdom. One major difference between Australia and the United States is that there is no common law of United States of America, because the Supreme Court of the United States does not have a general jurisdiction to hear appeals from states supreme courts. In consequence, there maybe a common law of California, and a common law of Washington, and a common law of Vermont. Whereas there is a common law in Australia, because the High Court of Australia has a general jurisdiction to hear appeals from all states' supreme courts. And one of the consequences of that is that the common law system is the same throughout Australia ultimately settled by the High court.

According to some of the statutes that govern our law of contract, and according to some principles of common law, there are certain kinds of contract that need to be writing in order to be enforceable. But it's a general rule that oral contracts are enforced. The problem of course about enforcing is that people don't agree between themselves on what they said to one another. And disputes about the facts are decided by a judge, if the matter gives rise to a court case. The principles of interpretation of contract are substantially the same in Australia as in the UK and US.

The fundamental principle that we apply is that when people put their agreement in writing, we start off with the assumption that they mean what they said. And we endeavor to enforce what people have agreed between themselves; the cause of essence of our law in contract is that the contractual obligation is that people have to one another are determined by agreements that they have freely enter into. You will understand that involved in this is an assumption that is not always realistic in practice which is that people are of equal bargaining strength. We all know that there are no communities in the world in which people are of equal bargaining strength. Most contracts are made between parties who are of unequal bargaining strength. If you have any doubt about that, you should try sometimes to negotiate the terms and conditions of an airline ticket.

Consequently we have principles of equity under which our courts may intervene in the interests of good conscience to preserve fairness of dealing between parties to contracts. And principles of this kind, some of them are common law principles, some of them established by statute are of especially importance in the field that are sometimes called the field of consumer contracts.

Consumer contracts, of course, are the most obvious examples of contractual situations in which there are likely in any quality of bargaining power between parties to contracts. Like the US, we have a vigorous anti-trust law. The federal parliament has enacted a trade practices act which deals with cartel typically of large corporations aimed at securing fair dealing.

You will understand in all societies now, the principle of the rule of law maintained by independent judiciary is especially important not only in the area of human rights, not only in the area of government, but also in the area of business. The rule of law is essential in maintaining the human rights, but it's also good for government and good for business, because business people want to be able to invest against a secure background of a predictable set of rules, with the outcome of disputes is known in advance. When people invest in capital, in the private business, in the government business or in the country, they calculate before they make the investment.

They return their requirements on their capital and they will be willing to accept a lower return on their capital, that is to say, a lower interest rate, in a predictable environment of investment. An unpredictable environment of investment produces what investors call sovereign risk and somebody has to pay for sovereign risk. If you want to beat in business transaction, and I don't know what's going to happen if I get into a dispute what other parties to the transaction, I am going to require a higher return on my capital than if I invest in a transaction where I know with a reasonable confidence what outcome of dispute will be. If I require a higher requirement on my capital, somebody is going to pay for that a typically consumer. That is why the government and business in Australia support the rule of law, because it promotes a climate of government and a climate of investment which is beneficial, beneficial ultimately, for the entire community.

The law of civil obligations is called in our system, the law of tort, an old French word that came into the English legal system at the time of Norman Conquest. That just means wrong. There are a number of civil wrongs that may be committed by one citizen or by a government. And the typical remedy is an award of damages. The most important tort is that the law concerning negligence.

This law is the same in UK, US and Australia, and as you may know if you are following at all the developments in those countries, the subject of much pressure is for tort law reform. The tort law reform is a major topic of political interest and political debate in most common law countries at the moment. The essence of the law of negligence is that one person owes another a duty to take reasonable care for the safety of the other in certain circumstances. If such a duty exists, and the person who owes the duty to take reasonable care for the safety of the other, doesn't exercise reasonable care, then the person who is the victim of the wrongdoing can recover the damages that resulted from the failure to take reasonable care.

You will understand that there are major areas of dispute as to the certain circumstances in which one person owes another a duty to take reasonable care of the safety of the other. There are easy cases, if you are driving a motor vehicle, and a pedestrian walks across a road, everybody knows in all countries in the world, the driver of the motor vehicle owes a duty to take reasonable care for the safety of the pedestrian. But there are many more difficult situations. In what circumstances for example does one person owe a duty to take reasonable care to prevent financial loss to another person? The answer to that question is in very limited circumstances. Because in what is imposed in an intolerable burden upon people in their daily lives, if they had to take care that their actions didn't cause financial harm on somebody. But a typical situation in which such a duty of care does exist is where there is no reliance when you know somebody is relying on your advice as to a financial investment. There you owe you duty to exercise reasonable care in advising them about the form of the investment and if you don't observe a standard of reasonable care then you are liable to pay for their damages, compensate for the harm they have suffered.

One of the most interesting in the developing areas of law in Australia and in one way our law is very different from the law of US for the moment concerns the matter of privacy. The US for many years has had a developed law to enforce what they identify as rights of privacy. In UK and Australia, the common law has been very reluctant to goad on their path. But in recent years, in both UK and in Australia, the law of confidence has been developed to provide rights of privacy.

Some of you may have heard of a famous case in UK in the last couple of years in which a well known model was photographed by a newspaper coming out of a drudgery rehabilitation clinic.

And she sued the newspaper for damages, claiming that this was an interference with her right of privacy and she recovered damages on the basis that information relating to people's health and certain other matters is confidential in its nature and the newspaper that published the information on the photograph of her coming out of a drug rehabilitation clinic and storied her health treatment interfered with her right of confidence. It would be interesting to see in the next ten years or so if the law of UK and the law of Australia come closer to the law of US in relation to that tort of privacy.

Another major difference between the law of Australia and the law of the US concerns with the law of defamation, slander, saying things and writing things about people of the kind to harm their reputation. Great difference between the US law and the UK law and the Australian law on that subject is that the Americans recognize much more freedom on the part of the press to publish damaging material about people in public life than we recognize in Australia or in the UK. I have a distinct preference for our approach as compared with the American approach in that area. But we have legal principles which in some aspects expose people in public life to greater criticism and great commentary by the press and others. But by and large, our law protects the reputation of all citizens including citizens in public life.

Another important area of the private law is the law of succession. The essential principle applied in Australia as in the UK and in the US is freedom of testamentary capacity, freedom to depose your assets, by will as you please but there are laws that limit that freedom by requiring people to honor moral obligations to family members. So there is not and has been not for 100 years a complete freedom of testamentary capacity. People are required; testimonies are required to honor the moral obligations to widows and children. And those requirements in all Australian jurisdictions are to be found in legislation that is called family maintenance legislation.

Family law or divorce law is administered in special courts and by and large the work of those courts is concerned not so much with people who are married may be divorced, but with dispute of property and guardianship of children. In Australia, we require formality for marriage and we require formality for dissolution for marriage. Marriage could only be dissolved by a court order.

But dissolution of marriage is not on the ground of fault. There is only ground for dissolution for marriage: that is breakdown of the marriage. But once a marriage is dissolved, commonly there are disputes between the formal parties to the marriage about the guardianship of children custody, about the guardianship of children or property rights and maintenance rights and those disputes are resolved by the family court.

Other areas which involve intersection between public and private laws include special topics thathave developed importance in recent years. The first I should mention concerns native title to land.

At the time of European settlement in Australia in the 18th century, the aboriginal population of Australia was dispossessed of his land by the European settlers. In recent years, there have been decisions of the high court and legislation, particular legislation of the federal government but also state and territory governments concerning rights of aboriginal people to the benefit of some of the land from which they were dispossessed. There are alternative dispute resolution procedures which it is hoped to deal with most of the disputes but some of them give rise to lengthy court cases.

Another area that has resulted in a huge amount of litigations in Australian courts concerns refugees. Naturally Australia is a party to international to the conventions dealing with refugees.

As you may know, a problem with those conventions is that they were drafted after the World War II, and in some aspects the definition of a refugee is a little old fashioned. Those refugee conventions were drafted at the time when a typical refugee was some one fleeing from persecution in Europe. You probably know that there are large movements of population throughout the world at the moment with people fleeing from various kinds of problems and bringing some of those people within the definition that are now rather old fashioned. The definition of refugee in the refugees' conventions is sometimes awkward. Australia, because it's surrounded by sea and it's so distant from the major areas of population in the world is spare the problems that some European countries have with major movements of population. But it's surprising how many people make their way to Australia.

We have a program in Australia bringing immigration and asylum seekers in but illegal immigrants arrive on our shores. Many of them say: "We are refugees are within the many of refugee convention." If they can establish that, they are entitled to be there, we are obliged to give them asylum and visas, if they are refugees. But there are a lot of cases about whether people can satisfy that requirement.

I will return to where I began. It is self evident when you consider a complex legal system in a modern society that the role of lawyers and judges will appear to others in the community, in particular to others in government to be intrusive. We belong to us society that operates on the principle of checks and balances. And you will understand that people whose power is checked and balanced don't enjoy being checked and balanced. So governments in Australia and commercial enterprises in Australia see what they regard as increasing intrusiveness of lawyers, judges in their affairs. But those who reflect upon the importance of the rule of law understand that irritating as this intrusiveness might be a spirit of legalism in a society is essential what they are trying to do.

An English judge about ten years ago identified what he regarded and what he described as the principle of legality; it's really a restatement of the rule of law. But it is the principle that government owes its power to legality, because the only alternative to the rule of law is rule of false. And business owes the environment in which it operates to the legality because successful investment can only take place in an environment that honors that principle. And most fundamentally of all, human rights can only flourish on the basis of a principle of legality because rights mean nothing unless there is a law according to which those rights can be enforced.

So irritated as people may be from time to time by what they see as the intrusion of lawyers and courts into private and public affairs. It's the basis on which the entire system operates. And I'm sure in all societies in the next 10 or 20 years, governments and citizens will become increasingly conscious of the value the rule of law and the independence of judiciary.

知识产权与中国

——商务工具及财富的创造者

演讲人：伊安·哈维

英国知识产权研究所主席

伊安·哈威，在剑桥大学取得机械科学 MA 学位并在哈佛大学取得工商管理学位。他曾在 Vickers, Larporte 等公司及世界银行任职，1985 年起在 BTG（一家在伦敦证券交易所上市的公司）担任总裁。他于 1988 年至 1993 年间任英国首相科技顾问委员会的委员，现任英国知识产权研究所的主席以及英国政府知识产权顾问委员会的主席。

首先，我不是一名律师、专利代理人或专利律师，我只是一名普通的工程师。我曾在以专利和知识产权为主要业务的 BTG（不列颠科技集团）公司任首席行政官。在过去 20 年中，我是一个知识产权变革史的见证人。我的初衷是清除盗取玻璃制造专利的人，和那些在 19 世纪偷窃纺织机技术或盗印查尔斯·狄更斯的书籍的美国人。同时，我也通过这样的方式成为了一名科技史的学生。在这期间，我阅读了包括中国发明史在内的世界发明史书籍。今天，我把我生命的部分使命看作是帮助那些在知识产权界的人更好地与外行之间在复杂思想与问题之间作沟通，因为外界很少有人真正知道什么是知识产权，知识产权究竟是干什么的。

作为一个到访中国的外国人，我在演讲时有些顾虑（我在过去 30 年中经常来中国访问）。所以，如果我的演讲离题太远，请原谅。同时，我非常抱歉不能用中文而是用英文来演讲。如果你们不理解我在演讲中所使用的复杂词汇，随时可以举手叫停，请王淑萍（音译）来翻译成中文。请每一位同学都随便地问问题，因为这样做，才是作为一名学生应该做的事情。我也是一名理工科的学生，这是我们都必须做的事情。

今天下午我将依次谈谈以下几点：第一，我将谈一下知识产权和经济。什么是知识产权的基础？在宏观背景下，为何知识产权如此重要？第二，知识产权与中国商业的关系是什么？我们应该思考些什么？我刚才提到了对知识产权的普遍误解，我将就此举一些简单的例子。第三，我也会就今天演讲的主题"商务工具及财富的创造者"举些例子，因为我认为，这就是知识产权。知识产权将会创造财富，而这些财富将会扩散至全国。最后我将以一些对于中国知识产权的看法作为结尾。

一

首先，讲知识产权与经济。以宏观的角度来回顾历史，我们会发现，最近的二三百年有两种趋势。一是一个国家从农业向制造业再向服务业的过渡。300 年前，欧美的经济主要是农业；在 19 世纪以及 20 世纪早期，转变为制造业；当今，20% 是制造业，2%~4% 是农业，其他占绝大多数的是服务业。这是第一个趋势。二是以有形方面即制造业为基础的经济，向以无形方面即知识产权为主体的经济转变。让我感到有趣和着迷的是，中国在非常短的时间内同时经历了这两次转变。

那么，知识产权经济的具体的方面为什么那么重要呢？从 1970 年到 1990 年世界经济的增长中，经济学家会告诉你，经济的增长主要来自三个方面：第一是劳动力投入的增加，占 21%；第二是资本投入的增加，占 38%；余下的因素被称为总要素生产力（Total Factor Productivity）。总要素生产力是指前两个要素，即劳动力投入和资本投入转化为产出的效率。而其转化的主要方式是通过技术的革新——不论是转化为电脑、装备或是工厂。事实上，技术是其中最重要的因素。在过去 20 年中，世界经济 41% 的增长来自于总要素生产力中的技术进步。

知识产权与效率和技术的革新并不是完全一样的。通过在工业领域 30 年的从业经历使我了解到知识产权、专利、商标和版权的重要作用。虽然它的重要作用难以得到证明，但是我认为，知识产权为总要素生产力奠定了主要基础。这一点从经济学的角度很难得到证明。当我们为此与经济学家争论时，我们得说，这是一个您必须重视的方面。事实上，在工业领域工作的人都清楚，如果没有知识产权，我们根本不可能取得今天的技术革新。

还有第三个方法来解释为什么我们需要知识产权。经济学中有个共同所有权原则（the Ownership of Commons），即在公有的土地上可以自由地牧羊和放牛的状态。该理论认为，如果无人拥有该片土地，那么每个人都可以使用它。如果没有规则、法规或者收费的话，这片土地将会被过度开发，草将被吃光，最终将会变得一文不值。而在该土地上实施私有权管理，并对它的使用征收费用并加以管理的话，这片土地将会得到更好的利用。让土地所有者决定征收多少费用，可以达到土地的最佳使用状态，使得该土地变为可持续利用的资源。同理，你可以将该原理应用于知识产权。如果我为我的发明支付了大量的时间和金钱，可结果每个人都可以免费享用我的专利，如果是这样的话，我就不会去研发这个专利了，因为我这样做得不到任何好处。

公司肯于向新药的临床试验或机械的研制投入大量的资金的唯一原因，就是这样可以获得专利，可以阻止其他人在一定时期内使用自己的产品。因此，知识产权是非常好的经济支撑的理由。

如果从一个宏观的、全球的角度到微观的角度，即公司的价值观来看，那么这些数字将会告诉你一些从知识产权中产生的价值。在美国，Rogues（罗杰斯）公司在数年前就开始发放专利权的业务，现在其营业额已经累计高达 1 360 亿美元；而 IBM 公司在过去十年中使得其版权收入增加到 15 亿美元；Dell（戴尔）化学公司，一家不大的公司，其特许收入高达 2 500 万美元到 1.25 亿美元。

最重要的一点是，如果你看一下美国所有公司的全部市值总合，它高达 7 万亿美元，其中 65% 来自于知识产权。也就是说，如果没有知识产权的话，美国经济的三分之二将会消失。如果以英国为例，在以技术为基础的公司中，比如制药业、化学工业、高科技工业等的价值的变化，它们市值的 70% 有赖于知识产权。对于我来说，这是一份说明知识产权在一个发达国家中的重要性的非常清楚的例证。

我们再把视角从大规模的公司集合转向单一个别的公司，来看看为什么知识产权如此重要。一家公司可以把知识产权视为竞争的工具。因为你率先发明了某样东西，拥有了一个很好的商标或者拥有出色的服务，那么相对于你的竞争对手就会处于有利的位置。知识产权是一种非常有利的竞争优势，其中版权的有效期是 95 年，商标永久有效，专利的有效期则是 20 年。在法庭上，知识产权也是你可以利用的一种竞争优势。对于一家公司来说，知识产权非常重要，但同时还有其他一些有关知识产权的问题。

正如我说的，关于知识产权有许多误解，我将就此谈一下。我知道你们是学法律的，或者是法律的实践者。我问你们几个简单的问题。因为我知道，即便是在欧美，人们对于知识产权也有很大的误解。在过去的 20 年中，作为 BTG 的首席执行官，我一直在问那些高科技公司的高层们："你的专利是否给了你使用你的发明的权利？"有人举手回答吗？

（一个女生回答：我觉得发明人不可以无偿使用他的发明。事实上并不是他的发明给了他可以免费使用它的权利，而是发明阻止了其他人免费使用它的权利。）

你的答案非常正确。但是 95% 的高管们都答错了，他们认为知识产权使他们可以无偿使用自己的专利。专利事实上赋予了你阻止其他人无偿使用或出售你的发明的权利。

下面我简要讲一下专利都可以为你做什么。专利，如我所讲，给予你阻止他人使用你的专利的权利，为期 20 年。虽然你可能有了一项发明，（但是）别人的发明和专利也许在你之前，使你不能使用其中某些要素，而这些要素已经被你应用在了你的发明之中。专利权是一项消极的权利，因此，它可以阻止他人，（但是）并未赋予你使用你的发明的权利。专利是一种国别性的权利，这意味着，你得在每一个你想得到专利保护的国家进行申请。如果一项专利（申请）成功了，但许多人既不想付你专利费就使用你的产品，也不想停产，那么你就得起诉他们。你将不得不走上法庭，以使得该产品停产。起诉在中国并不是很贵，不过在中国以外将会非常昂贵，所以专利是非常有价值的。

但是它既是不确定的，又是昂贵的。首先，我讲一下它的不确定性。说它不确定，是因为一项专利必须证明它是新的，没有别的对应发明比它还早，这样才叫做"发明"和"革新"。即便是你已经取得了专利，如果这个世界上其他角落的某一个人能够证明他的这项发明早于你的这项专利的申请时间，即所谓的在先技术（Prior Art）的话，这就会使你的专利无效。这意味着，如果你想在中国取得专利的话，你必须参考全世界的情况来看该专利是否已在其他地方被申请了。如果有的话，你就不能在中国申请这项专利了，也就是说专利权是一项非常复杂的权利。

法庭也可能会判决你的专利是否显著。比如，你获得了一项专利，你起诉某人侵权。这时候，法庭会考虑你的专利是否是显著的，当然，这是以你已经有的专利为前提的。

因此，取得一项专利与拥有一辆自行车是完全不同的。如果你有一辆自行车，你绝对不想别人把它从你身边拿走。但是，专利是可以消失的。因为法院会决定是否有在先技术或者你的技术是否显著，全世界皆是如此。这也是为什么专利比商标和版权或者拥有一辆自行车更复杂、更不确定的原因。所以，如果你想使你的专利得到全球范围的保护，并使之成为国际化的产品，那你就必须得考虑一下在不同国家申请专利所要花的钱。通常我会举在十个主要国家申请专利保护的费用是 25 万美元这个数字。其后，还有诉讼的费用。在中国不是很贵，这个数字大约是 10 万美元，与德国相同；在英国是 45 万美元；而在美国是 500 万美元。因此，如果你想进行一场全球的专利较量，它既是不确定的又是昂贵的。不过，正如我之前所说，专利是非常重要的，也是非常有价值的。

二

知识产权的三种主要形式专利、商标与版权，与中国商业的关系是什么？我们该思考些什么？

首先，版权是一种非常简单的权利，它是国际性的权利。只要你写了什么东西，你就立即拥有了它的版权，你也不需为此花费任何费用，对此也没有什么国际标准，你也不需要把它与其他任何东西进行比较。它的使用也是非常简单的，版权事实上是一种非常简单便于使用的知识产权。

回顾一下，中国版权的某个因素及其发展历程是非常有趣的。几个星期之前，我在新加坡参加了人身保险互济会（collecting societies）收入问题的讨论。这些组织从酒吧、咖啡屋和酒店收取音乐、歌曲以及电影播放的版税。印度的人身保险互济会已经有四十多年的历史了，他们全年共收入了 120 万美元的版税。中国在 1992 年才创办了自己的演出权利协会，去年他们已经收入了 600 万美元，这是在短时间内版权对于音像、书籍以及电影的日趋重要的一个标志。

商标比版权稍微复杂一些。商标是一个"国别性权利"（Nation-Specific），它易于得到。事实上，在中国取得商标比在美国容易。商标非常便宜，而且对于国内市场和地区市场来讲也是有益的。全球市场对于商标来讲费用更加昂贵，而且更加复杂。但整体来说，商标还是一种比较简单、不很昂贵而且易于使用的知识产权。

专利在潜在价值方面与其他的知识产权不同，它们可以变得极其有价值。正如在先技术革新等原因，它不是一种绝对的权利，这使得专利更加复杂，同时它们也会非常昂贵。所以专利更加昂贵、更加复杂、更加难以取得。

因为从我 30 年的从业经验来看，专利是如此重要，我下面将专门讲一下专利的问题，尤其是把它放在中国的商业背景下去考虑。如果你在中国拥有一项专利，那么它将会阻止其他人在中国范围内销售你的发明，它并不提供中国以外的专利保护。但是，如果你想在国外取得专利和专利保护，那么，你在中国申请的专利提供了该专利全球性的生效日期，这个日期叫做优先权日（priority date）。不过，即便你在中国拥有了一项专利，那你也必须达到国际专利标准。那么，这是它的第一个作用。

如果你进入到下一个步骤，即申请并在国外获得专利权。毫无疑问，你将可以从那些国家获得利润，你既可以通过直接销售也可以通过授权在那些国家的公司来销售，以取得收入。如果你在欧盟申请了一项专利，你还需在欧盟内部的每一国家申请该专利，欧盟非常复杂；而美国和日本是一个统一的专利体系。

专利的另一个因素经常被忽略。从法学书籍中你们知道，专利是发明者和国家之间的一项合同，国家将会提供阻止他人使用、销售该发明的权利，为期 20 年。但是，发明者必须使该发明公开，专利申请将告诉每一个人该申请者发明了什么。因此，专利的目的就是使得原本将会保密的发明公开化。结果是，一个专利数据库是由仍有效的专利和过期专利组成的，它同时对你来说也是一个技术灵感的巨大来源。我知道许多公司通过搜寻专利数据库来获取他们产品的灵感，因为事实上许多专利并不能成为最终产品。如果一项专利过期了，你就可以免费使用该发明，如果某项专利在欧洲申请了但却没有在中国申请，那么你就可以免费在中国使用该发明。因此专利数据库在公司和大型研究机构是极其重要的工具。

下面从一个国家的角度到一家公司战略的角度来看，一家公司应该在知识产权方面思考些什么？我主要谈三个问题。第一个问题非常简单，作为一个公司战略，我们怎样才能使一项专利达到它的知识产权最大效能？第二个，我说过，它很重要，我们怎么使用它呢？第三个，我们为什么要有专利呢？

有些公司申请专利，但是它们并不阻止其他侵权人制造它们的产品，它们也不授权给他们。那它们为什么要申请专利呢？你或者阻止他人使用你的专利发明，或者授权给他们并从中收取专利费。如果你两个都不做，那么你申请专利就没有任何意义了，你这是在浪费金钱。

知识产权必须得到延续。一项专利有 20 年的有效期，那么下一代的知识产权将来自哪里呢？是来自于我们公司内部的研发部门，还是从中国或者国外取得专利特许，还是收购一家公司呢？联想收购 IBM 并不只是收购了它的业务，而是收购了它的知识产权。联想有权使用 IBM 过去 20 年使用的所有专利，这是一个非常有趣的战略行动。

几个月以前，英国的罗孚公司破产了。破产案产业管理人接手以后想卖掉它的资产，结果却发现，罗孚公司的知识产权已经被上海汽车公司（编者注：实际为南京汽车集团）购买了，仅仅是知识产权。因为他们清楚汽车的设计和引擎设计的知识产权才是最重要的东西。他们不需要获取已经陈旧的生产线，也不需要或许已经并不优秀的工人。上汽只买了罗孚的知识产权，我想这是一个非常有趣的案例，它证明了中国公司认识到海外知识产权的重要性。

三

一家公司的战略选择实际上是战略的组成部分。如果我们由知识产权来保护我们的核心业务——计算机、新药的研发和健康护理……我们准备好诉讼了吗？我们准备好起诉别人使用我们的专利了吗？如果你没有的话，可能拥有这项专利根本不值得。在 BTG，我们觉得我们每隔两三年就得在美国进行一次诉讼，否则人们根本不会认真对待我们，他们会说："你们根本没有准备好诉讼，所以我们不和你商谈。"

20 年前，BTG 研发了港务船（Harbor Craft）——一种在气垫上滑行的交通工具。美国国防部侵犯了我们的专利权，我们起诉了美国政府并打赢了官司。而且我们使得接下来 10 年的每一个协商对手都知道，我们曾经打赢过美国政府，因为这意味我们的态度非常认真。如果我们说我们会起诉，我们说到做到。如果我们准备在美国开展业务，准备好对簿公堂是非常重要的。

或者保护你的核心业务，或者授权给他人收取利润，是你面临的一个选择。IBM 在把它的笔记本业务卖给联想之前已经把它的液晶技术授权给了一家台湾公司——这在当时是尖端科技。IBM 决定把它的技术授权给整个市场并从中收取利润，而不是将这项先进技术仅仅应用到自己的电脑上。对于它来说，这样做要比仅把这项技术保留成秘密更有意义，这是一家公司面临的选择。

但是，技术也许并不是核心业务最重要的部分；研发部门能具有高度的创造性，但他们也不是核心业务最重要的部分。你可以决定把你的技术授权给另一家可以很好利用它的公司，出售一项技术产生资金回流，激励你公司的部门脱离你的技术来创造新的业务，以得到保障（或者你也可以授权给其他公司）。对于知识产权你有许多事情可以做，公司在这一方面必须有创造性。最终你可能拥有一项发明，可能得到一项专利，但是，如果它没有商业价值，那么你就终止这项专利吧，免得浪费公司的钱。

我举两个 BTG 公司运用知识产权的例子，它们展现了专利的两个方面。一是产品化，也就是说，一个人必须使他的技术得到发展并成为产品。另一个是价值提取，用专利来保护你的利益。我希望当我讲这两个例子的时候我的意思会变得更加明确。

第一项技术是剑桥大学的 Campath。它现在是一种得到广泛应用的治疗白血病（Leukemia）的药品，它也可以用于多发性硬化（Multiple Sclerosis）的治疗。它是世界上第一种可以应用在人体内的单克隆抗体（Monoclonal Antibody）。这里相当复杂地展示了 BTG 把 Campath 变为最终产品的商业途径：首先，我们授权制药企业 Welcome，Welcome 后来被 Glaxo-Welcome 收购。当时这个产品失败了，我们又把它收回了。为了把技术收回，我们差点就起诉了 Glaxo-Welcome。我们后来又把技术授权给一家美国公司 Leukosite 来进行临床试验。Leukeosite 后来和一家大药厂 Millennium 合资，而 Millennium 又被 ILEX 收购，ILEX 又被 Genzyme 收购。现在，我们和制药公司 Genzyme 之间签订了合约。这个过程花费了 19 年，而我们为了使产品走向市场，一共就合约举行了五次协商。

从大学到市场的技术尤其不是直接的。但是如果我们没有专利来授权的话，整个过程都不会发生。公司花费了 5 亿美金来使得该产品投放到市场。他们这么做的唯一原因就是，一旦该药投放到市场，它就会得到专利保护。如果每个人都可以免费地使用该产品，那么人们就不会投资 5 亿美金了。所以，知识产权在使产品市场化并治病救人的过程中起着非常重要的作用。我把这个过程叫做产品实现过程（Product Enabling），没有知识产权，这个过程根本不可能发生。

我现在来讲一下这个过程背后的一些事情。没有专利，就没有公司会投资到研发中。你必须制定非常有力的法律协议，而且你必须在第一天就达成这些法律协议。不要等到麻烦找上门那天再想着解决，这样将会非常麻烦，你必须未雨绸缪。因此，当经历上述过程时，你必须得有一个可以依赖的强有力的法律协议，以此来应对那些无法避免的争论。你必须准备好执行这些协议，并逼迫那些你们非常熟悉的律师（按协议办事）。但是许多进行授权的人并不了解这一点。他们甚至有点怯于执行协议。

作为律师，你得确定，当你为某公司工作或者为某公司提供法律服务时，法律协议的唯一目的就是：公司已经做好了执行该协议的准备。这种情况下，我们不得不有很高的创造力，因为初期的公司不是一个好的被许可方，我们必须得时刻注意市场的动态，否则我们就不会成功。

有个词叫专利期延长（Patent Term Extension）。如果你的产品在投放到市场的过程中，因为临床试验而耽误了时间，那你可以申请延长专利，而这在每个国家都是如此。但是在法律协议中谁享有这个权利？这个权利应该回归到发明者手中而不是公司那里。这些就是你在制定法律协议之前应该想到的问题。

你还得有耐心。技术是一项长期的事业。专利有效期是 20 年,而如果你研发新药的话,在新药被批准可以安全使用之前,光临床实验就要 15 年,这使得它(即专利有效期)看起来非常短。你必须加紧工作,不过整个研发时间,看起来还是很漫长的。

我们发现,当你授权以后,你还要敦促你的被许可方并检查他们的付款额度。因为据我们统计,有 25% 的被许可方付款不足。除非我们督促他们,否则我们将损失四分之一的专利费。这也不是因为他们不诚实,或者作弊,只不过因为他们犯了一些简单的错误。我们得与我们的合作伙伴一同防止他们犯那样的错误。

下一个例子有些不同,是关于核磁共振(Magnetic Resonance Imaging,简称 MRI)的。它是一种透视身体的软组织、肌肉、大肠和脑部疾病使之成像的技术。我们发现了该技术的某些进展并不是在大学内取得的,而是一个叫 Peter Mansfield 的人在 20 世纪 70 年代取得的。但是我们发现一些大学也在相同的领域攻关,所以我们买下了他们所有的发明,一共 30 项发明,来自 6 名研究人员,3 所大学。我们把它们整合成为一个后来控制了这个产业的专利组合(Patent Portfolio)。临床实验在 20 世纪 90 年代早期开展起来,MRI 从 1995 年起得到了广泛的临床应用。今天它已经挽救了数百万人的生命。我们已经授权给了每一个 MRI 的生产者,我们已经为研发人员和他们的大学获得了超过 2 亿美元的专利费。Peter Mansfield 在 2003 年获得了诺贝尔医学奖。而纽约大学的 Paul C. Lauterber 教授作为一名合作发明者共同分享了这个奖项,但是他却没有申请专利,Paul C. Lauterber 只拿到了诺贝尔奖金的一半,60 万美元。而 Peter Mansfield 则拿到了诺贝尔奖金和 2 亿美元中的一部分,因为他在很早就申请了专利。

下面,我来讲一下这个过程。因为这个案例包括了技术实现(Enabling Technology)和价值提取(Extracting Value)两个部分。当我们刚开始授权这项技术时,我们以为它的用处不大,我们认为它只不过是可以在一些大学、医院应用罢了。而我们最后成功说服了 4 家公司来研发这项技术,并使它成功地投放到了市场。这 4 家公司是 Asahi，Shumazu，Pikcker 和 Technique Care（音译）。这四家公司接着取得了核磁共振装备生产的特许证。接下来发生了什么？他们开始制造装备。但是美国的 Technique Care 公司却声称："我们有你们的许可证，所以我们不会付你们专利费。因为我们没在用你们的专利。"结果，我们起诉他们违约，因为我们已经有协定了。而事实上，我们在庭外和解了，他们支付了巨额赔偿。但是，他们的行为导致了下面的一系列事情的发生。

因为市场是自我膨胀的，当上述 4 家公司开始销售核磁共振设备的时候，所有其他的 X 光设备生产商说："这是一个让人感兴趣的市场，我们都要制造核磁共振设备。"5 年以后，几乎每个人都在制造核磁共振设备，日立、飞利浦、西门子、通用电气都在制造核磁共振设备。虽然他们在使用我们的专利，却没有得到我们的许可。因此，我们不得不从这些公司提取利润，因为他们无权使用我们已经申请为专利的技术。我们把这项政策叫做"大棒特许"（Stick Licensing）——我们手提一根大棒与他们打交道。他们清楚如果不和我们协商，我们一定会起诉他们的。但只要我们起诉了 Johns & Johnson 公司，我们就不需要再起诉其他人了，（因为）每家公司都会坐下来和我们协商了。正如一名中国将军所说："慎重选择你的敌人。"我们选择了最弱的对手，然后一个接一个。我们最后的对手是最强的——通用电气。当市场上 90% 的商家都从我们这里取得了许可的时候，通用电气很难再有回旋余地了，也很难说这项技术或者发明一点也不重要。因此，我们成功地使一家大公司处于了一种不得不向我们申请特许的境地。

因此，怎样应用你的专利是一个非常重要的战略。我们从核磁共振这个案例所学到的经验教训，首先是发明可以来自意想不到的地方或人。在英国，我与一个认为所有的研究资金都应流向著名大学的研究资助者有过争论。科学史和发明史展现给我们一些不同的事情，许多重要的发明是来自意料之外的地方或非常小的研究小组的。

Peter Mansfield 原先是一个失败者，他在 14 岁的时候辍学，直到 25 岁的时候才念大学。他在大学期间非常努力，勉强完成了学业，并成功地说服一所大学录取他为博士生，之后又勉强读完了他的博士学位。虽然他拿到了博士学位，但是当他成为一名研究人员时，他的系主任却试图叫停他在成像技术方面的研究。因为他认为他走了一条错误的道路，而系主任的方法是更重要的。然而，Peter Mansfield 固执道："你错了，我才是正确的。"结果他真就成功了。一个 14 岁辍学的人，最终却因为一项挽救了数百万人的发明而获得了诺贝尔医学奖。

了解到发明的本质后，我认为中国是一个富有创造力的国家，你们得用宽阔的视野去寻找发明的来源。它并不总是从清华或者北京的一些大学中诞生的，它也许来自于京外的大学。

如果你想有效地使用你的专利，你必须尽早地申请，你必须是第一个申请的人。你必须申请强有力的专利，不要认为一项便宜的专利也会值钱，一项便宜的专利分文不值。如果你想要申请专利，那就申请个好的吧，否则别浪费钱。如果它是一项非常重要的发明，那就在全世界各主要国家都申请。

技术研发是一项整合性的业务（portfolio business），你无法预测哪项技术将会成功。你要做的是放弃那些失败的技术。BTG 公司对负责核磁共振的人做了技术整合，认为核磁共振技术是一项让人非常感兴趣的重要技术。他们原以为这项技术会在自动制鞋方面得到应用，后来这项应用失败了，而核磁共振这个发明（在医学领域）却成功了。核磁共振的专利是强有力的，以至于没人敢挑战它们。你得观察市场，并寻找谁在应用这项技术，谁可能会对它感兴趣。因为通过观察市场，你经常会发现你应该向谁发放特许证，谁有可能成为你的竞争对手。而通过观察专利的申请，你同样会知道你的机会和威胁有多少。

如我开头所讲，如果有人使用你的专利却不付钱，你就得起诉他们。而正如中国将军们所讲的："慎重选择你的敌人，先选择最弱的对手。"

四

因为我曾经是一名中国科学技术史的学生，下面我将就中国知识产权谈一下我个人的浅显的看法。我对郑和的船非常感兴趣，当然对于这些航行在

15世纪（1415~1421年）的船，你们肯定比我了解得更多。这种宝船长约150米，宽约50米，拥有船员1 000名。作为一艘中国1400年的船，它比欧洲1850年前的船航行得更加迅捷。而当时欧洲最大的船是葡萄牙帆船，它仅有郑和船的1/30大小。中国在15世纪的造船技术是非常先进的，而这只不过是3 000年来中国一直是最富创造力的国家之一的一个例证。

我的观点是，富有创新精神和富有发明精神是相互联系的。我认为，这一点在欧、美得到了证实，不同文化的人们的思想融合、创新精神、创造精神，这些在中国历史中是并存着的。如果我特别地以知识产权为例，以其他国家和地区发展变革的历史为例，（例如）20世纪五六十年代的日本，六七十年代的中国台湾地区，以及1989年制定强有力的专利法的韩国（如果你注意到三星和LG今日的成功始于20世纪90年代，那时他们开始申请自己的第一项专利）。这些国家和地区——日本、韩国和中国台湾，让人颇感兴趣的一点是，他们花了30到40年使得知识产权成为整个经济的基础。我认为，在中国，这个变革的速度会更加快。取得中国今天的成就，相比之下，其他国家要多花20年以上。请原谅，让我作为一个外人，来解释一下这背后的原因。在知识产权保护方面主要有三个要素：第一是法律架构；第二是你获得的权利，如商标、专利等；第三是行使你被赋予的权利的能力，你将怎样使用这些权利？在中国的含义又是什么？

我认为，中国在20世纪80年代制定的法律建构，专利、专利法，基础的法律已经得到了很大的改善。今天，中国的专利法和知识产权法在世界上是一流的。可以说，几乎难有更好的改善了。那么，就得看你在此法律体系下所得到的权利，即专利和商标。当我与我的中国同事和那些在中国申请专利的外资企业的同行们讨论的时候，他们都对中国所给予他们的专利的质量感到非常满意。审核以及专利代理企业所制定的专利的标准是非常好的，而且获得专利的花费仅是10个主要国家的10%左右，约3万到5万美元。因此，法律架构和你获得的权利都是非常好的，你可以以相对不贵的价格快捷地获得你的专利。

不过，除非你可以行使你的权利，否则它是毫无意义的。我认为，中国的知识产权已经取得了长足的进步。中国政府一直致力于改善知识产权的执行能力。我相信我们都清楚，现在的状况很明显不是完美的。但我同样相信政府的努力以及政府的努力方向，（这些努力）也是显而易见的。

以专利的上诉法庭为例，他们所作的决定是非常棒的，可以与世界上任何国家的上诉法庭相媲美。专利的审判法官并不都经过知识产权方面的培训。不过，在美国的情况其实也是如此，在一审时，法官不是专业人士，而你还得赢得陪审团的支持，这简直是太糟糕了。所以我认为，在美国打这种官司，简直是在碰运气。所以在初审时，很难说你是凭借实力赢得官司的。而英国由专门的专利法方面的法官来审理。在中国通常由合议庭来审理，有时其中也会有专家的观点。但依我看来，这比美国审理专利案件的方法要优越许多。美国现在通过二审和三审上诉法庭缓解了这一情况。中国有许多专利法官并未受过正式的知识产权培训，而据我所知，对他们的培训项目也已启动。但在中国的诉讼既是合理的又是迅捷的。两天前我发现了一件让我感兴趣的事，在中国 98% 的诉讼都是发生在中国公司彼此之间的，而不是外国公司与中国公司之间的。我想这是一个非常有意思的例子来展示中国企业对本国法律系统的应用。

我愿意举执行整个过程的花费来向外国人说明中国的法律系统是多么的高效。专利执行从庭审到上诉再到执行的费用大约是 6 万到 12 万美元之间，以全球的眼光来看，这并不是一个昂贵的数字，尤其是对中国这样一个大的市场来说。

我再来谈一下我对执行和争端解决的看法。大多数意见不一的问题并不是在法庭上获得解决的，而是通过双方的商业协商。不过，有时双方达成一致是很困难的。在美国，第一个反应就是起诉，不过最近美国有一种更重视调解的趋势。

作为一名商人，我理所应当地建议以下几点。如果双方起了争端，你得努力通过双方面对面地协商来解决。我认为，调解是非常重要的，事实上比仲裁还要重要，我认为仲裁与诉讼的区别不是很大。通过调解可以让第三方帮助双方达成和解。我发现调解可以使双方公司达到一种都认为是明智的和解。有时，经理们或者董事会会觉得这样很难为情，除非有第三方告诉他们，他们已经获得的成果是非常明智的。因为，在美国，通常律师们所做的唯一事情就是起诉别人，这样他们才会得到报酬，而他们真正应该做的是帮助公司解决问题。恕我直言，有时你得逼迫律师并告诉他们，你要做的是帮助我们达到一种和平的解决，而不是一种诉讼的解决。因此，我认为调解非常重要，它在美国正迅速地发展，而在欧洲也开始得到应用。

世界知识产权组织拥有非常好的调解中心，那里有许多高素质的调解员。我建议你们来关注一下这群人，并有朝一日成为他们中的一员。因为，正如中国今天这样参与全球的商业，遵循和世界其他国家一样的惯例是非常恰当的。但是，如果你不能直接通过协商达到和解，那么你就得准备好起诉。而我刚才所言，在美国，除非你准备好了起诉，否则人们不会认真地对待你。

我发现在中国知识产权正在变得越来越重要。根据 2004 年国家知识产权局的年度报告，你可以发现，在过去 4 年中，来自大学或公司的知识产权申请迅猛增长。如果单举高校为例，那么中国高校所申请的专利数和美国高校一样多，是英国高校的 6 倍。我认为中国高校的确已经明白了知识产权的重要性。许多中国高校并未申请海外专利，但这是早晚的事情，他们还得学习操作过程，他们还得获得申请海外专利所需要的资金。考虑到中国科技的创造性，我认为中国和她的高校正在开始变得非常有创造力，他们也开始明白科技对世界的重要性。

如果你看一下外国公司在中国申请的专利数，你会发现，日本、美国、德国都申请了大量的专利。但是欧洲，尤其是英国，并未认真对待中国。我正在极力向这些人建议，把中国看作一个主要的市场，并在此申请专利。我的结论是：中国有着光辉灿烂的发明史，我认为，世界许多的顶尖技术将从贵国高素质的研发基地诞生。

中国的知识产权体系是非常出色的，而对它的改革任重而道远。它还有许多不足之处，这些不足已经受到了人们的关注，并有机构对它们采取了行动。如果我可以向个人或公司提建议的话，我将建议他们在全球申请专利，因为他将会拥有全球性的产品。同时他们也应该在全球范围内寻找合作伙伴，因为我在英国 BTG 工作时发现，如果我们仅从英国国内寻找合作伙伴，我们的许多技术都将失败。因此，合作也是非常重要的。你得在全球范围内寻找你的合作伙伴。我对国外公司的建议是，他们必须把中国看作是他们商标和专利战略的一部分，他们得在中国寻找知识产权的新灵感。如果中国的大学非常有创新能力，那么外国的公司和大学就得在中国寻找合作伙伴，以建立他们的全球体系。

你们的知识产权的未来是怎样的？我认为，中国将会成为世界知识产权的一个来源，甚至是一个重要的研究、发明和知识产权的来源。我认为50年之内，中国将会成为世界知识产权最大的产出国。我的建议是善用它。正如我在开始所讲的，它非常重要。在中国，知识产权对于制造整个国家都非常重要的财富是至关重要的，对于制造全中国都急需的产品也是非常重要的，它将会赋予中国更大的权利。明智地使用它，不要成为技术唯利主义者。不要保守你的专利，而应在全球范围内向其他学校和公司寻找合作伙伴。因为，这是构建创造美好世界的桥梁，因为我认为，知识产权的未来，掌握在你们的手里。

谢谢大家！

【问题与回答】

1. 有报道指出，中国正在对互联网施加一些限制政策，比如关闭了一些色情或反政府的网站。互联网发展如此迅速，请问通过法律途径能控制局面吗？英国这方面的情况是怎样的呢？

我明白你的问题了，但我觉得它有点离知识产权这个主题远了。我觉得你是对的，它很难控制。但是有些政府还是努力在某种程度上控制互联网的内容。比如，德国禁止在互联网上出售纳粹的纪念品。但是人们总是非常聪明的，他们总是想着得寸进尺。不过，政府在取得人民许可的情况下，去禁止某些东西在互联网上的流通是合适的。而这是因国而异的，我认为，把所有的东西都取消了是不可能的。正如我们不让孩子们浏览色情图片，并在电脑上设置一些控制（软件），在某种程度内这是合适的。但我觉得，在某个具体案例、具体国家中应该使用何等的控制是不大合适的。在英国，恐怖组织，比如基地组织的网站就被关闭了，你不能在英国境内登录该网站。因为这些网站有碍国家安全，所以被关闭了。我希望我回答了你的问题。

2. 知识产权是制造财富的工具，请问可口可乐公司为什么不申请知识产权而选择保护其核心技术呢？

你问的问题很有意思。知识产权与专利并不只是一家公司的唯一选择。这也是为什么知识产权只能算是公司战略的一部分的战略。因此，人们可以在更高的角度来衡量什么是对什么是错。我先举一家研发玻璃技术的英国 Pilkington 公司（为例）。事实上这家公司早在 20 世纪 70 年代就授权中国公司制造浮法玻璃（Float Glass）了。它发明了一项叫做 Light-Reflective 的新技术，但却决定不申请专利。因为一旦你申请专利，你就得公布你在玻璃表面所用的化学原料是什么。一旦人们知道了它的化学成分，他们就可以做很小的改动而不受你的专利的约束。每个人都可能或多或少地抄袭你的产品。在这个案例中，申请专利是不明智的。在可口可乐公司这个案例中，我认为也许每个人都知道它的秘密是什么——许多其他的公司可能制造出相同口味的饮料。但别忘了还有可口可乐公司的商标，它也是知识产权的一部分。商标尤其是可口可乐的商标是非常有价值的。我也不知道对不对，但我觉得它的商标形象的一部分就是所谓的"秘方"。但有些时候，不管是出于真实原因或者是出于市场原因，保留你的产品的秘密是明智之举。但是，我想这种案例相对占少数。因为，如果你保留你的产品秘密，一旦他人取得与你同样的技术，那么他们将与你竞争，你也将失去自己的优势。

3. 毫无疑问，中国知识产权拥有广阔前景，而知识产权的立法还处在试验阶段。外国专利对本国公司来说是主要的信息来源。我想问，在国内专利与国外专利之间是否有冲突？您有什么建议解决这些冲突，并保护中国国内的知识产权？

我在世界银行工作过几年，在那儿我发现对那些最不发达的国家，那些徘徊在人类发展指数底线的国家来说，专利无关痛痒，专利不重要。因为它们也不发明与这个国家有关的东西。专利是非常昂贵的，而拥有一个专利系统对这些国家来说是无用的。在世贸组织乌拉圭回合会谈的一个失误曾要求所有国家都必须拥有可行的专利系统，我认为这对那些最不发达的国家是毁灭性的打击。因为这是逼迫它们建立一个它们不需要、也无法从中获利的体系。如果你研究一下各国的发展史，你会发现，它们经历了这样一个发展历程，即从发展的某一时刻起，它们开始从专利中获益，先是版权，再是商标，再后来是专利。如果以韩国为例，40年前，韩国的发展状况与埃塞俄比亚是一样的，今天，埃塞俄比亚经济萎靡不振，也没有用的专利，而韩国的GDP是美国的1/4。可见专利是非常重要的。

我认为中国是一个有趣的复杂体。从经济发展角度看，中国是由几个不同的区域组成的。在中国的某些地方，深圳、广州和上海，我看到它们的公司和企业正在从事研发工作，对它们来说专利非常重要。因为它们将研发和销售的产品不只在中国销售，更将远销全世界，因此对它们来说知识产权非常重要。我想它们也将不得不按世界知识产权游戏规则参与竞争。中国有些地区则非常落后，对于它们来说，知识产权就不那么重要了。当知识产权和盗版侵权成为世贸组织关心的议题时，同时掌控好这几个不同发展水平的区域又处理好国际关系，这对中国政府是既有趣又富有挑战性的。实际上，我个人认为，中国政府是在巧妙地"走平衡木"。基本法律非常好，执行正在改善。不过知识产权对中国有些地方并不重要。但是这些地方将会发展，知识产权也必将变得更为重要。

4. 最近索尼等几大唱片公司起诉百度音乐搜索引擎侵权，您对此案有何看法？您怎样看待互联网的知识产权保护？互联网的内容提供者和服务提供者，在版权保护方面有何区别？

很抱歉，我没听说过这个案例。但在欧美有个案例是关于一家在互联网提供音乐下载的Napster公司的。我认为这里面有些有趣的事情。如果你要行使你的版权，有些人通过非法下载互联网音乐而侵犯你的版权，因为他们没有付任何的版税；另外，欧洲的音乐产业界对互联网这个新科技反应很迟钝。如果他们反应迅速的话根本不会有这些问题，这实际上是他们自找的麻烦。我认为还有一个问题很有意思，就是版权究竟应该有多长的年限？现在，对一家公司来说，是75或95年。但如果以经济学的观点来看，你真的是在通过你死后70年仍享有版权这种方式来鼓励创新的吗？我觉得你没有。我认为可能有一种非常有说服力的观点，认为版权过于强有力，事实上想改变它非常难。

5. 请问知识产权为大众服务更重要，还是成为一种赚钱的工具更重要？

我认为并没有这样的困境。使消费者获益的知识产权如果不存在的话，消费者将无法享用那些在知识产权保护之下的产品。这一点在制药业最为明显。一种新药的研制需要花费8亿美元和15年的临床试验。该药获得成功后，如果每个人都可以无偿生产和复制它，（那么就）没有公司会愿意浪费时间和金钱了，因为大多数的药都可以廉价制成，它的成本是研发过程和临床试验过程的花费。

当然，现在有一些关于申请商业模式的专利的争论。但是这些争论应该是在知识产权专家、反托拉斯专家和经济学家间进行的。我认为这些争论也是中国必须参与的。我们将会谈论一些知识产权的研究项目，其中一个有意思的领域是知识产权的经济学研究。该领域在世界其他地方并未得到重视。不过，我认为这个领域对中国是开放性的，中国可以就此做一些有益的研究，因为这个课题本身就不错。

专利在许多情况下都是使消费者受益的。正是这样，它们为生产商带来利益。不过在其他情况你也许会问，专利有益吗？我认为，研究这样的问题将是非常有帮助的。这对中国来说是发展自己的知识产权研究的好机会。中国在此方面的作用将会日渐突出。

因为很难在哪种产品可以申请专利、哪种不可以的问题上划清界限，所以很难说你将怎样区分制药业和高科技产业。有时，你会遇到新的问题，比如，在生物科技领域，35 年前，绝大多数国家认为生物化学科技发明是可以申请专利的。我想，我们正从这些今天获得应用的新产品、新治疗方法中获益了。但是，总有界线的问题，专利适用于这个吗？专利有帮助吗？而这些正是学者和研究人员应该关注的地方，以帮助政策制定者更好地决定未来的政策。

6. 鼓励创新能否成为专利立法的目的？或者说，鼓励创新本身作为一个立法目的去追求是否是合适的？

这个问题很有意义，因为不同的国家可以通过不同的方式处理这个问题。首先说法国，在法国拥有你的发明是人的基本权利。在英、美，它被视作使得人们可以用于无形资产、版权、商标和专利的经济工具，以及创造第二次经济增长的工具。因此，理性的人可以从不同的角度分析相同的问题，却得到相同的结论。

在实际当中，我认为这两点并没造成什么区别。但我认为它却可以在观念上造成区别。与富有创造力的人们工作了多年以后，我不认为专利体系鼓励了绝大多数人去发明创造。不过，它也许鼓励了托马斯·爱迪生的发明，或许它鼓励了某些公司的发明创造。但是在大学的研究却不是这样，有没有专利权，大学的研发都会继续的。

专利体系真正的地位是鼓励革新，我是指，使得发明转化为产品的过程。革新获取了思想的种子，并投入资金和辛劳来创造有利于人的产品。在此，专利是非常重要的，因为这个过程意味着金钱和时间（的投入）。

我看了一份关于去年发展中国家发明情况的报告。它说，专利并不鼓励发明，因此我们不应该有专利体系。我认为这是个错误。虽然他们说对了一半，但是我认为专利并不如专利向产品的转化重要。其中一个问题是，许多发明者一旦发明了某项专利，便认为万事大吉了，便无事可做了。实际上，发明仅占全过程的 5%，95% 是把产品投入到发展环节中去，并使得它对人们有益，并让人们买得起。所以我认为，这个用语在法律方面不会有影响，它只和那些不懂行的外人描述知识产权体系的作用时有关系。我认为它通常是一个由词语造成的误解。

【演讲原文】

Mr. Chairman, ladies and gentlemen, I am deeply honored to be asked to speak before you because I have looked at the nine speakers who have come before me. I am attending and I will find great difficulty to match up to those who have gone in the previous speeches.

I should say, at the very beginning, that I am not a lawyer, I am not a patent agent or patent attorney. I am a humble engineer that I am an engineer who has spent the last 20 years of my life as the Chief Executive of the company BTG whose life blood has been patents, intellectual property, IP. And over those 20 years, I have become an observer of the history and the evolution of IP. From the way that the initiations killed those who steal IP for making glass, to the Americans who steal the technology for spindling machines in the 1800s and pirated the copyrighted books of Charles Dickens, I also became a student of the history of science, of discovery and of invention including that of China, having read a professor who wrote a definitive history of the science in China. And today, I see that part of my life of mission in life, is to help those in the IP world, to communicate that complex ideas and issues to everyone else. Because most of the people, not only in the IP world really don't understand very well what intellectual property is and what it does.

I also speak with some hesitation as a foreign observer of a visitor to this country. I have been visiting China over the past 30 years. So forgive me in advance if I go too far. I should also say I apologize for speaking in English not in Chinese and if in the complex words that I may use, you want to stop me and ask me questions, please put your hand up. And Wang Shuping will translate into Chinese of what I just said. So everyone, as a student here, please feel free to ask questions, because that is what is being students and myself, I am a student of science and technology. That is what we must all do.

This afternoon, I am going to be talking about a number of things in sequence. I am going to be talking about intellectual property and economics. What is the underpinning for the intellectual property and why is it so important in a broad context? Secondly, to relevance of intellectual property to business in China, what is the relevance? What should we be thinking about? I talked about the lack of understanding of intellectual property, so I am going to talk about some very simple things which many people get wrong. I am going to be giving a few examples from the theme of my talk-Business Tool and Wealth Creator. Because that, I believe, is what IP is. IP is about spreading wealth which will spread throughout the country. And then I would like to end with some thoughts on intellectual property in China.

First of all, IP and economics. Looking at the history in a broad scale, there are a number of trends that we have seen over the last two to three hundred years. The first trend is that of the economy of a country moving from agriculture to manufacturing, to services. 300 years ago, the economies of Europe and United States were agriculture. In 1800s and early 1900s, they became manufacturing. Today, the economies of Europe and United States, only 20% is manufacturing, between 2% and 4% is agriculture, and the rest, the majority, is of services. That is one trend.

The other trend is moving from an economy based on the physical aspects, the physical aspects to use in manufacturing for an example, to an economy which is based on intangible aspects, the IP that we are here to talk about. And what I think is so interesting, and fascinating about China, and very exciting, is that China is going through both of these transformations at the same time, and in a very short period.

Moving to the very specifics about the economics of IP, why is it important? This chart is taken from an early CD paper, showing world economic growth for 20 years between 1970 and 1990. And it shows that real economic growth over the world was almost 3%. And Economists will tell you the economic growth come from 3 elements. The first is the increase of the input of labor, 21%. The next is the input of capital, 38% of the growth came from that. The third component of growth is caused by what is named Total Factor Productivity. Total Factor Productivity is the efficiency by which the first two out-inputs of labor and capital all turned into outputs. And the dominant way, the main way, that those are turned into outputs is through technological change. Whether it will be computers or whether it will be the equipment or the manufacturing plant that we used, it is technology actually, which has been the largest of the component of growth. 41% of world economic growth over these 20 years has come from improvements in technology from Total Factor Productivity.

Now, IP is not the same as efficiency and technological change. But I know, having worked in industry for the last 30 years and seen the essential role of IP, patents, trademarks and copyright. The essential role of this plays in innovation, I know, even though it is hard to prove, that IP provides the main foundation of Total Factor Productivity. That is hard to prove in economic terms. I think when we are challenging the economists, we should say, this is an area that you must look at. But in fact, we all know, who work in the industry, that without patents, trademarks and copyright we would not have the technological innovation that in fact we have.

There is a third way of looking at it of why we have IP. There is a principle in the economic theory called the Ownership of Commons: the common being, the common raising land that sheep or cattle can graze on. And the economic theory says that if no one owns the land, it is common to everyone. If there are no rules, regulations or charging, it will be over exploited, the grass will be eaten, it will become dirt, and then it will become valueless. And in fact, you get better use or a resource, it does private ownership or not a private ownership then charges or regulations for its use, because then, you decide how much people have to pay using a resource which is a fine life one. And then that becomes a sustainable resource. And you can apply this theory this concept to IP. If I invent something, I spend lots of time and money doing it and every one else is free to use it, actually I won't spend my time doing it, because I get no benefit from it.

And the only reason that companies would invest to take a new drug through clinical trials or to invest the money to make a new bit of machine really work is to have a patent and being able to stop other people from using it for a period of time. So, there is very good economic underpinning for the reasons for IP.

And if I turn from the macroeconomic, the global view, to the microeconomic view that of a company and company evaluations, these figures tell you some element of value coming from IP. In United States, Rogues, from licensing of patents, some years ago, the latest data was 136 billion dollars. IBM is a company. It increased its royalty income to 1. 5 billion dollars over ten-year period. Dell Chemical, a smaller company, its revenue from licensing is between 25 and 125 million dollars.

But the most important point is the last point which is that if you look at the total value of the companies in the US around 7 trillion dollars, approximately 2/3, 65% of that comes from IP, from intangible assets. 2/3 of the economy of the US will disappear if there is no IP. And if I just look at my country, the UK, this chart shows the valuation changing over time of knowledge based companies, the pharmaceutical industry, the chemical industry, the high-tech industry, the industry who depend on IP, 70% of the valuation of these companies was based on IP comparing with 65% in the US. And that to me is a very graphic illustration of just how important IP is to a fully developed economy.

And if I go away from the large number of companies, to the individual company, why is IP so important? A company could look at the IP as the competitive tool. You can be better than your competitors because you invent something first, or because you have a very good brand or because you have very good service. But these things can disappear very quickly. IP is a competitive advantage that lasts, for copyrights for 95 years, trademarks last for ever, patents last for 20 years. And this is a competitive advantage that you can enforce in court. It's a very strong advantage for a company. Now there is a key competitive advantage but and there are some is-sues to do with IP as well.

And I said there is a lot of ignorance of IP. And I would like to talk about that. I know that you are all students of law, practicing law. But I will still ask some very simple questions, because I believe, certainly in the US and Europe which depend on IP, there is a huge ignorance of what actually IP is and does. Over the last 20 years, as Chief Executive of BTG, I have been asking the chairman or Chief Execu-tive of companies whose business is technology "Does a patent give you a right to use your invention?" Would anyone like to put your hand up? "Does the patent give you a right to use your invention?" Those who think it does. Is there anyone who thinks a patent does not give you a right to use your invention?

A girl answered: I think the inventor can't use the invention freely. It's not that the invention gives him the right to use it freely but the invention prevents others from using it freely.

And your idea is absolutely right. You are right, but 95% of the people that I have talked to in Europe, the chairmen and the chief executives get it wrong and they think that the patent gives you the right to use your own invention, because a patent does not. You are absolutely right. A patent gives you the right to stop other people from using your invention, from making using or selling your invention. A pa-tent does not give you the right to use your own invention. (And in the question I asked in this session, if people would like me to discuss that further, I would like to be happy to.) But many companies make a mistake, because they think once they have a patent on an invention, they are free to use it. They aren't. All they are free to do is to stop someone else from using it.

And I'd like to go through quickly what patent does for you. A patent, as I said gives you the right to stop other people from using your invention, for 20 years which is the patent life. Because although you may have a patent on an invention, someone else's invention and patent may have come before yours and stop you from using some element of what you have used in your own invention. A patent is a negative right. So that it allows it to stop someone else, it does not entitle you to use what you have invented. A patent is a national right which means that you have to apply for a patent in every country where you want to have protection. If a patent is successful, you would have to sue someone, because many people would use your invention, they don't want to pay you royalties or they don't want to take the product out of the market place. You would have to go to court and argue that that product should be taken out of the market place. And suing people, in China, is not very expensive. But outside China is very expensive. So a patent is very valuable, but it's both uncertain and expensive. And I will talk about the uncertainty next.

A patent is an uncertain right, and it's an expensive right. It's uncertain, because a patent has to demonstrate that it is new, nothing has come before it. That is what is "Invention", what is called novelty. And at any time after your patent has been granted, if some, what is called Prior Art, someone that can demonstrate in another part of the world that invention was actually made before you file your own patent in the patent office. That would invalidate your patent which means that for the standard of patent ability in China, you actually have to look all over the world to see if anyone has invented that thing before. And if they have, you can't get a patent in China, which makes it a much complicated right.

A court may also decide that it was obvious, you're a granted patent. And 10 years later, when you are suing someone else because you think they are infringing your own products. A court may decide that actually the invention was obvious, and you should have a patent in the first place.

So, owning a patent is quite different from who say, owing a bicycle. If you own a bicycle, you don't expect someone to take it away from you. But a patent can disappear, because the courts will decide either there was Prior Art or that was obvious. And that can happen anywhere in the world. And that's why patents are more complicated, and more uncertain, perhaps, than trade marks, or copyright, or only a bicycle. And if you want to have international patent coverage, if you have a product which is going to be a global product, then you have to think about how much it's going to cost in different countries and I usually use the figure of 250, 000 dollars for the lifetime cost of patents filed in 10 major countries. And then there is a cost of litigation. Litigation in China is actually, quite inexpensive; it is about 100, 000 dollars, the same as Germany. In Britain, it cost about 450, 000 dollars to litigate; in the US. it's 5 million dollars. In the US it's very difficult and very expensive.So if you are going to play a patent game internationally, it's uncertain and it's expensive. But as I said at the beginning, a patent can be very important and very valuable.

Looking at the 3 main types of IP, and the relevance to the Chinese businesses, copyright, brands and trademarks, and patents, what is the difference between them? What should we be thinking about?

Start with copyright, copyright is actually a very simple right. It's international; it doesn't cost you anything as soon as you have written something, you have copyright in it. There is no international standard. You don't compare with anything else. And its usage is very simple. Copyright is actually a simple, easy to use piece of IP. It's interesting looking at one element of copyright and how rapidly China has changed.

I was in Singapore several weeks ago, talking about the revenue that comes from what is called "Collecting Societies". These are organizations which collect royalties from the public performance of music, songs and films in bars, cafés and hotels. India has had a collecting society for 40 years and last year they collected 1. 2 million dollars in royalties. China, created its performing rights society in 1992 and its already collected 6 million dollars per year. And that's an indicator, one indicator of how copyright in China is rapidly becoming more important to creative copyright of music, books and films within China in a very short time.

Moving on from copyright to brands and trademarks, this is a little more tricky but not too much. A trademark is in a country so it is a country-specific. It is quite simple to get. It is easier to get a trademark in China, than it is in the US actually. It's quite cheap and trademarks are certainly very good, and certainly for domestic, also for regional markets. Global markets do become more expensive and a bit more tricky. But also brands and trade marks are relatively simple, inexpensive, easy to use, pieces of IP.

Patents, a different, that different in potential value, they can be exceptionally valuable. But as I said it's not an absolute right, because of prior art, novelty and so on. A patent is granted in a country but for each country you have to reach a global standard patent ability which makes them much more complex. And they can be expensive. So a patent is much more valuable, but it's much more tricky, much more difficult.

And what I'd like to take next is to just look at how in the patent area, because that's so important and I have seen the importance over the last 30 years. Just how to think about this in terms of Chinese businesses? If you have a patent in China, that will prevent others from selling, what you have invented within China. It provides no protection outside China. But if you want to get patents outside China and protection outside China, the Chinese patent that you filed provide the date, from which all the international patents will then start, what is called the Priority Date. But even with a patent in China, you have to meet international standards of patent ability. So, that's the first use.

If you then go to the next stage for filing patents and be granted patents in other countries, you will certainly be able to capture values in those foreign markets. You can do that either through selling directly or through licensing a company in those countries to manufacture and sell. And so you will file patents in the EU, you have to file a patent in every country in the EU. The EU is complicated and difficult, the USA which is a single patent and Japan which is a single patent.

Important, complicated and expensive.

There is another element of patent which is often missed. As you will know from your legal reading, a patent is a contract between the state and the inventor. The state provides the right to stop others from using the invention for 20 years. But the inventor must make the invention public; the patent application tells everyone else what the person has invented. The purpose of a patent, therefore, is to make public what otherwise probably would remain secret. The result is that a patent database is a both current patents and expired patents and a huge source of technology ideas for your own. And many companies that I know actually look through patent databases to get ideas for their new products, because many patents that are filed actually do not result in final products. Once a patent has expired, you are free to use the invention. If a patent has been filed in Europe, but not in China, you are free to use the invention in China. So the patent databases are an extremely important tool for companies and university researches.

So moving on from a national picture to maybe a strategic picture, what should a company be thinking about in IP? And I think there are 3 major questions. The first one is very simple: the company has a corporate strategy, how do we use a patent to its IP maximum effect? I have said it's important. How do we use it? Why do we have patents?

Some companies file patents but they don't stop infringers from making their products nor do they license other countries. Why do they have patents? Because there is a choice: you either stop others from using what you have patented or licensed them to making money from royalties. If you don't do one of the two things, there is almost no point in having a patent. You are wasting you money.

And then, IP has to be generated: a patent lasts for 20 years. Where is the next generation of IP going to come from? Is it going to come from our own R&D house within the company? Or are we going to license it from either in China or from outside? Or are we going to acquire a company? Lenovo buying the business of IBM hasn't just bought the business; it has bought technology that IBM has developed. It has access to the patents that IBM has filed over the last 20 years. A very interesting strategic move.

There was a car company in the UK called Rover which went bankrupt a few months ago. The receivers came in to trying to sell the assets only to discover that the IP of Rover had been sold to a Shanghai automotive company, only the IP. Because they understood that the IP of the car design and the engine design was really the important thing. They didn't need the manufacturing plant which is probably too old. They didn't want the workers who are probably aren't very good workers. But SAIC has bought the IP of Rover only. And I think that's a very interesting case of how a Chinese company has seen IP outside China and said this is going to be important to us.

And a company has strategic choices and really as part of strategy. If we are saying we have IP in its tool to protect to our core business, computers drug development, new drugs and health care. Are we prepared to litigate? Are we prepared to sue, to stop other people from using it? Because unless you are, it's probably not worth having it. In BTG we felt that we have to have a legal case going in the US every 2 or 3 years, otherwise people would not take us seriously. They would say, you aren't prepared to litigate. So we won't negotiate with you.

About 20 years ago, BTG developed the harbor craft, the vehicle which skins on a curtain of air. And the patents were infringed by the US department of Defense and so we sue the US government for infringement and we won. And we made sure that every negotiation in the next 10 years that we went into, the other side knew that we had sued the US government and won. Because they have meant that we were very serious. And if we said we would sue, we would sue. And particularly if I am going to operate in the US, then being prepared to litigate, is an essential part to do business there.

A choice is to protect your core business or do we license others to generate revenues. IBM, before it sold its laptop business to Lenovo, had licensed its liquid crystal technology to a Taiwanese company, this was the leading edge technology.

But IBM had decided that rather than keeping that advanced technology to itself only for its own computers, it would licensed the whole market and take revenues from the whole market. For it, that made more sense than just trying to say we are going to keep this technology to ourselves. These are choices which are companies can make.

But technology may not be essential to the core business. And R&D department is invented and creative and it isn't willing that things which are essential to the main business. And you can decide to license the technology out to another company which can make good use of it. You might decide license a company out. To sell a technology, to create a spinout, to encourage part of your company to leave your technology, to create business in which you are shadowed or you can license it. But there are lots of things you can do with IP. And a company needs to be creative about it. Finally you may have an invention. You may be able to get a patent on it. But if it has no commercial value, then you kill a patent, you end a patent, you stop wasting the companies'money.

I'd now like to give 2 examples of the use of IP coming from the company in which I used to be the chief of BTG and they show two sides of patents. One is product enabling by that meaning some one has to take that technology on and develop it. The other is value extracting, using a patent to protect your interests. And I hope what I mean will become clear as I talk about the two examples.

The first technology is called CamPath, it came from Cambridge University, and it's now a product of in wide spread use for the treatment of Leukemia, it may also be used as a Multiple Sclerosis drug, it's a monoclonal antibody and it's the first humanized monoclonal antibody to be used for human therapy anywhere in the world. This rather complicated chart shows the commercial route that BTG had to follow before it became an actual product, that we initially licensed the pharmaceutical company Welcome. Welcome was bought by Glaxo-Wellcome. The product didn't succeed, so we took the product back. We almost had to sue Glaxo-Welcome to get the technology back. We then re-license the product to a small start company called

LeukoSite in the US who put it into new clinical trials. LeukoSite went into a joint adventure with Millennium a large pharmaceutical company. Millennium was then bought by ILEX a pharmaceutical company which was then bought by Genzyme. And today we have an agreement with the pharmaceutical company Genzyme. This whole process took 19 years and we have to re-negotiate the agreement 5 times in order to get the product into the market. Technology transferred particularly from universities is not straight forward. But this would not have happened had there been no intellectual property for us to license. The company has invested about 500 million dollars to take the product through clinical trials to get it proved. The only reason that they would invest that is because they have protection for the drug once it has reached the market place. If everyone is free to use it afterwards and to manufacture it, they would not invest 500 million dollars. So IP here was absolutely essential in enabling this new product to reach the market place and benefit everyone who suffers from this disease. And I would call this Product Enabling, it would not have happened without IP.

And I would just like to go through some thinking behind it. Without patents, no company would invest in development to take the product to the market place. You have to write very good very strong legal agreements. And you have to get those legal agreements right from day one. Don't try in solving your problems when that comes up later because it would be very difficult to agree. You have to think through the issues before you start. So when we just go through the process I just showed you. You have a strong legal agreement on which to base the discussion will inevitably follow. You have to be prepared to enforce your agreements and the lawyers that you will know very well. But many people who license don't understand that. And they are a bit afraid to enforce those agreements.

And as lawyers, you need to make sure when you go into a company or work with a company, there is only a purpose in having a legal agreement: it's a company is prepared to enforce it. In this case, we have to be very creative because the initial company is not a good licensee and we have to keep following and tracking through what was happening in the market place otherwise we would not have succeeded.

There is something called Patent Term-Extension. If your product is delayed in getting in to the market place because of clinical trials, you can get the patent extended that happens almost in every country. But who gets that right in a legal agreement has to go back to the originator of that technology rather than a company itself. These are all things that you need to think about when you write a legal agreement.

And you have to be patient, technology is a long term business, IP patents last for 20 years that time can seem very short, if you are developing a pharmaceutical product which may take 15 years of clinical trials, before it's proved for human use. You have to work very quickly but the time scale is still very long.

And one thing we have discovered that after you have licensed you have to order your licensees and check how much your licensees are paying you. Because we found statistically the licensees underpay BTG by about 25%. Unless we ordered our licensees, we would lose one quarter of our loyalties. Not because they have been dishonored, not because they have been cheating, but because they made very simple mistakes. And we now work with our licensees to help prevent them from making those mistakes.

That was my first example of enabling patents. The next technology is a little different. Magnetic Resonance Imaging, MRI, which is the method of imaging the body which looks through the soft tissues, the muscles, the intestines, and the brains. We found that some of the development of this technology, someone called Peter Mansfield in the mid 1970s that are not in a university. But we then discovered that a number of universities were all working in the same area. And so we brought all their inventions together, 30 inventions, from 6 researchers, and 3 universities. We brought into a single portfolio which then dominated the industry. And clinical equipment became available in the early 1990s; it began a widespread clinical use in about 1995. Today, it has saved millions of lives. We have licensed every MRI manufacturer. We have generated over 200 million dollars of royalties to the inventors and to the universities which they worked in. So Peter Mansfield, the inventor in the UK won the Nobel Prize for medicine in 2003. He was a co-inventor because Prof. Paul C. Lauterber from NYU had also invented part of it. But he filed no patents, and all Prof. Paul C. Lauterber got was half Noble Prize money, about 600,000 dollars. Peter Mansfield got his Nobel Prize but he also benefited from 200 million royalties because he filed patents at a very early stage.

And I would like to take you through the history of what happened. Because this is both enabling technology and then extracting value. When we start licensing this technology, we thought that there would be very few uses. We thought it would be a research tool used in a few universities, hospitals, so we went out and we found out 4 companies, we persuaded 4 companies to take on this technology in order to develop it and make it into a marketable product. Those 4 companies are here, Asahi, Shumazu, Picker and Technique and part of JJ. And those 4 companies went on with some exclusive licenses about MRI equipment. What happened? They started producing equipment, Technique Care from the US and said: We have a license from you, but we are not going to pay you loyalties, because we are not using your patents. So we sued them. We sued them for a breach of contact, because we have already had an agreement. And in fact, they settled out of court and paid us lots of money. But they triggered what happened next.

Because the market is self-expanded. After those 4 companies you see above, started selling MRI equipment, all the other X-Ray equipment manufacturers said: This is an interesting market, we will make MRI equipment too. And so 5 years later, every one is making MRI equipment, Hitachi, Philips, Siemens, GE, they are all making MRI equipment, but they hadn't taken a license from us but they are using our patents. So then we have to extract value from these companies because they weren't entitled to use the technology which we patented. And what we did is what we called Stick Licensing; we went round with a big stick. They knew we would sue, if they did not negotiate. But if once we sued Johns & Johnson, no one else would we have to sue. Everyone else we negotiated with, one by one, as a Chinese famous general said, you have to pick your enemies very carefully, we picked the weakest enemy first, and then the next one. And we ended up with the most difficult one last, GE. Because when 90% of the industry had taken a license from us, it was very difficult for GE to turn around and say, this technology is not important, the invention is not important. And so we manage to maneuver the big companies in a position where it would be very difficult for them to say we should not take a license from you. So the strategy of how you are about to use your patents is very important.

Now the lessons we learn from MRI, is first of all, inventions can come from very unexpected places and people. In England, I have an argument with people who fund a research who think all the funding should go to big universities, the 10 big ones. The history of science and invention shows you something different that many of the most important inventions come from very unexpected places, from quite small research groups. Peter Mansfield was a failure, he left school at 14 and he didn't go to university until he was 25. He struggled at university; he managed to persuade a university to take him on as a PH. D student. But he struggled as a PH. D student. He did get his PH. D. But when he became a researcher, his head of department tried to stop him doing researches on imaging, because he thought it was going the wrong way. And the professor's way was much more important. However Peter Mansfield persisted and he said: "You are wrong. I'm right. " And he tuned out to be right. So someone left school at 14 has won the Nobel Prize for Medicine for something which has saved millions of lives.

Understanding the nature of invention and I think China which is a very creative country and I will talk about that. You have to look very broadly for where the invention will come from. It won't always come from of Tsinghua or Beijing Universities, it may come out from universities way out in other parts of China.

If you are going to use patents effectively, you have to patent very early. You have to get in there first. You have to file strong patents. Do not think that a cheap patent does worth it. A cheap patent is worth nothing. If you are going to get patent, it's worth to get a good one. Otherwise don't waste your money. And if it's going to be an important invention, patent it in all the key territories around the world.

Technology development is a portfolio business; you can't predict which technologies are going to be successful. What you have to do is to kill technologies which are a failure. The person who handled MRI from BTG had portfolio technologies. He thought that MRI would be an interesting tool and the technology, which is going to be really important, which is an automatic shoe making technology. That actually failed, and MRI turned out to be successful. Patents on MRI were very good, and very strong. And no one has been able to challenge them. You have to keep looking at the market place. You have to look at who is using the technology, who might be interested in using it. Because by monitoring and watching the market place, you can often find out whom you should be licensing and where your competitors are. By looking at patents and who is filing patents, it also tells you what the opportunities are as well as what the threats are.

And as I said at the beginning, I maybe say it too much. But if people do not pay you for what they are using, then you will have to sue them. And Chinese generals said, you pick your enemies very carefully, and you pick the easiest one first.

So moving on from those examples, I would like to talk about my humble perceptions of IP in China. Because I have become a bit of student and an early student of science and technology in China. And this is a ship which I find very interesting. It is called Admiral Zhen He's ships that you know better than I went on a number of voyages in the early 1400s, 1415 to 1421. And this treasure ship in the 1400 was 150 meters long; it was 50 meters wide. It had a crew of 1,000 people. And its sales were more efficient than any European ships by about 1850. That was the Chinese ship in 1400. The biggest ships from European's were the Portuguese caravels which were about one thirtieth of their size. Chinese ship building technology in the 1400 was very advanced, and that was just one illustration that China has been one of the most inventive and creative nations for over 3,000 yeas.

And my perception is that, being an entrepreneurial, and being inventive, going hand in hand. I see that in a number of countries in Europe, in the US as well. The fusion of ideas of different people and different cultures, being entrepreneur, being creative all this goes hand in hand in its part of Chinese history. And if I look particularly at IP, I look at the evolution of other countries through that development path. Japan in the 1950s and 1960s, Taiwan in the 1960s and 1970s, Korea, which got is good strong patent law in 1989. If you look at the success and Samsung and LG today, it dates back to the first patent which they began filing in around 1990s. And the interesting thing is that for those counties, Japan, Taiwan and Korea. It took them 30 to 40 years to get to the point where the IP as a fundamental part of the economy of a country. And I see in China is that China is evolving and moving much more quickly. China today has got to a point and (I will come on to this) which took other countries 20 years longer. And I would like to explain why I might think is. This is from an outside observer, forgive me. But there are 3 elements in IP protection. The first is the legal structure; the second is the right that you get, the patent, the trademark; the third is the ability to enforce the right you have been granted. And how are these rights being used. What is the implication in China?

The legal structure in China in my view, patents, patent law, fundamental, basic fundamental law introduced in the mid 1980s have been enforced subsequent modifications to that. And today the patent law and the IP law in China is amongst the best in the world. Really it can't be significantly improved. Then there is the right that you get under that law, a patent or a trademark. When I talk with my colleagues in China, and in foreign firms who are filing in China, they are very satisfied with the quality of the patent which they get. The examination is good; the standard of patent writing by the patent firms here is good. The cost of getting a patent is only around 10%, between 30,000 and 50,000 dollars 10% of the total cost of getting patents across the 10 major countries. So the law is very good. The right you get is of good quality. You can get it quickly. And it's relatively inexpensive.

But the right is no good unless you could enforce it. And my view is that in China there has been huge improvement in IP. The government has been intent on improving the enforcement of IP. The picture is clear not perfect yet, I think we are all aware of that. But it's also very visible to me of the intention of the government and the way the government is moving. And the actions the government is taking to improve this.

For example, the patent of Appeal Court, if you look at the decisions coming out of that, they are excellent. They stand comparison with any appeal court any where in the world. Patent judges, not all judges who hear patent cases are trained in IP. The same is true in the US. In the court of first instance the judge will not be a patent specialist judge and you hear it in front of the jury which is actually terrible. I believe, my view is that in the US, when you go to a court, it's the toss of a coin. It's hard to say you win a case on the merits on its first courts. In the UK, you have a specialist patent judge. In China you have a panel of judges usually; sometimes there might be experts points as well. But in my view that is a much superior method to hear a patent case than the US has. The US now has a second or third court of appeal which has helped a lot. But there are some patent judges who don't have formal IP training as in China. And there are training programs ahead for those; I know those are moving ahead. But also litigation in China, is both reasonable cost and is quite quick. One thing that I was interested to find 2 days ago which I hadn't realized that 98% of the litigations in China has been Chinese companies to Chinese companies, not foreign firms to Chinese firms. I think that is a very interesting indicator of the use of the legal system in Chinese firms.

But looking at the enforcement costs, the whole process, and I view this to demonstrate to people outside China of how effective a system can be here. That going through patent enforcement, through a court case, through an appeal and then enforcement, is between 60,000 and 120,000 dollars, which is not expensive by global standards, particularly for a market for the size that China has.

And I would just like to add to that a view about enforcement and dispute resolution. Most disagreements are not settled in court; most disagreements are settled by negotiations, by commercial negotiations, between the parties. But sometimes it is difficult to reach an agreement between the two parties. And in the states, the first reaction is being we will sue. But there has been a change in the US with much to emphasis has been put onto mediation. And I think there are a number of things that as a business person, I would certainly recommend.

If there is a dispute, you are trying to solve this problem through good face negotiation between the two sides. Mediation, I believe is very important. I think Mediation is actually much more important than arbitration. Arbitration, in my view, is not very different from litigation. Through mediation you use a third party to help the two sides to negotiate between themselves. I have found that mediation allows the two sides to come to an agreement which people in the company think it's sensible. Sometimes the managers, the board would find it difficult unless someone form the outside said, this is a sensible result which you have achieved. Because certainly often in the US, all the lawyers want to do is to sue people. That's what they get paid for. But what they actually should be doing is helping the company to reach a settlement. And sometimes you need to push the lawyers, my apology to you, you need to push the lawyers and say, what you want to do is to help us to reach a negotiated settlement not a litigate settlement. So mediation, I think is very important. It's rapidly growing in the US now, and it's begging to be used in Europe.

The World Intellectual Property Organization, WIPO, has mediation center with very high quality mediators. No I certainly encourage you to look at that group of people and maybe became one of those mediators. Because engaging in international business as China does now, it is very important to use the same techniques as other companies do. But, if you can't reach a negotiated settlement either directly or through negotiation, you have to be prepared to litigate. As I said several times, in the US, unless you are prepared to litigate, you are not taken seriously.

What I see in China is the way that IP recently has become much more important. This has been taken from SIPO annual report 2004; you have seen very rapid growth in service patent applications over the last 4 years from both companies and universities. And if you look at the universities along, the universities in China filed as many patents in China as US universities do in the US, and about 6 times the number the UK universities do in UK. Chinese universities, my perception, have really understood how important IP is. Many of them have not yet filed overseas patents; that will come; they have to learn what the process is. They have to have the money to pay the overseas patents. But they think about how to get those funds. But what I see, going back to the creative nature of Chinese science is that China and universities are beginning to be very creative, and they begin to understand how important the science is going to be in the rest of the world.

If I look at the foreign countries, companies and foreign countries filing patents in China, you find Japan, US, Korea filed large numbers. But in Europe, particularly my own country of UK, they are not yet taking China seriously. One of the things I am trying to do at the moment is to encourage people to see China as a major market where they need to file patents.

So my conclusions: China, your country, has a huge history of invention; and my expectation is that many world leading technologies will emerge from your research base. It's a very very high quality research base. The IP system in China is very good, it has further to go. There are still some problems. But the problems are recognized and largely there are actions and places to deal with them. And if I can just go through what individuals and groups might do, I would encourage Chinese companies to file their patents and protect their rights globally because they will have global products. Chinese universities should also be filing patents globally and they should look for partnerships. Because one of the things that I found at BTG in UK is that certainly if we only look at the companies in the UK to develop high technology, most technologies would have failed.

And so partnership for a university is very important and one has to look internationally for that. And my advice for a foreign company, so you know what it is, is that they really should include China in their international strategy for their trademarks and patents. They should look at China for their new ideas of IP. It's the other side of what I have just mentioned. If the Chinese universities are very creative, then companies outside China, universities outside China should be looking for partnerships here, building part of the international framework.

And for the future, what is your future in IP?

I believe that China is going to be a global source, perhaps one of the global sources of research, invention and intellectual property. I think in 50 years time, no one would have a greater output of intellectual property than China.

My advice is "Use it well." Because it's very important, because as I described in the very beginning. IP with a country that China is now becoming is essential to create wealth that is important for the whole country; it's important to create the products that all China needs. This will confer great power. IP is very powerful. Use it wisely. Don't become technology mercantilists. Don't keep it to yourselves. Look for partnerships; look for global partnerships with other universities, with other companies, because that will build the bridges which will make this a better world. Because I think, the future, the IP future is going to be yours.

Thank you very much!

图书在版编目（CIP）数据

名家大讲堂．第一辑／中国政法大学主办．—北京：知识产权出版社，2014.4
ISBN 978-7-5130-2689-5

Ⅰ.①名…　Ⅱ.①中…　Ⅲ.①社会科学-文集　Ⅳ.①C53

中国版本图书馆 CIP 数据核字（2014）第 064526 号

责任编辑：孙　昕　王金之　　　装帧设计：宋　涛
文字编辑：孙　昕　　　　　　　　责任出版：刘译文

名家大讲堂（第一辑）
中国政法大学　主办

出版发行 知识产权出版社 有限责任公司
社　　　址：北京市海淀区马甸南村 1 号　　　邮　　编：100088
网　　　址：http：//www.ipph.cn　　　　　　邮　　箱：bjb@cnipr.com
发行电话：010-82000860 转 8101/8102　　传　　真：010-82005070/82000893
责编电话：010-82000860 转 8111　　　　　责编邮箱：sunxinmlxq@126.com
　　　　　010-82000860 转 8112　　　　　　　　　　　wangjinzhi@cnipr.com
印　　　刷：北京科信印刷有限公司　　　　经　　销：新华书店及相关销售网点
开　　　本：720mm×960mm　1/16　　　　印　　张：21
版　　　次：2014 年 6 月第一版　　　　　　印　　次：2014 年 6 月第一次印刷
字　　　数：307 千字　　　　　　　　　　定　　价：39.00 元
ISBN 978-7-5130-2689-5